French A2 | pour **AQA**

élan 2

Marian Jones
Gill Maynard
Danièle Bourdais
Séverine Chevrier-Clarke

Welcome to *élan*!

The following symbols will help you to get the most out of this book:

 listen to the audio CD with this activity

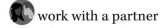 work with a partner

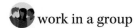 work in a group

Grammaire an explanation and practice of an important aspect of French grammar

➡ 158 refer to this page in the grammar section at the back of the book

➡ W12 there are additional grammar practice activities on this page in the *élan Grammar Workbook*

 additional activities in the *élan Resource and Assessment OxBox CD-Rom*

Expressions-clés useful expressions

Compétences practical ideas to help you learn more effectively

We hope you enjoy learning with *élan* 2.
Bonne chance!

Table des matières

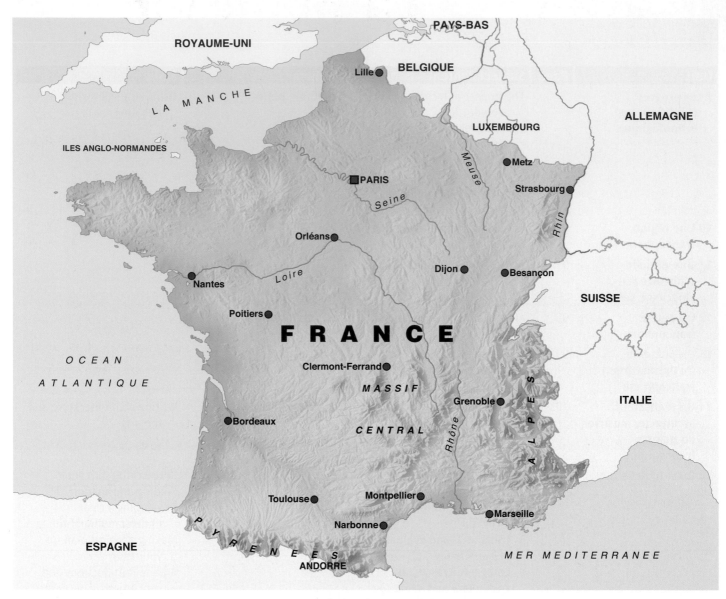

ROYAUME-UNI

PAYS-BAS

BELGIQUE

Lille

LUXEMBOURG

ALLEMAGNE

LA MANCHE

ILES ANGLO-NORMANDES

Meuse

Metz

Strasbourg

PARIS

Seine

Rhin

Orléans

Dijon

Besançon

Loire

SUISSE

Nantes

Poitiers

F R A N C E

OCEAN

ATLANTIQUE

Clermont-Ferrand

MASSIF

Grenoble

ALPES

ITALIE

Bordeaux

CENTRAL

Rhône

Toulouse

Montpellier

Marseille

Narbonne

ESPAGNE

PYRENEES

MER MEDITERRANEE

ANDORRE

LE MONDE DE LA FRANCOPHONIE

1 La pollution

Quiz: vous pensez écolo?

1 Quand vous achetez un bloc-notes, choisissez-vous...

a parfois du papier recyclé?

b sans exception du papier recyclé?

c le moins cher?

2 Quels déchets ménagers recyclez-vous?

a les journaux, les boites de conserve et les produits en verre

b les bouteilles

c rien du tout

3 Que faites-vous pour votre hygiène personnelle?

a je prends une douche tous les jours

b je prends un bain tous les jours

c je fais les deux tous les jours

4 Que faites-vous avec les épluchures de légumes?

a je les mets à la poubelle

b je les mets dans un sac en plastique avant de les jeter

c nous avons un tas de compost dans le jardin

5 Est-ce que vous utilisez les sacs en plastique?

a ah non, jamais! je préfère mon panier

b oui, c'est super, les magasins en offrent toujours

c oui, j'en ai toute une collection à la maison

6 Vous vivez à un kilomètre de votre lycée: vous y allez comment?

a je prends le bus

b j'y vais en voiture ou en taxi

c j'y vais à pied ou en vélo

7 Utilisez-vous des produits verts pour faire le ménage?

a ah oui, il faut faire un effort quand même

b non, je ne les trouve pas efficaces

c c'est quoi, les produits verts?

8 Est-ce que vous faites beaucoup de shopping?

a c'est mon passe-temps préféré

b ah oui, tous les weekends

c oui, mais je n'achète rien dont je n'aie pas vraiment besoin

SOLUTIONS

Lisez les solutions et puis trouvez votre "étiquette". Donnez-vous un point pour chaque bonne réponse.

1b 2a 3a 4c 5a 6c 7a 8c

8 ou 7 écolo accro
6 ou 5 écolo beaucoup
4 ou 3 écolo un peu
2 ou 1 écolo zéro

1a Faites le quiz: choisissez la réponse qui vous convient le mieux.

1b Comparez vos réponses avec un(e) partenaire, puis discutez-en en classe.

1 La pollution dans le monde actuel

▶ *Quels types de pollution font partie de la vie moderne?*
▶ *Quels sont les causes et les effets de la pollution?*

1a Quels types de pollution sont les plus nocifs? Avec votre partenaire, classez les aspects suivants en ordre d'importance, en commençant par le plus nocif.

a la pollution de l'eau, qui résulte de l'utilisation des pesticides dans l'agriculture

b la pollution sonore créée par les transports aériens

c la pollution atmosphérique (la pollution de l'air) due au transport routier

d la pollution lumineuse causée par les lampadaires publics des villes

e la pollution visuelle provoquée par les panneaux publicitaires de grande taille

1b Pour chaque sorte de pollution, écrivez une phrase pour expliquer vos conclusions, puis présentez vos opinions à la classe.

Exemple: *Nous pensons que la pollution... est la plus/ moins nocive, parce que...*

Expressions-clés

les produits chimiques
le bruit autour des aéroports
avoir un impact sur la biodiversité
produire des gaz à effet de serre
émettre du carbone
gaspiller l'énergie
polluer l'atmosphère
provoquer des maladies physiques/psychologiques
dégrader le paysage

1c Avec votre partenaire, choisissez un des aspects suivants de la vie moderne. Préparez-vous, et expliquez à la classe, en une minute seulement, comment cet aspect pollue notre environnement.

- les emballages
- les aéroports
- les marées noires causées par les pétroliers qui font naufrage
- la climatisation et le chauffage dans les maisons
- les déchets industriels

1d Avec votre partenaire, ajoutez encore des exemples à la liste.

2a Ecoutez le reportage sur la pollution causée par les sacs plastiques et répondez aux questions en français.

a Comment la production des sacs plastiques contribue-t-elle au réchauffement climatique? (2)

b Pourquoi hésite-t-on à recycler les sacs plastiques? (2)

c Combien d'années faut-il pour que les sacs se dégradent? (2)

d Pourquoi est-ce qu'on trouve ces sacs partout dans la nature? (2)

e Où en France ce problème est-il le plus grave? (1)

f Quel groupe d'animaux est particulièrement menacé? Donnez un exemple spécifique mentionné dans le reportage. (2)

g Quelle est la situation en Afrique du Sud? (1)

h Comment la loi a-t-elle changé en France en 2010? (2)

i Quel est l'inconvénient des sacs plastiques 100% biodégradables? (2)

j Qu'est-ce que les consommateurs devraient faire pour réduire la pollution causée par les sacs plastiques? (2)

2b Ecrivez un paragraphe (120–150 mots) sur la pollution causée par les sacs plastiques. Expliquez comment ils polluent l'environnement et proposez des solutions au problème.

Sans lumières, plus belle la nuit

Demain soir, extinction des feux. Près de 400 collectivités couperont une partie de l'éclairage public à l'occasion du deuxième "Jour de la nuit", piloté par *Agir pour l'environnement*.

"Il y a encore cinq ans, les gens ne comprenaient pas que la lumière, comme le bruit, pouvait être une source de pollution et que la lumière artificielle pouvait avoir un impact négatif sur l'environnement, explique Eric Piednoël de l'association française d'astronomie. Sur la faune et la flore, en perturbant les repères des oiseaux migrateurs ou en précipitant des milliards d'insectes à la mort, grillés par les luminaires. Mais aussi, sans doute, sur les humains."

En dix ans, le nombre de points lumineux aurait augmenté de 30% en France. "On n'est pas pour l'abolition de l'éclairage, explique Larissa de Kochko, d'*Agir pour l'environnement*. On demande seulement une meilleure gestion, plus intelligente, et pas des lampadaires qui éclairent le ciel."

Des gaz à effet de serre dans mon assiette?

Plus de la moitié des émissions de gaz à effet de serre en France sont émises par les ménages, dont une part non négligeable est imputable à l'alimentation. En effet, tout au long du processus de fabrication d'un aliment, chaque étape émet des gaz à effet de serre (culture ou élevage, production des engrais, transformation, emballage, conservation et transports).

Selon le mode de culture des produits agricoles, l'origine géographique des produits et la quantité d'emballages, l'impact des produits sur les émissions de gaz à effet de serre est très différent.

Une nouvelle campagne a pour objectif de sensibiliser le consommateur et permettre une mise en place de pratiques d'achat et de comportements respectueuses de notre santé et du climat.

La mer n'est pas une poubelle!

Les mers et les océans sont pollués par des millions de tonnes de déchets. Environ 80% des déchets jetés dans les océans et les mers sont d'origine terrestre, et 20% d'origine marine. Ils sont constitués des déchets que les touristes abandonnent sur les plages (emballages, restes de pique-nique), des déchets des bateaux (ordures déversées par les navires), des déchets de pêche (restes de filets de pêche, cordage, etc.) et des rejets d'eaux usées.

Les espèces marines, poissons, tortues, oiseaux marins, ingèrent ces déchets, ou restent coincés dans les filets de pêche abandonnés, et meurent. Selon Greenpeace, 267 espèces marines sont menacées par les déchets présents dans les océans et les mers.

Certaines opérations de nettoyage sont effectuées sur les côtes. Mais le problème des déchets marins doit être traité à la source: politique de réduction globale des déchets, éducation de tous au problème de la pollution marine.

3a Survolez les articles ci-dessus et décidez pour chacun de quel type de pollution il s'agit.

3b Ecrivez une phrase en anglais pour résumer le message de chaque article.

3c Relisez l'article "Sans lumières, plus belle la nuit" et complétez les phrases suivantes.

   a Selon l'Association française d'astronomie, c'est un concept récent que...

   b La lumière artificielle peut causer des problèmes pour...

   c L'organisation *Agir pour l'environnement* ne veut pas...

3d Relisez l'article "Des gaz à effet de serre dans mon assiette?" et répondez aux questions suivantes en anglais.

   a What are we told about the source of greenhouse gases in France?

   b What are the six stages of food production which create greenhouse gases?

   c What factors determine how much pollution is caused by a given food item?

3e Relisez l'article "La mer n'est pas une poubelle!". Pour chacune des phrases suivantes écrivez: V (vrai), F (faux) ou ND (information non donnée).

   a La plupart des déchets dans les mers y sont jetés par les marins et les pêcheurs.

   b Certaines eaux polluées sont jetées dans la mer.

   c Les poissons sont particulièrement menacés par la pollution marine.

   d Pour résoudre le problème, il faut effectuer plus d'opérations de nettoyage.

1 Ensemble on peut sauver la planète!

▶ Quels sont les petits gestes individuels qu'il faut faire pour être écolo?
▶ En faites-vous assez pour sauver la planète?

1a A deux: vous avez deux minutes pour dresser une liste de choses qu'on peut faire au quotidien pour être écolo.

1b Présentez votre liste à la classe, puis écoutez les idées des autres.

2 Font-ils de leur mieux pour l'environnement? Marquez chaque phrase d'une coche (✓) ou d'une croix (✗).

A

Je sais que je gaspille parfois l'électricité.

B

J'essaie toujours d'éteindre les lumières quand nous n'en avons plus besoin.

C

Je devrais baisser un peu le chauffage central, mais je n'aime pas avoir froid.

D

Je fais du covoiturage avec deux de mes voisins.

E

La plupart du temps je mange des plats cuisinés que je réchauffe au micro-ondes.

F

J'essaie d'éviter les emballages autant que possible.

3 Ecoutez cinq personnes parler de ce qu'elles font, et ce qu'elles devraient ou pourraient faire en plus, pour protéger l'environnement. Recopiez et complétez la grille.

4 Lisez le texte et choisissez un mot dans la case pour compléter chaque blanc.

a Je ...... les déchets.
b Je place chaque élément ...... dans le ...... approprié.
c J'utilise des sacs ...... et je refuse les sacs ....
d Je privilégie les produits en plastique ....
e J'achète une ...... multicompartiments.
f Avant de ...... un journal, j'ôte le plastique qui l'...... .
g J'achète seulement la ...... dont j'ai besoin.
h Je recycle mes déchets pour en faire des objets ....
i J'...... de bruler les déchets ....
j Je ...... les emballages qui ...... un minimum de déchets.

* poubelle * utiles * génèrent * recyclable * entoure
* évite * jeter * conteneur * quantité * privilégie * trie
* biodégradables * recyclé * ménagers * en plastique

5a A deux: chacun(e) essaie de convaincre l'autre qu'il (elle) a une attitude plus responsable envers l'environnement que l'autre.

Exemple: A *Je recycle tous mes journaux et mes boites de conserve.*
B *Oui, moi aussi, mais je trie aussi tous mes déchets, donc je recycle aussi... En plus, je...*
A *C'est bien, mais moi, je...*

5b Préparez-vous à parler pendant 1–2 minutes au sujet des petits gestes que vous faites (ou ne faites pas!) pour protéger l'environnement. Utilisez plusieurs temps différents.

Chez nous, nous essayons toujours de...
Moi, personnellement, je ne...
Nous devrions aussi...
Mais je ne me servirai jamais de...

action	devrait/pourrait faire
1	
2	

6 Dans quel paragraphe du texte lit-on les infos suivantes? Ecrivez A, B, C ou D.

1 Il faut se servir de nouvelles sources d'énergie.

2 Il vaut mieux expliquer pourquoi ces changements sont nécessaires.

3 Tout le monde peut jouer un rôle dans la protection de notre terre.

4 On explique un petit geste quotidien.

5 Certains gestes ne donnent pas de résultats immédiats.

6 Il faut une attitude plus responsable envers la consommation d'énergie.

7 Il y aura des avantages pour les individus, mais aussi pour le pays entier.

8 La sensibilisation est aussi importante que les actions.

Notre livre du mois: Sauver la Terre

A Dans ce livre, on vous propose une action à mettre en œuvre chaque jour. Les gestes proposés ici sont simples, non contraignants et à la portée de tous. Et pourtant, ils peuvent avoir un impact énorme. Parfois aussi, l'acte proposé ne peut être accompli le jour même et représente davantage une information visant à susciter un changement de comportement à long terme.

B L'idée qui sous-tend chacune des actions énoncées ici consiste, d'une part, à réduire le gaspillage énergétique, consommer de façon plus responsable, employer les énergies renouvelables et, d'autre part, à améliorer les capacités d'absorption des gaz à effet de serre de notre planète, par exemple en plantant un arbre. Par de tels actes et aussi par des prises de conscience pouvant influer sur un comportement futur, il est possible d'avoir un impact écologique majeur.

C Pour agir, il faut comprendre. Pour chaque action proposée, on vous présente donc les enjeux et les conséquences que peuvent avoir un geste simple, un réflexe salutaire, maintes fois répété. La bonne nouvelle, c'est que ce qui est bon pour l'écologie est invariablement, à plus ou moins long terme, une solution rationnelle qui profite aussi bien à l'économie des ménages qu'à celle des gouvernements, ainsi qu'à la qualité de vie de chacun.

D Le livre *Sauver la Terre* permet ainsi à tout un chacun de contribuer à son niveau à la sauvegarde de cette si belle planète que nous aimons tant!

Compétences

Manipulating language encountered in a French text

- You will want to express ideas that you have read about in French in your own words. You can often use the language of the texts concerned, but manipulate it or change some parts of it, so that it serves your purpose. In other words, you use the text to help you find the vocabulary and sentence patterns that you are unsure of.

A Find in the text the French for these expressions.

1 restricting
2 aiming to
3 to improve
4 behaviour
5 the stakes
6 many

- Often you have to manipulate the language of the text to reuse it in a new context. To translate "They put the idea which was proposed into action straightaway", you can reuse *mettre en œuvre* and *proposer* from the opening sentence, but you can't copy them as they appear in the text:

Ils ont mis tout de suite en œuvre l'idée qu'on leur avait proposée .

B Use the language of the text to help you translate the English sentences into French.

1 Even simple ideas will have a big impact without constraining you.

2 Reduce your energy waste by using renewable sources of energy.

3 Plant a tree and you will reduce the effect of greenhouse gases on our planet.

4 A change of behaviour is important, but awareness is just as important.

5 Those who do not understand will not act.

6 The stakes are high and even simple gestures will make a difference.

7 The good news is that we can improve everyone's quality of life.

8 Everyone must contribute in order to safeguard the planet which is so important to us.

7 Vous participez à un forum en ligne, où vous avez lu cette citation: "Les petits gestes individuels ne vont jamais sauver la planète". Etes-vous d'accord? Ecrivez votre opinion, et ajoutez environ quatre arguments pour défendre votre point de vue. Essayez de justifier chaque argument.

Les déplacements qui polluent

▶ *Quels sont les impacts des transports aériens sur l'environnement?*
▶ *Comment peut-on limiter la pollution automobile en ville?*

La pollution aérienne… une pollution qui ne s'envole pas!

1 Chaque année, plus de deux milliards de voyages sont effectués par avion. Ces déplacements, en forte augmentation, seraient entre autres attribuables aux nombreuses petites compagnies "low cost", qui attirent beaucoup de nouveaux et jeunes voyageurs. Cette augmentation du trafic aérien provoque une forte pollution sonore pour tout citoyen qui habite près d'un aéroport ou dans l'axe d'un corridor aérien. La qualité de vie de ces citoyens s'en trouve réduite et perturbée. Pire encore est la pollution atmosphérique produite par le transport aérien.

2 En effet, de tous les modes de transport, c'est l'avion qui est le plus pollueur, en raison de ses émissions de dioxyde de carbone, un des grands responsables des gaz à effet de serre (GES). Si l'on compare l'avion à la voiture, le voyageur en avion émet environ 140g de CO_2/km alors que l'automobiliste émet 100g de CO_2/km. A titre d'exemple, un voyage outre-Atlantique, aller-retour, produit autant de GES que les émissions d'une petite voiture pendant un an. Autre comparaison, un trajet en avion émettra 19 fois plus de GES qu'un trajet équivalent en train.

3 Face à cette situation, comment pourrons-nous diminuer les impacts environnementaux liés au transport aérien? L'industrie aérienne doit développer et promouvoir l'utilisation des énergies renouvelables. Et le voyageur doit penser à limiter ses déplacements aériens quand des alternatives sont possibles et à compenser sa production de GES lorsqu'il prend l'avion.

1a Lisez l'article sur la pollution aérienne et décidez dans quel paragraphe les aspects suivants sont mentionnés.

a la pollution liée au trafic ferroviaire

b le bruit des avions

c la pollution atmosphérique causée par les modes de transport différents

d les responsabilités du consommateur

1b Relisez l'article et pour chacune des phrases suivantes, écrivez: V (vrai), F (faux) ou ND (information non donnée).

a Le nombre de jeunes qui voyagent en avion est en diminution.

b Le bruit des avions provoque des maladies auditives chez les riverains des aéroports.

c Les transports aériens émettent plus de gaz à effet de serre que les autres modes de transport.

d Un vol international pollue l'atmosphère autant qu'une voiture qui fait la même distance.

e Les carburants plus écologiques ont déjà réduit la pollution liée au transport aérien.

f Avant de réserver un vol, on devrait se renseigner sur les autres moyens de transport plus favorables à l'environnement.

1c Traduisez les phrases suivantes en français, en utilisant les expressions du texte.

a Thousands of plane journeys take place every day.

b Air travel is on the increase, which causes severe noise pollution.

c We must take measures to reduce the environmental impact of air traffic.

2 🗣 **Avec votre partenaire, discutez le pour et le contre des vols "low cost". A explique les avantages des transports aériens à bas prix, B s'inquiète de leur impact sur l'environnement.**

3a 🎧 **Ecoutez le reportage sur un voyage du ministre français de l'écologie. Ecrivez un résumé, en vous servant des mots-clés ci-dessous.**

Planète Urgence *voyage au Groenland * affréter * voir le glacier Kanerlua * empreinte carbone * compenser

Exemple: *L'organisation Planète Urgence a critiqué… parce que…*

3b Recopiez et complétez les phrases avec un verbe dans la case, mis au présent.

a L'organisation Planète Urgence ...... de critiquer le ministre de l'écologie.

b On ...... savoir pourquoi c'était nécessaire d'affréter l'airbus présidentiel.

c Il ...... qu'il a mal calculé son empreinte carbone.

vouloir * venir * paraitre

En France, les transports représentent la cause majeure d'émissions de gaz à effet de serre. Et dans nos grandes villes, la pollution est due essentiellement aux échappements automobiles. De nombreuses études confirment les effets négatifs des polluants atmosphériques urbains sur la santé humaine. Les automobilistes, les passagers des transports publics, les piétons et les cyclistes sont tous exposés aux polluants gazeux. **Même si des progrès semblent avoir été réalisés, dans beaucoup d'agglomérations le niveau de pollution demeure très élevé.**

La voiture a naturellement sa place dans la ville. **Mais il ne faut pas laisser indéfiniment augmenter la circulation, car les nuisances sont devenues trop importantes: bouchons, pollution, bruit, danger…** Les pouvoirs publics continuent donc de prendre des mesures pour limiter et mieux organiser la circulation automobile. Les améliorations des transports publics et la création de parc-relais découragent la circulation automobile au centre-ville. En privilégiant le covoiturage, on incite les gens à partager la même voiture pour aller travailler ou faire les courses. A l'avenir, la voiture électrique, qui est silencieuse et non polluante, pourrait représenter une alternative aux véhicules à essence pour les déplacements urbains.

Et n'oublions pas le vélo, déplacement doux par excellence. **De tous les modes de déplacement en ville, c'est le moyen de transport le plus efficace, le plus sain, le plus économique, et, en plus, celui qui fait le plus de bien à la planète.** De plus en plus de municipalités élargissent leur réseau de pistes cyclables et proposent des vélos en libre-service aux citoyens, afin de faciliter l'utilisation du vélo comme moyen de transport quotidien en ville.

4a Survolez le texte et inventez-en un titre.

4b Retrouvez dans le texte les expressions qui correspondent aux définitions suivantes.

a un espace de stationnement pour automobiles, situé en périphérie d'une ville et destiné à inciter les automobilistes à accéder au centre-ville en transport en commun.

b l'utilisation conjointe et organisée d'un véhicule par un conducteur non professionnel et un ou plusieurs passagers, dans le but d'effectuer un trajet commun.

c une section de chaussée spécifique dévolue exclusivement aux cyclistes. Elle est matériellement isolée des voies de circulation des véhicules motorisés, et distincte des trottoirs en ville.

d un système qui met à disposition du public des vélos, gratuitement ou non. Ce service de mobilité permet d'effectuer des déplacements de proximité principalement en milieu urbain.

4c Lisez le texte et complétez les phrases suivantes.

a On constate que la pollution de l'air dans nos villes mène…

b Cette pollution touche même ceux qui…

c Dans beaucoup de villes, la situation…

d On peut décourager la circulation automobile au centre-ville en…

e La voiture électrique est pratique pour ceux qui…

f Pour inciter les gens à se déplacer à bicyclette, il faut…

4d Traduisez en anglais les phrases en gras dans le texte.

5 🎧 Ecoutez le reportage sur les biocarburants et répondez aux questions.

a Comment les voitures contribuent-elles à la destruction de la planète?

b Pour qui les biocarburants sont-ils une catastrophe?

c Pourquoi?

d Qu'est-ce qu'on propose comme solution?

e Donnez deux exemples de biocarburants de deuxième génération.

6 👥 Que pensez-vous des points de vue ci-dessous? Lisez *Zoom Compétences* (page 13) et préparez vos arguments pour ou contre l'une de ces opinions. Présentez vos arguments à la classe.

Les transports et la pollution

Personne ne prend le problème des transports polluants au sérieux.

Les mesures contre la pollution causée par les déplacements ont eu un impact positif.

Zoom Examen

Revision of tenses

Rappel

The main tenses you covered at AS Level are:

Present:	*j'habite, on va, ils font*
Perfect:	*j'ai habité, on est allé, ils ont fait*
Imperfect:	*j'habitais, on allait, ils faisaient*
Pluperfect:	*j'avais habité, on était allé, ils avaient fait*
Future:	*j'habiterai, on ira, ils feront*
Future perfect:	*j'aurai habité, on sera allé, ils auront fait*
Conditional:	*j'habiterais, on irait, ils feraient*
Conditional perfect:	*j'aurais habité, on serait allé, ils auraient fait*

Entrainez-vous!

1 Which tense would you use for each of the following reasons?

  a to say what has happened, or happened once

  b to say what would happen

  c to say what often or usually happens, or is happening now

  d to say what will have happened

  e to say what happened often or was happening

  f to say what would have happened

  g to say what had happened

  h to say what will happen

2 Write out each verb in the following extracts (A–E) and say what tense they are in.

  Example: était – imperfect; veut…

A

Etait-il nécessaire, veut-on savoir, d'affréter l'airbus présidentiel pour ce voyage de plus de 7 000 kilomètres?

B

A l'avenir, la voiture électrique, qui est silencieuse et non polluante, pourrait représenter une alternative aux véhicules à essence pour les déplacements urbains.

C

Le ministre s'est engagé à compenser les 65 tonnes de CO_2 que son voyage avait dégagées. Mais Planète Urgence constate que son voyage aurait couté 200 tonnes de CO_2.

D

Si l'humanité ne réduit pas ses gaz à effet de serre, le monde de 2050 sera nettement moins confortable.

E

Dans dix ans, les scientifiques auront peut-être mis au point des carburants plus favorables à l'environnement; espérons qu'il ne sera pas trop tard.

3 Translate the following sentences into English.

  a Une enquête récente révèle que la qualité de l'air à Paris s'est globalement améliorée entre 1998 et 2008.

  b Le maire a expliqué que les citoyens auraient enfin la possibilité de regarder les étoiles pour une nuit.

  c Il y a cinq ans, les gens ne comprenaient pas que la lumière pouvait être une source de pollution.

  d Selon les études scientifiques, d'ici moins de cinquante ans, la plupart des espèces de poissons auront disparu.

  e Il va sans dire que chaque famille pourrait réduire les émissions liées au déchets ménagers

4 Translate into French, using the correct tense of the verb in brackets.

  a she will be able to [*pouvoir*]

  b they would not have wanted [*vouloir*]

  c I would take [*prendre*]

  d you used to use [*vous – utiliser*]

  e he hadn't understood [*comprendre*]

  f things won't have changed [*changer*]

5 Complete the following sentences with the appropriate tense of the verbs in brackets.

  a A l'avenir, quand on [*épuiser*] tous les stocks de charbon, les autres sources d'énergie [*être*] plus importantes.

  b Il y a vingt ans, nous ne [*voyager*] pas autant, car les vols [*couter*] trop cher.

  c La semaine dernière, je [*calculer*] mon empreinte carbone, et je [*se rendre compte*] que je [*devoir*] changer mes habitudes.

  d En général, nous [*penser*] plus à l'environnement qu'auparavant, mais nous ne [*résoudre*] pas encore tous les problèmes.

Zoom Compétences

Presenting arguments for or against an issue

- In the oral exam, you will have to present and defend arguments for or against an issue. The activities on this page will help you to choose a viewpoint and prepare a one-minute presentation to present and explain the main arguments.

> Il faut absolument interdire la circulation automobile au centre-ville.

> L'interdiction des voitures au centre-ville crée trop de problèmes.

1 Choose and state a point of view

If you have a strong opinion about a topic, it will be easy to choose your stance. If you do not feel strongly either way, choose the viewpoint which is easier to defend, i.e. where there are obvious arguments in its favour and where you know the appropriate vocabulary.

In the exam, you must take one side and stick to it – you will lose marks if you change sides during the discussion.

A **Study the two opposing points of view above and decide which you would choose and why. Discuss your choice and your reasons with a partner.**

At the start of your presentation, you must state clearly which point of view you have chosen. The expressions below will help you to create a good first impression.

Je suis d'opinion que...

A mon avis,...

Moi personnellement, je suis convaincu(e) que...

Pour beaucoup de bonnes raisons,...

B **State your chosen point of view clearly to your partner using one of the expressions above.**

2 Think of four main arguments to support the point of view you have chosen.

C **Decide which side of the question each of the following arguments could be used to support.**

   a Les voitures polluent l'atmosphère et font trop de bruit.

   b Les personnes âgées ou malades ne peuvent pas se déplacer sans voiture.

   c Interdire les voitures incite les gens à faire leurs achats dans les centres commerciaux en périphérie des villes, et les petits commerçants du centre-ville en souffrent.

   d Le centre-ville est le quartier le plus ancien, où les vieilles rues sont trop étroites pour la circulation automobile.

   e Quand on fait beaucoup d'achats, la voiture est essentielle.

   f Dans chaque grande ville, on propose des moyens de transport alternatifs qui sont plus écolo et plus rapides.

D **Add one more argument of your own in French to the list above.**

E **Present your arguments to your partner. Use the expressions below to introduce them clearly and fluently.**

D'abord...

En premier lieu...

En second lieu...

D'ailleurs,...

En plus,...

Tout le monde sait que...

3 Sum up your arguments with a one-sentence conclusion.

F **Think of a good conclusion to your presentation and deliver it to your partner. Use one of the expressions below to introduce it; this makes it clear to the examiner that you are summing up and are ready to move on to the discussion.**

En fin de compte, je dirais que...

Toute réflexion faite, il me semble que...

G **Now practise these skills by preparing a one-minute presentation on a different topic. Choose your stance and prepare your opening statement, arguments and conclusion following the same steps as before.**

> Dans le monde moderne, la pollution est inévitable.

> La pollution n'est pas inévitable – il existe déjà plusieurs façons de la combattre.

La pollution dans le monde actuel pages 6–7

le carbone	*carbon*
la climatisation	*air conditioning*
les déchets (mpl)	*rubbish/waste*
un emballage	*packaging*
une émission	*emission*
l'environnement (m)	*the environment*
le gaz à effet de serre	*greenhouse gas*
la marée noire	*oil slick*
la pollution atmosphérique/de l'air	*air pollution*
la pollution sonore/visuelle/lumineuse	*noise/visual/light pollution*
le réchauffement climatique	*global warming*
émettre	*to emit*
gaspiller	*to waste*
menacer	*to threaten*
polluer	*to pollute*
sauvegarder	*to preserve/safeguard*
avoir un impact sur la biodiversité	*to have an impact on biodiversity*
effectuer une opération de nettoyage	*to carry out a clean-up operation*
provoquer une maladie	*to cause an illness*

Ensemble on peut sauver la planète! pages 8–9

un changement de comportement	*change in behaviour*
la boite de conserve	*tin can*
les énergies renouvelables (fpl)	*renewable energies*
un enjeu	*issue, stake*
la planète	*planet*
éviter	*to avoid*
recycler	*to recycle*
biodégradable	*biodegradable*
avoir un impact écologique majeur	*to have a major ecological impact*
baisser le chauffage central	*to turn down the central heating*
éteindre la lumière	*to switch off the light*
être écolo	*to be environmentally friendly*
faire du covoiturage	*to share cars*
réduire le gaspillage énergétique	*to reduce energy wasting*
trier les déchets	*to sort the rubbish*

Les déplacements qui polluent pages 10–11

un aéroport	*an airport*
un automobiliste	*a motorist/car driver*
le carburant	*fuel*
les déplacements (mpl)	*travel*
le dioxyde de carbone	*carbon dioxide*
le parc-relais	*park and ride*
le piéton	*pedestrian*
la qualité de vie	*quality of life*
le riverain	*resident, someone living nearby*
un trajet	*journey*
le transport aérien	*air transport*
le transport ferroviaire	*rail transport*
attirer	*to attract*
se déplacer	*to travel*
favoriser, privilégier	*to favour/support*
promouvoir	*to promote*
calculer son empreinte carbone	*to calculate one's carbon footprint*
décourager la circulation automobile au centre-ville	*to keep car traffic out of the town centre*
diminuer les impacts environnementaux liés au transport aérien	*to reduce the environmental impact of air travel*

Entrainez-vous!

Remplissez les blancs dans les phrases ci-dessous avec un mot ou une phrase de la liste ci-dessus.

1 Les ..... de carbone polluent notre ..... et sont responsables de la ..... atmosphérique.

2 Le ..... climatique a un ..... majeur sur la ..... .

3 Pour réduire le ..... énergétique, il faut ..... le chauffage ..... et ..... les lumières plus souvent.

4 Il faut ..... les énergies ..... .

5 Comment peut-on ..... les impacts ..... liés aux transports ..... et ..... ?

6 En créant des ..... , on peut décourager la .... en ..... .

2 L'énergie – un sujet brulant!

1a Lisez les titres des journaux et choisissez une image appropriée pour chacun.

1 Le nombre de capteurs solaires en France bat tous les records

2 Feu vert pour le projet de gazoduc européen

3 Manifestation contre les éoliennes

4 Nouvelle centrale nucléaire dans la vallée du Rhône

5 Nos réserves de charbon s'épuisent

6 Plus de pétrole dans 40 ans!

1b Pour chaque titre, décidez de quelle sorte d'énergie il s'agit.

2 Choisissez un nom dans la case, pour remplir les blancs dans le texte suivant.

Le pétrole, le [1] et le [2] naturel représentent plus de 80% de l'énergie consommée dans le [3]. Issues de [4] naturelles de la [5] datant de centaines de millions d'années, leurs [6] sont limitées. Par ailleurs, leur transformation et leur [7] produisent des gaz à effet de [8] et des rejets polluants dans l'atmosphère.

planète * monde * serre * ressources * réserves * gaz * charbon * usage

15

La révolution énergétique

▶ *Quelle est l'importance des énergies renouvelables?*

▶ *Comment est-ce que les attitudes des consommateurs ont changé?*

1a Les ressources renouvelables sont les sources d'énergie naturelles qui se remplacent et qui ne vont jamais s'épuiser. Quelles sont les sources d'énergie sur la liste qui sont renouvelables?

l'énergie solaire	le gaz	l'énergie éolienne
le charbon	le mazout	le pétrole
la biomasse	l'hydroélectricité	

1b Choisissez le symbole approprié pour chaque source d'énergie renouvelable.

2a Lisez les deux textes, puis notez si les phrases correspondent au texte A ou B.

1 Il faut d'abord réduire nos besoins énergétiques.

2 On propose un objectif précis en ce qui concerne les énergies renouvelables.

3 La France est moins coupable que beaucoup d'autres pays en ce qui concerne la pollution atmosphérique.

4 Garder la terre propre pour nos descendants, c'est une priorité.

5 L'avenir des énergies renouvelables est positif.

6 Le gouvernement reconnait qu'il faut agir.

7 Nous devons changer d'attitude.

2b Recopiez les expressions soulignées et traduisez-les en anglais.

3 🎧 Ecoutez le reportage sur les énergies renouvelables. Recopiez et complétez les phrases.

Les ressources renouvelables

Définition: ressources naturelles et [1]

Exemples:

● le [2] (lumière et [3])

● [4] et [5] (force [6] et motrice)

● les [7]

Avantages:

● ne dégagent pas de [8]

● aucun risque de [9] ou d'[10]

4 👤 Jeu de rôle. A est journaliste: vous allez interviewer un expert en énergies renouvelables. B est l'expert.

Préparez vos questions et vos réponses à partir de la liste des thèmes à discuter.

A

Une politique responsable

Une politique énergétique responsable offre aux citoyens une énergie sûre et propre, dont l'utilisation permettra aux générations futures de vivre dans un monde aussi beau que celui d'aujourd'hui.

Pour les Amis de la Terre, la "source" énergétique la plus importante est avant tout l'arrêt du gaspillage. En le combinant avec l'usage des énergies renouvelables prometteuses, la révolution énergétique sera possible.

B

L'avenir des énergies renouvelables

La Commission européenne vient de présenter son "paquet énergie" et propose un objectif de 23% d'énergie renouvelable d'ici 2020 pour la France. La France plaide pour une réduction de cet objectif et pour une prise en compte du nucléaire dans la lutte contre le réchauffement climatique. Dans une lettre adressée mardi 15 janvier au président de la Commission José-Manuel Barroso, Nicolas Sarkozy estime que "compte tenu de la faible contribution française aux émissions de gaz à effet de serre, nous ne pourrions accepter un objectif national opposable supérieur à 20%".

Thèmes à discuter:

– une définition des énergies renouvelables et quelques exemples

– comment s'en servir dans la vie quotidienne

– les avantages écologiques

– les inconvénients

5a Read the first three paragraphs of the text and expand the notes in English to summarise how the system works.

solar panels * APEVES * vouchers * subsidy * EDF network

5b Lisez l'interview et pour chacune des phrases, notez vrai (V), faux (F) ou information non donnée (ND).

a Au début, Monsieur Lefèvre était plutôt contre ce projet.

b On a dû adapter la maison pour installer le générateur.

c Monsieur Lefèvre tire un bénéfice financier de ce projet.

d Il utilise plus d'électricité solaire qu'hydraulique.

e Il espère servir de modèle à d'autres.

f Il veut persuader les autres de réduire leur consommation d'électricité.

5c Trouvez dans les deux textes:
- 5 exemples de verbes au passé composé
- 5 exemples de verbes à l'imparfait

5d Complétez le texte avec la forme appropriée des verbes. Attention: passé composé ou imparfait?

Exemple: **1** *a choisi*

L'APEVES [**1** *choisir*] de monter un générateur photovoltaïque chez Monsieur Lefèvre, dont la maison [**2** *se trouver*] près du distributeur local d'électricité et qui [**3** *s'intéresser*] déjà à l'idée d'électricité renouvelable. On [**4** *ne pas avoir besoin*] d'adapter sa maison, donc on [**5** *pouvoir*] réduire le cout. Monsieur Lefèvre [**6** *avoir*] déjà un moulin qui [**7** *produire*] de l'électricité hydraulique et il [**8** *expliquer*] que ce nouveau générateur [**9** *être*] utile en été, quand le soleil [**10** *briller*] et qu'il [**11** *utiliser*] plus d'électricité hydraulique en hiver. Il [**12** *vouloir*] non seulement profiter d'électricité verte, mais aussi montrer l'exemple aux autres.

6 🔵 Travaillez avec votre partenaire. Prenez chacun(e) un des points de vue ci-dessous et préparez une présentation, où vous expliquez les quatre arguments principaux en sa faveur.

Ensuite, présentez vos arguments l'un(e) à l'autre.

Les énergies renouvelables sont la solution au problème de nos besoins croissants d'énergie.

Les énergies renouvelables ne pourront jamais remplacer les énergies traditionnelles.

Verdissons notre électricité!

Les générateurs photovoltaïques raccordés au réseau nous offrent la possibilité d'utiliser l'électricité solaire. Cependant, pour le moment, il n'y en a pas beaucoup en France pour, entre autres, des raisons de cout des systèmes et de complexité des procédures. C'est pourquoi nous avons créé l'Association pour la Production et la Valorisation de l'Electricité Solaire (APEVES). Avant nous, il n'y avait pas d'aide pour ceux qui voulaient que leur électricité soit "verte", mais maintenant, ça existe.

Nous mettons en place des générateurs raccordés au réseau. Nous vendons des bons aux personnes qui veulent participer au développement de l'électricité solaire mais à qui il manque la place ou les moyens. Un bon représente une "portion" de panneaux et garantit au propriétaire qu'une part de son électricité est solaire.

Pour financer ce projet, nous avons obtenu une subvention du Conseil Régional de Franche-Comté et nous avons déjà inscrit 270 personnes. Nous recherchons activement des souscripteurs supplémentaires. Nous utilisons le toit de deux professeurs retraités et nous produisons de l'électricité 100% renouvelable que nous vendons à EDF*, le distributeur local d'électricité.

Electricité de France

Pour en savoir plus...
Philippe Lefèvre a permis à l'APEVES d'installer leur premier générateur photovoltaïque sur son toit. Il nous a parlé.

- **Pourquoi vouliez-vous participer à ce projet?**
- ■ J'ai toujours été très intéressé par l'idée des énergies renouvelables. On nous a dit qu'on cherchait un endroit près d'ici pour monter un générateur photovoltaïque et puis j'ai invité un représentant de l'APEVES à venir nous voir. Il parait que notre maison était juste ce qu'il fallait…

- **Et ça veut dire quoi, exactement?**
- ■ En fait, beaucoup de toits sont aptes à accueillir des générateurs photovoltaïques. Il faut tout simplement un toit incliné et qui ne comporte pas d'ombrage significatif. Ce qui était encore mieux ici, c'est que la ligne aérienne du distributeur local d'électricité n'est pas loin, donc le cout du raccordement au réseau est réduit.

- **Et êtes-vous content du projet?**
- ■ Je suis très fier de faire partie d'un projet si innovateur. Nous avons aussi un moulin qui produit de l'électricité hydraulique. Ces deux systèmes sont complémentaires: on se sert du photovoltaïque plutôt en été et de l'hydraulique plutôt en hiver, et je crois que cela constitue un exemple d'un "mix" intelligent vis-à-vis de la consommation d'électricité. Toute notre électricité est renouvelable, ce qui montre que c'est possible et donne, je l'espère, un bon exemple aux autres.

Le nucléaire: pour ou contre?

▸ *Quels sont les avantages de l'énergie nucléaire?*

▸ *Quels sont les problèmes et les dangers associés au nucléaire?*

1a **Survolez les extraits A–H de la page 19 et notez s'ils sont pour ou contre l'énergie nucléaire.**

1b **Dans quel article lit-on que…?**

1 On ne sait pas comment disposer des déchets nucléaires.

2 Construire des centres d'énergie renouvelable peut détruire l'environnement.

3 En ce qui concerne le dioxyde de carbone, la France pollue moins que les autres pays européens.

4 On a caché la vérité concernant le nombre de victimes d'un accident nucléaire.

5 On ne peut jamais éliminer tous les risques du nucléaire.

6 La production d'énergie traditionnelle est beaucoup moins efficace que le nucléaire.

7 On a peur que quelqu'un aille profiter du nucléaire pour faire la guerre.

8 La plupart des Français sont pour le nucléaire.

9 On a manifesté récemment contre le nucléaire.

10 On devrait dépenser plus d'argent pour rechercher de nouvelles possibilités.

11 Les énergies renouvelables sont moins efficaces que les centrales nucléaires.

12 Le nucléaire offre des avantages économiques pour la France.

1c **Inventez un titre pour les extraits A–H.**

Exemple: *A – La France: moins polluante que ses voisins?*

2a **Ecoutez cinq personnes donner leur opinion sur le nucléaire. Qui est pour et qui est contre?**

2b **Réécoutez et complétez ces phrases.**

a On devrait cesser au plus tôt le nucléaire à cause…

b Aux Etats-Unis, on…

c Il y a deux avantages du nucléaire, qui sont…

d Il y a des couts associés au nucléaire qu'on risque d'oublier, par exemple…

e On devrait organiser…

3 **Oui ou non à l'énergie nucléaire? Pour en discuter:**

a Citez trois dangers liés au nucléaire.

b Donnez trois raisons pour lesquelles le nucléaire n'est pas dangereux.

c Etes-vous plutôt pour ou contre le nucléaire? Pourquoi?

Compétences

Translating into English

● Be careful when translating words which look similar to English words. Sometimes the closest English word is not the best translation.

Ⓐ **Look at these words in context in texts A to C (page 19), then decide which is the best translation for each.**

1 rejet
   a *rejection* **b** *emission* **c** *reject*

2 centrale nucléaire
   a *nuclear centre* **b** *nucleus* **c** *nuclear power station*

3 élevé
   a *high* **b** *elevated* **c** *rise*

4 pétrole
   a *petrol* **b** *fuel* **c** *petroleum*

5 inédit
   a *unedited* **b** *incorrect* **c** *unpublished*

6 largement
   a *greatly* **b** *largely* **c** *widely*

7 provoquées
   a *provoked* **b** *caused* **c** *irritated*

8 efficacité
   a *efficiency* **b** *effect* **c** *efficiently*

● When you are translating in an exam, you will have to guess the words you do not know. Look at the context of the word before deciding what it is likely to mean.

Ⓑ **Look at these words in context in texts E to H (page 19), then decide what they might mean.**

1 le littoral   4 empêche

2 glissements de terrain 5 atout

3 sont… survenus   6 partisans

4 **Travaillez avec votre partenaire. Prenez chacun(e) un des points de vue ci-dessous et préparez une présentation, où vous expliquez les quatre arguments principaux en sa faveur.**

Ensuite, présentez vos arguments l'un(e) à l'autre.

Le nucléaire nous apporte plus d'avantages que de problèmes.

Nucléaire – non merci!

A

Le recours de la France au nucléaire fait de la France l'un des pays de l'OCDE les moins émetteurs en CO_2: en terme de rejet de CO_2 dû à la consommation d'énergie, la France n'émet que 1,6 tonnes de carbone par habitant, contre 2,7 pour l'Allemagne, 2,5 Pour le Royaume-Uni et une moyenne de 2,27 pour l'Union européenne.

B

Une centrale nucléaire produit plus d'énergie qu'une centrale thermique classique, une tonne de charbon produisant autant d'énergie qu'un gramme d'uranium, et occupe beaucoup moins de place. Les ressources naturelles de la planète (gaz, charbon, pétrole) étant de plus en plus rares, le nucléaire permet d'économiser ces ressources, notamment pendant les phases de prix élevé des énergies primaires et en particulier du pétrole.

C

A l'occasion du 22ᵉ "anniversaire" de la catastrophe de Tchernobyl, de nombreux groupes locaux de Greenpeace ont organisé plus de 160 initiatives partout en France dans le cadre du "Chernobyl Day". Cette journée était l'occasion de rappeler le scandale qui perdure sur la minimisation des conséquences de cette catastrophe nucléaire. En 2006, Greenpeace a publié un rapport inédit réalisé par 60 scientifiques du Bélarus, d'Ukraine et de Russie, qui démontre que l'impact sanitaire de la catastrophe de Tchernobyl est largement sous-estimé par l'Agence Internationale de l'Energie Atomique (AIEA). Ce rapport conclut que 200 000 décès dus à la catastrophe ont déjà été constatés en Russie, au Bélarus et en Ukraine et qu'à l'avenir plus de 250 000 cancers, dont près de 100 000 mortels, découleront de la catastrophe.

Ces chiffres prouvent que le bilan mis en avant par l'AIEA, qui table sur 4 000 décès, représente une minimisation grossière de l'étendue des souffrances provoquées par Tchernobyl. "Vingt-deux ans après la catastrophe," déclare Frédéric Marillier, chargé de campagne nucléaire à Greenpeace France, "Il est temps de tourner la page du nucléaire et de construire une autre politique énergétique, axée sur la sobriété, l'efficacité et les énergies renouvelables."

D

Le réacteur nucléaire est la machine la plus complexe, la plus dangereuse et la plus chère que l'homme ait inventée pour faire bouillir de l'eau. Pire, il risque de proliférer à des fins militaires.

E

En installant des centrales éoliennes le long de tout le littoral français, de Dunkerque à Nice, et en espaçant de 300 mètres chaque unité, la production totale serait inférieure à celle réalisée par quatre centrales nucléaires. Les barrages (centrales hydrauliques) provoquent des modifications de l'environnement, entrainant des inondations, des glissements de terrain...

F

Le nucléaire est dangereux: l'installation d'une centrale nucléaire nécessite des précautions énormes et on ne peut pas être sûr d'une sécurité absolue. Beaucoup d'accidents sont déjà survenus dans des centrales, par exemple en Pennsylvanie et à Tchernobyl. Les déchets radioactifs posent un très gros problème: l'industrie nucléaire ne cesse d'en produire et on ne sait même pas quoi en faire. On les maintient donc en surface, ce qui met en danger les générations futures.

G

Le nucléaire empêche le développement des énergies renouvelables comme les éoliennes, les centrales hydrauliques, ou, dans certaines régions, l'énergie solaire, pourtant moins polluantes et moins chères. Le gouvernement n'investit pas assez dans la recherche en énergies renouvelables.

H

Le nucléaire présente un atout pour l'emploi en France et contribue au maintien d'un haut niveau scientifique sur le territoire national. Notre indépendance énergétique étant un objectif prioritaire, le choix du nucléaire pour produire les trois quarts de l'électricité en France retrouve une majorité de partisans.

The passive voice

Rappel

The passive is formed using *être* and a past participle. The past participle must agree with the noun to which it refers.

*Tous les problèmes **sont résolus**.*

The passive can be used in any tense and in the infinitive form.

*Des mesures **ont été prises** par le gouvernement.*
*L'énergie solaire peut **être produite**.*

Entrainez-vous!

1 **Read the extracts, then copy and translate the passive form in each one.**

Example: **a** *seront fermés – will be closed*

a La plupart de nos réacteurs seront fermés avant 2020.

b La sécurité doit être assurée.

c Une vaste consultation a été organisée.

d Un héritage toxique nous sera légué.

e Combien de cancers auront été causés?

f Cette politique n'est pas du tout justifiée.

g Notre indépendance énergétique est menacée.

h Des gaz toxiques avaient été libérés.

i L'accident nucléaire ne va jamais être oublié.

j Toute une région était contaminée.

2 **Tick the past participles in your notes from activity 1 to which agreement has been added, and give the noun with which each agrees. Explain why some past participles have no added agreement.**

Example: *fermés – réacteurs*

3 **Translate these sentences into French.**

  a Oil reserves will be exhausted.

  b A solution has been suggested.

  c The advantages of renewable energies are well known.

  d Solar panels have been installed on many roofs.

  e A wind farm will be constructed.

  f Our energy consumption must be reduced.

Rappel

The passive is used less often in French than in English. Some ways to avoid the passive include:

- Use *on* and an active verb.
  Une consultation a été organisée. → ***On a organisé une consultation.***
- Change the subject of the sentence.
  *Des mesures **ont été prises** par le gouvernement.* → ***Le gouvernement a pris des mesures.***
- Use a reflexive verb.
  *Les réacteurs **seront fermés**.* → *Les réacteurs **se fermeront**.*

Entrainez-vous!

4 **Rewrite each sentence avoiding the passive.**

  a Le problème n'a pas été résolu par ces mesures.

  b Les deux pays seront reliés par un nouveau gazoduc.

  c Les combustibles fossiles sont trop souvent utilisés.

  d Les réserves de pétrole sont concentrées au Moyen-Orient.

Depuis

Rappel

- Be careful when using *depuis*. *Depuis* used with the **present tense** translates the idea of how long you **have** been doing something:
  *J'apprends le français **depuis** sept ans.*
  I have been learning French **for** seven years.
- *Depuis* used with the **imperfect tense** translates the idea of how long you **had** been doing something:
  *Il vivait à Paris **depuis** 2006.*
  He had been living in Paris since 2006.

Entrainez-vous!

5 **Translate these sentences into French.**

  a We have been talking about renewable energies for years.

  b The government had been wanting to develop solar power since the 90s.

  c How long have you had solar panels for?

Zoom Compétences

Translating from French into English

- Your translation should:
  - reflect the meaning of the original (activity 1)
  - match the style and register of the original (activity 2)
  - read like an original piece
- The following are useful translation techniques to remember. Translate the two practice sentences for each technique into English.

A **Look at phrases rather than individual words.**

1 *Qu'est-ce que ça veut dire?*

2 *Il faut de l'énergie pour faire bouillir de l'eau.*

B **Beware of faux-amis.**

1 *Un jour, il n'y aura plus de pétrole.*

2 *Tu étudies l'environnement au collège?*

C **Use context clues.**

1 *Il faut produire des quantités inférieures.*
   (translate as "inferior" or as "smaller"?)

2 *Une politique énergétique responsable offre une énergie sûre et propre.*
   (translate as "politics" or "policy"? "sure" or "safe"?)

D **Ensure you translate all details correctly, including adverbs, conjunctions and prepositions (à, de, sur, on are not always translated by the same word).**

1 *Ne juge pas sur les apparences.*

2 *C'est à 200km au nord du cercle polaire.*

E **Pay attention to verb tenses and remember that some are different in French and in English.**

1 *Les débats sur ces thèmes existent depuis toujours.*

2 *On comprenait les dangers du nucléaire depuis la catastrophe de Tchernobyl.*

F **Translate a subjunctive with the English form that best fits: present, infinitive, etc.**

1 *Bien que ce ne soit pas tout à fait une catastrophe, je m'inquiète quand même.*

2 *Il semblerait que les écologistes aient raison.*

Entrainez-vous!

1 First, make sure you understand the general sense of the French text. Look at text B on page 19 and discuss with a partner what the main points are.

2 Always think about the style of the passage. Look at texts G and H on page 19. How are the styles different and how should a translation reflect this?

3 Compare the following translations of this text (text D from page 19). Which is better and why?

> Le réacteur nucléaire est la machine la plus complexe, la plus dangereuse et la plus chère que l'homme ait inventée pour faire bouillir de l'eau. Pire, il risque de proliférer à des fins militaires.

> The nuclear reactor is the most complex, dangerous and expensive machine which the man invented to make water boil. Worse, it risks proliferating for military ends.

> The nuclear reactor is the most complex, the most dangerous and the most expensive machine invented by man to boil water. Even worse, there is a risk that more and more reactors will be built for military purposes.

4 Translate this text (text F from page 19) into English, making sure your translation sounds as natural as possible.

> Le nucléaire est dangereux: l'installation d'une centrale nucléaire nécessite des précautions énormes et on ne peut pas être sûr d'une sécurité absolue. Beaucoup d'accidents <u>sont</u> déjà <u>survenus</u> dans des centrales, par exemple en Pennsylvanie et à Tchernobyl. Les déchets radioactifs posent un très gros problème: l'industrie nucléaire ne cesse d'en produire et on ne sait même pas quoi en faire. On les maintient donc en surface, ce qui met en danger les générations futures.

La révolution énergétique   pages 16–17

les besoins énergétiques (mpl)	energy needs
le charbon	coal
l'électricité hydraulique/ l'hydroélectricité (f)	hydroelectricity
l'énergie éolienne (f)	wind energy
l'énergie solaire (f)	energy from the sun
les énergies (non) renouvelables (fpl)	(non) renewable energies
le gaz naturel	natural gas
un générateur photovoltaïque	solar generator, solar panels
le mazout	oil (refined, as used for heating, etc.)
un panneau/capteur solaire	solar panel
le pétrole	oil (crude oil, as found in the ground)
la politique énergétique	energy policy
un projet innovateur	innovative project
le réseau	network
les ressources naturelles (fpl)	natural resources
une source d'énergie	energy source
réduire la consommation d'énergie	to reduce energy consumption
servir de modèle aux autres	to be a model for others
tirer un bénéfice (de)	to benefit (from)

Le nucléaire: pour ou contre?   pages 18–19

un accident nucléaire	nuclear accident
la centrale éolienne	wind farm
la centrale hydraulique	hydroelectric power station
la centrale nucléaire	nuclear power station
les déchets nucléaires (mpl)	nuclear waste
l'efficacité (f)	efficiency
l'indépendance énergétique (f)	self-sufficiency in energy production
le niveau	level
un réacteur nucléaire	nuclear reactor
l'uranium enrichi (m)	enriched uranium
efficace	efficient
radioactif	radioactive
démanteler une centrale	to dismantle a power station
éliminer les risques (mpl)	to remove the risks
installer une centrale	to build a power station
investir dans la recherche en énergies renouvelables	to invest in research into renewable energies
se tourner vers d'autres énergies	to turn to other forms of energy

En plus...

les biocarburants (mpl)	biofuels
le combustible fossile	fossil fuel
la consommation d'énergie	energy consumption
l'effet de serre (m)	greenhouse effect
les émissions mondiales des gaz à effet de serre (fpl)	world emissions of greenhouse gases
une éolienne	wind turbine
les gaz à effet de serre (mpl)	greenhouse gases
le gazoduc	gas pipeline
un oléoduc	oil pipeline
s'épuiser	to run out
être en pleine expansion	to be increasing
stabiliser le dérèglement climatique	to stabilise climate change

Entrainez-vous!

Remplissez les blancs dans les phrases ci-dessous avec un mot ou une phrase de la liste ci-dessus.

1 Tout le monde sait qu'il faut développer les .... pour répondre à nos .... à l'avenir.

2 En installant des .... sur le toit de sa maison, on réduit sa ..... d'énergie et sert de ..... aux autres.

3 Les .... seront bientôt épuisés, et c'est pour garder son .... que la France a décidé de construire autant de ....

4 On ne peut jamais éliminer tous les ..... d'un ....

5 On n'a pas encore résolu le problème des .... , qui pourraient poser un danger à la santé publique.

3 Comment protéger la planète?

By the end of this unit you will be able to:

- Talk about ways of minimising environmental damage
- Discuss the role of pressure groups and initiatives
- Consider environmental responsibilities on an international level

- Use negatives correctly
- Develop your arguments in a discussion

1a En groupe, classez les menaces suivantes selon le danger qu'elles posent à l'environnement, en commençant par le pire. Ensuite, ajoutez d'autres menaces à la liste.

- **a** le réchauffement climatique
- **b** la déforestation
- **c** l'extinction des espèces menacées
- **d** la surexploitation des ressources naturelles
- **e** la pénurie d'eau et la désertification
- **f** le stockage des déchets nucléaires
- **g** la pollution chimique

1b Regardez les photos et décidez quelles menaces elles représentent.

1c Pour chacune des phrases suivantes, décidez de quelle menace il s'agit.

- **a** Indispensable à la vie, elle est aussi une ressource rare que nous devons apprendre à mieux gérer et ne plus polluer.
- **b** Véritables poumons de la planète, les arbres sont pourtant en train de disparaitre, victimes du commerce illégal de bois.
- **c** De nombreux produits créés par l'homme détruisent la faune, la flore et mettent en danger l'espèce humaine par leur toxicité et leur persistance.

1d Comment peut-on réduire les dégradations de l'environnement? Avec votre partenaire, discutez des propositions suivantes et décidez pour chacune si elle pourrait combattre les menaces de la liste.
Ensuite, suggérez d'autres solutions possibles.

Faut-il...?
- créer plus de réserves naturelles
- favoriser le développement durable
- insister sur des accords internationaux
- monter des campagnes pour sensibiliser les gens
- changer notre mode de vie

23

On se mobilise pour la planète!

▶ *Quel est le rôle des organisations de protection de l'environnement?*
▶ *Que font-elles pour sensibiliser les gens et changer leurs comportements?*

▶ Agir pour l'environnement

Agir pour l'Environnement est une association de mobilisation citoyenne en faveur de l'environnement.

Face aux groupes de pression industriels en tout genre et à l'inertie des politiques de droite comme de gauche, notre but est de constituer un outil efficace au service de la mobilisation citoyenne en matière d'environnement.

Imaginez…

- 1 000 citoyens saisissant leur député pour qu'il vote une loi garantissant vraiment un air pur…
- 10 000 lettres sur le bureau du Premier Ministre pour soutenir la mise en œuvre du réseau Natura 2000 pour la préservation de la diversité biologique en Europe…

- 100 000 consommateurs soucieux de la qualité de leurs aliments…

Utopique? C'est pourtant le projet que nous vous proposons: permettre aux citoyens de faire pression sur les décideurs en matière d'environnement.

Agissons…

L'Appel pour une planète vivable a pour vocation de réunir des milliers de citoyen(ne)s responsables qui s'organisent et agissent pour se faire entendre. *Agir pour l'Environnement* vous propose de devenir signataires de l'Appel afin de participer à des campagnes de lettres adressées aux décideurs.

Un groupe de pression en faveur de l'environnement est un contre-pouvoir indispensable face aux lobbies industriels et économiques qui pèsent systématiquement sur les décisions.

Plus nous serons nombreux, plus nous serons efficaces.

1a Lisez le texte et décidez si les informations suivantes sont vraies (V), fausses (F) ou non données (ND).

- **a** Selon *Agir pour l'Environnement*, les politiciens s'intéressent plus qu'avant à la défense de l'environnement.
- **b** Cette association vient de lancer une campagne contre la pollution atmosphérique.
- **c** Elle propose que ses adhérents écrivent à leur député à propos de la biodiversité.
- **d** *L'Appel pour une planète vivable* organisera des manifestations partout en France.
- **e** Selon *Agir pour l'Environnement*, les industriels ont trop d'influence sur la politique écologique.

1b Travaillez avec votre partenaire. Expliquez en français les expressions suivantes:

- **a** une loi garantissant vraiment un air pur
- **b** participer à des campagnes de lettres adressées aux décideurs
- **c** les groupes de pression industriels et économiques

1c Traduisez les phrases en gras dans le texte en anglais.

1d Seriez-vous intéressé(e) par les campagnes organisées par *Agir pour l'Environnement*? Que pensez-vous des cyberactions, des campagnes de mobilisation en ligne? Sont-elles plus ou moins efficaces que les manifestations traditionnelles? Discutez avec votre partenaire, puis avec la classe.

Stop-Autoroutes: un collectif national anti-autoroutes

Les représentants de quinze associations locales et nationales ont structuré le Réseau "Stop-Autoroutes" pour s'opposer aux multiples projets routiers et autoroutiers.

L'Etat français s'apprête à valider un projet dans lequel sont inscrits 879km de nouvelles voies autoroutières, soit une augmentation d'environ 10% du réseau autoroutier français.

L'impact des nouvelles voies rapides et autoroutières en matière de consommation d'espace et d'énergie, de rejets de CO_2, le tout en engendrant nuisances sonores, fragmentation des milieux et déménagement du territoire, n'est plus à démontrer.

Dans les semaines qui viennent, les associations membres du Réseau "Stop-Autoroutes" s'opposeront avec pugnacité aux inaugurations de nouvelles autoroutes prévues et participeront avec ténacité aux débats publics locaux.

Le Réseau "Stop-Autoroutes" demande à être reçu au plus vite par le ministre de l'écologie et interpelle vivement les élus locaux qui continuent à réclamer du béton et du goudron.

2a Lisez l'article sur le réseau "Stop-Autoroutes" et complétez le résumé suivant, en choisissant un mot dans la case pour remplir les blancs. Attention! Il y a quatre mots de trop.

Le Réseau "Stop-Autoroutes" se mobilise contre la [1] de nouvelles autoroutes en France. Le gouvernement [2] de relancer le [3] autoroutier, malgré ses [4] nocives pour l'environnement. Il est [5] que les autoroutes sont [6] des pollutions [7] et sonores et qu'elles ont des [8] négatifs sur les communautés [9]. Les membres du collectif [10] leur [11] aux projets autoroutiers en [12] part aux débats publics. En plus, ils [13] en discuter avec les politiciens [14].

> atmosphériques * conséquences * construction * disent * disputé * causes * exprimeront * impacts * opposition * prenant * programme * propose * prouvé * réseau * responsables * rurales * veulent * nationaux

2b Traduisez ces phrases en français.

   a The government will approve another motorway project next week.

   b Fast roads and motorways always lead to noise problems.

   c Local elected representatives have not always understood that most people don't want any more new motorways.

3a Ecoutez l'interview sur une action écologique organisée par des étudiants de Besançon et complétez la phrase en moins de 15 mots.

   Exemple: *The extract is about a group of students in Besançon who have...*

3b Réécoutez et répondez aux questions.

   a Quel est le thème de l'action d'information?

   b Expliquez les chiffres sur le recyclage en France et en Europe.

   c Quand et où peut-on écouter l'émission Eco Action?

   d Quels thèmes a-t-on déjà traités?

   e Quel sera le thème des deux prochaines émissions?

   f Pourquoi a-t-on décidé de faire une campagne de sensibilisation au tri des déchets sur le campus?

   g Nommez deux autres choses organisées par ces étudiants.

   h Expliquez les deux actions complémentaires organisées par d'autres étudiants.

   i Quel est le but de ce groupe?

   j Et quel sera peut-être leur nouveau slogan?

3c Complétez les blancs en utilisant le passif des infinitifs donnés. Faites attention aux temps et aux terminaisons.

   Exemple: *Seulement 18% des déchets **sont recyclés** en France.*

   a Seulement 18% des déchets ...... en France. [*recycler*]

   b Eco-Campus ...... tous les vendredis par Radio Campus Besançon. [*diffuser*]

   c Deux émissions à venir ...... à la prévention des déchets. [*consacrer*]

   d Une action citoyenne ...... déjà .... [*organiser*]

   e Pourtant, ces initiatives ...... à l'avenir. [*développer*]

3d Traduisez les phrases de l'activité 3c en anglais.

A l'échelle mondiale

> ▶ *Quelles sont les responsabilités des pays industrialisés envers les autres nations?*
>
> ▶ *Comment devraient-ils aider les pays en voie de développement?*

1a Ecoutez et lisez les opinions des quatre jeunes et discutez-en en groupe. Avec qui êtes-vous d'accord? Connaissez-vous des exemples concrets?

1b Reliez chaque jeune avec le texte (A–D) de la page 27 qui parle du même problème.

1

Nous, dans les pays industrialisés, on achète des marchandises et des matières premières aux pays moins riches à des prix fous. Peu importe si on exploite les ouvriers d'un autre pays ou si on détruit leur paysage.

2

Les grandes entreprises internationales ont une énorme responsabilité à cet égard. Elles sont toutes-puissantes et pourraient vraiment changer les choses si elles le voulaient. Mais, évidemment, elles ne pensent qu'aux bénéfices.

3

Eh oui, surtout parce que parmi les pays en voie de développement il y en a pas mal qui sont très polluants. Leur économie est en pleine croissance, leur industrie se développe à une vitesse incroyable, et cela cause d'énormes problèmes.

4

Les pays riches n'ont pas peur d'endommager les autres. Si on a des déchets et qu'on ne sait pas comment s'en débarrasser, on peut toujours les envoyer ailleurs. Facile, non?

2a Relisez l'article "De plus en plus de pollution en Chine" et pour chacune des phrases, notez vrai (V), faux (F) ou information non donnée (ND).

a La Chine est un des pays les plus pollués du monde.

b Les Chinois sont plutôt positifs en ce qui concerne l'impact écologique futur.

c Des mesures ont déjà été prises pour améliorer la situation.

d L'atmosphère dans le pays est souvent nocive.

2b Relisez l'article "Hors de vue" sur les déchets d'uranium et complétez les phrases.

a Depuis des décennies, on exporte ....

b Puisque les données sont rares et bien cachées, on ne sait pas ....

c Mais on sait que l'entreprise TENEX ....

2c Relisez l'article "Les Amis de Nanga Eboko" sur la déforestation et choisissez la bonne réponse à chaque question.

1 La BAD est-elle pour ou contre l'importation du bois du Cameroun?

    a pour **b** contre **c** pour, sous certaines conditions

2 Est-ce que la société importatrice a agi illégalement en France?

    a oui **b** non **c** on ne sait pas

2d Relisez l'article "Les 'orangs-outans' manifestent" et traduisez ces phrases en français.

a Greenpeace wants all multinational companies to join their appeal against the destruction of forests in Indonesia.

b Activists disguised themselves as orang-utans and demonstrated in a number of towns where Unilever has factories.

c Following the demonstration, Unilever's chief executive agreed to support the demands.

d He even promised that Unilever would use only sustainable palm oil in its products by the year 2015.

3 Ecoutez le reportage sur le sommet MEM (*Major Economies Meeting*) et répondez aux questions.

a Quels pays participent au sommet?

b Quelle est leur contribution à l'effet de serre?

c Quels seront les deux thèmes principaux de ce sommet?

d Qu'est-ce que les Etats-Unis ont accepté de faire?

e Quels pays sont les deux premiers pollueurs du monde?

f Qu'est-ce qu'ils ont en commun?

g Quels pays sont contraints par le Protocole de Kyoto?

h Quelle est la limite de la "déclaration des leaders" qu'on espère publier à la fin du sommet?

4 Faites des recherches sur un problème écologique qui vous semble d'une importance mondiale. Ensuite, préparez un exposé de 2 à 3 minutes que vous présenterez à la classe.

A

De plus en plus de pollution en Chine
Les risques écologiques majeurs se multiplient. La cause: la nature de la croissance économique.

"Le mode de croissance ici en Chine entraine de graves dommages environnementaux. Le tiers de nos sols est souillé par des pluies acides; 41% des sept grands fleuves chinois souffrent d'une pollution de niveau 5; un quart de la population boit et utilise une eau non potable; cinq des villes les plus polluées au monde se trouvent en Chine… Si nous ne mettons pas un frein à la pollution liée au développement en restructurant l'industrie, en promouvant une économie de recyclage et les énergies nouvelles, il est à craindre que la pollution atteigne un niveau irréparable." Ce bilan terrible est dressé par les Chinois eux-mêmes. Ils sont de plus en plus nombreux en Chine à s'alarmer des conséquences écologiques d'une industrialisation fulgurante et non contrôlée sur le plan écologique.

Plus de 400 000 personnes meurent prématurément chaque année en Chine en raison de la pollution de l'air, affirmait encore la semaine dernière un expert d'un centre de recherches gouvernemental. Les centrales électriques au charbon sont la cause principale de la pollution de l'air, avec les usines et le nombre croissant d'automobiles.

B

Hors de vue

Devant les montagnes de déchets d'uranium qui s'accumulent, les industriels français, ont trouvé une solution: l'exportation vers la Russie. Depuis les premières exportations il y a quarante ans, plusieurs dizaines de milliers de tonnes de déchets d'uranium ont été entreposées en Russie par des pays européens. Il est difficile de connaitre les chiffres exacts de déchets d'uranium envoyés en Russie parce que les données sont rares et bien cachées. Cependant diverses preuves d'un tel commerce existent et démontrent l'ampleur du trafic.

Lors du débat public organisé le 8 octobre à la Villette, EDF a reconnu avoir des contrats avec plusieurs compagnies étrangères dont l'entreprise russe TENEX. Mais lorsque les questions se sont faites plus précises afin de connaitre les quantités, Monsieur Granger représentant EDF a alors estimé que c'était "indécent" de parler de telles choses.

C

Les Amis de Nanga Eboko

La Brigade d'Action contre la Déforestation (BAD), un groupe de militants issus des Amis de la Terre, a organisé une première saisie de bois illégal dans le port de Nantes et verbalisé la société importatrice. Ses buts: dénoncer l'absence de loi contre le commerce de bois illégal et réclamer que seulement du bois coupé légalement entre en Europe.

Ce bois saisi aujourd'hui est issu du pillage de plusieurs milliers d'hectares de forêts autour de Nanga Eboko (Province du Centre, Cameroun). Cet exemple n'est pas isolé: un rapport des Amis de la Terre montre comment du bois coupé illégalement au Cameroun peut être importé légalement en France.

D

Les "orangs-outans" manifestent

Greenpeace salue l'appel d'Unilever pour un moratoire immédiat sur la destruction des forêts indonésiennes et invite les autres multinationales qui utilisent de l'huile de palme dans leurs produits, telles Nestlé et Procter & Gamble, à se joindre à cet appel.

Ce moratoire est une excellente nouvelle pour les orangs-outans vivant dans les forêts indonésiennes, qui sont menacés d'extinction. Lundi 21 avril, des activistes de Greenpeace déguisés en orangs-outans s'étaient introduits dans les bureaux et les usines d'Unilever de plusieurs villes européennes pour dénoncer le rôle de la multinationale dans la déforestation en Indonésie.

Depuis le 21 avril, Greenpeace mène une campagne pour faire pression sur Unilever dont les produits *Dove* contiennent de l'huile de palme. Suite à cette campagne, Patrick Cescau, PDG[1] d'Unilever, a annoncé hier qu'il soutenait la demande de Greenpeace de cesser de contribuer à la destruction des forêts anciennes et des tourbières[2] en Indonésie. Il s'est également engagé à n'utiliser dans ses produits que de l'huile de palme durable d'ici 2015.

[1]PDG (président-directeur général) *managing director*
[2]tourbières *peat bogs*

Negatives

Rappel

Negatives in French have two parts, which go around the verb.

*Je **ne** recycle **pas** le plastique.*

As well as *ne … pas*, other negatives include: *ne … jamais, ne … rien, ne … personne, ne … plus, ne … aucun(e), ne … ni … ni, ne … guère, ne … que.*

In compound tenses, *ne … pas, ne … jamais, ne … rien* and *ne … plus* go around the auxiliary verb (*avoir* or *être*)

*Le gouvernement **n'a pas** compris les difficultés.*

ne … personne, ne … aucun(e), ne … ni … ni and *ne … que* go around both parts of the verb.

*Je **n'ai** vu **personne** devant la centrale.*

Entrainez-vous!

1   **Which negative would you use in French to translate the following?**

   a   nothing   e   only

   b   no longer   f   neither … nor

   c   never   g   no …, not a single …

   d   nobody   h   hardly

2   **Translate these sentences into English, taking care over both negatives and tenses.**

   a   On n'accepte plus la surexploitation des ressources naturelles.

   b   Trop de pays ne font rien pour encourager le développement durable.

   c   Les scientifiques n'avaient jamais résolu le problème des déchets nucléaires.

   d   Malheureusement la campagne n'a eu aucun impact sur le grand public.

   e   Les Verts ne privilégieraient ni aéroports ni autoroutes.

3   **Translate these sentences into French, taking care over both negatives and tenses.**

   a   Chemical pollution no longer concerns the public.

   b   Big international companies were only thinking about profits.

   c   Ministers did nothing to stop exports of uranium.

   d   It has never been easy to change people's behaviour.

   e   There will be no reason to use palm oil in beauty products.

Rappel

personne, rien, aucun(e) and *ni … ni* can also be used as, or with, the subject of a sentence. In this case, they go before *ne* and the verb.

***Rien n'est** certain.* Nothing is certain.

Entrainez-vous!

4   **Translate these sentences into English.**

   a   Personne n'aime la pollution.

   b   Rien n'a changé.

   c   Aucun politicien n'a participé à la manifestation.

   d   Ni l'énergie éolienne ni le nucléaire n'est sans danger.

   e   Personne n'a jamais rien fait.

Rappel

When a verb and an infinitive are used together, the negative goes around the first verb.

*L'énergie solaire **ne** peut **jamais** remplacer les énergies traditionnelles.*

*Ces mesures **ne** vont **rien** changer.*

Entrainez-vous!

5   **Translate these sentences into English.**

   a   EDF ne voulait rien dire à ce sujet.

   b   Les consommateurs ne devraient plus acheter certains produits.

   c   On ne pourra jamais éliminer toutes les pollutions.

   d   Personne ne veut contribuer à la destruction de l'environnement.

6   **Translate these sentences into French.**

   a   No one wanted to think about the consequences.

   b   We can no longer ignore global warming.

   c   Nothing can justify the destruction of the environment.

   d   We should never forget the catastrophes of the past.

Zoom Compétences

Developing your arguments

- You have already practised presenting arguments for or against a topic (see page 13). In your oral exam you will then have to develop the arguments you have raised in discussion. The activities on this page will show you how to develop your ideas in your preparation time and in the exam.

> Les campagnes pour la protection de l'environnement sont une perte de temps. Personne n'écoute les citoyens!

> C'est grâce aux campagnes des organisations écologiques que nous agissons enfin pour sauver notre planète.

1 **One way of developing your arguments is to give examples to illustrate them. These can be based on personal experience or on material you have listened to or read.**

A **Study the above statements and decide which point of view you want to defend. With a partner, make notes in French of the four main arguments for your presentation. Refer back to page 13 for help.**

> les campagnes
> – informent le grand public
> – changent les attitudes et les comportements
> – influencent la politique...

B **Now move on to develop your arguments. For each of the four arguments you have listed, think of one example in French to illustrate it. Then note the key phrases you will use to explain it clearly and fluently.**

> les campagnes informent le grand public, par exemple les campagnes contre les projets d'autoroutes
> – l'impact sur les riverains
> – le bruit, la pollution des gaz d'échappement...

C **Present your arguments, backed up by examples, to your partner. Use the expressions below to introduce your examples fluently.**

> *Par exemple...*
> *A titre d'exemple...*
> *Prenons l'exemple de...*
> *Selon un rapport récent...*
> *Selon un documentaire récent...*
> *J'ai entendu une émission de radio à ce sujet, où on a dit que...*

2 **You should also be prepared to offer more general justifications for your arguments. These may be straightforward points, e.g. *La protection de l'environnement est la responsabilité de tout le monde.***
You may also be able to make judgements and refer to wider issues. The following phrases may be useful here.

> *Il n'est pas juste que...*
> *Il est injuste que...*
> *Il est inacceptable que...*
> *Tout le monde accepte que...*
> *Tous les experts sont d'accord que...*
> *Nous vivons dans une démocratie.*
> *Chacun a le droit de se faire entendre.*

D **For each of your four main arguments, think of a general justification and explain it to your partner.**

E **Practise these skills on the topic below. Choose one point of view and plan your presentation and the ways in which you will develop your four main arguments using examples and justifications. Then present your ideas to your partner, explaining, illustrating and justifying them in as much detail as possible.**

> En ce qui concerne l'environnement, chaque pays devrait être libre d'appliquer la politique qui lui convient le mieux.

> La protection de l'environnement est la responsabilité de tous les pays du monde, qui doivent agir ensemble.

Vocabulaire

On se mobilise pour la planète! pages 24–25

une benne/un bac de recyclage	*recycling bin*
une campagne de sensibilisation	*campaign to raise awareness*
une cartouche d'encre pour imprimante	*printer ink cartridge*
un député	*MP*
un élu local	*locally elected representative*
un groupe de pression	*pressure group*
l'inertie (f)	*inertia/lack of action*
une initiative à petite échelle	*small scale project*
une manifestation	*demonstration*
l'opinion publique (f)	*public opinion*
un projet routier/autoroutier	*a road/motorway project*
une voie rapide	*fast road, dual carriageway*
soucieux (de)	*worried (about)*
changer le monde par petites étapes	*to change the world in small stages*
se faire entendre	*to make one's voice heard*
garantir un air pur	*to guarantee clean air*
mettre en danger	*to endanger*
mobiliser / la mobilisation	*to mobilise / mobilisation*
participer à/prendre part à un débat public	*to take part in a public debate*
susciter l'intérêt public	*to arouse public interest*
valider un projet	*to approve a project*
voter une loi	*to vote for a law*

A l'échelle mondiale pages 26–27

un(e) activiste	*activist*
la croissance économique	*economic growth*
les dommages environnementaux (mpl)	*environmental damage*
l'eau potable (f)	*drinking water*
les économies émergentes (fpl)	*emerging economies*
une grande entreprise internationale	*a big international company*
les marchandises (fpl)	*goods*
les matières premières (fpl)	*raw materials*
une multinationale	*multinational company*
les pays en voie de développement (mpl)	*developing countries*
les pays industrialisés (mpl)	*industrialised countries*
le thème du sommet	*the theme of the summit meeting*
s'alarmer	*to be alarmed*

craindre	*to fear*
dénoncer	*to denounce*
endommager	*to damage*
mourir prématurément	*to die prematurely*
promouvoir une économie de recyclage	*to promote a recycling economy*
provoquer une crise écologique	*to cause an ecological crisis*

En plus…

un accord international	*an international agreement*
le commerce illégal de bois	*illegal logging/trade in timber*
la déforestation	*deforestation*
la désertification	*desertification*
l'espèce humaine (f)	*the human race*
une espèce menacée	*endangered species*
la menace	*threat*
la pénurie d'eau	*water shortage*
le poumon	*lung*
le réchauffement climatique	*global warming*
les ressources naturelles (fpl)	*natural resources*
le stockage des déchets nucléaires	*storage of nuclear waste*
la surexploitation	*overexploitation*
gérer	*to manage*
créer une réserve naturelle	*to create a nature reserve*
favoriser le développement durable	*to give priority to sustainable development*

Entrainez-vous!

Remplissez les blancs dans les phrases avec un mot ou une phrase de la liste ci-dessus.

1 Après la ▦▦ organisée par les agriculteurs, les ▦▦ locaux ont invité le ministre des transports à ▦▦ à un ▦▦ public sur le projet ▦▦ .

2 Un groupe de ▦▦ vient de monter une campagne de ▦▦ pour susciter l' ▦▦ ▦▦ dans ce nouveau projet.

3 Les grandes ▦▦ ▦▦ ont une énorme responsabilité à l'égard des pays en ▦▦ ▦▦ ▦▦ .

4 Dans certains pays, la ▦▦ économique et le développement trop rapide de l'industrie peuvent causer des ▦▦ ▦▦ .

4 L'immigration

 Isabelle Adjani

Zinédine Zidane

 Yannick Noah

 Rachida Dati

 Nicolas Sarkozy

1 Reliez les descriptions des Français célèbres à la bonne photo.

a Son père est hongrois, sa mère est française. Son grand-père maternel est grec. Il est élu président de la République en 2007.

b Son père est marocain, sa mère est algérienne. C'est la première femme politique issue d'une famille d'immigrés maghrébins à devenir ministre dans un gouvernement français.

c Son père est algérien d'origine turque, sa mère est allemande. C'est une grande actrice française, qui a reçu cinq Césars et deux nominations aux Oscars.

d Son père est camerounais, sa mère est française. C'est un champion international de tennis et un chanteur. C'est la personnalité préférée des Français selon un sondage de 2010.

e Ses parents sont tous deux algériens. C'est un footballeur international français, cité parmi les plus grands joueurs de football de tous les temps.

2 Que savez-vous de l'immigration en France? Est-ce que ces affirmations sont vraies (V) ou fausses (F)?

a En 2008, on comptait en France cinq millions d'immigrés, soit 8% de la population.

b Près de 20% de la population française est immigrée ou née d'au moins un parent immigré.

c En Ile-de-France, 37% des jeunes de 18 à 20 ans sont des descendants directs d'immigrés.

d Pour 75% des immigrés qui ont des enfants, le français est la seule langue utilisée dans la famille.

e 98% des descendants de deux parents immigrés ont déjà ou souhaitent demander la nationalité française.

▶ *Qui sont les immigrés en France? D'où viennent-ils et pourquoi?*

▶ *Quelles sont les lois récentes qui visent à limiter l'immigration?*

La France: terre d'accueil?

Depuis toujours, la France se veut être une terre d'accueil. Jusqu'au 18ème siècle, un petit nombre d'hommes politiques et artistes venus d'ailleurs pouvaient s'imposer dans la vie française sans être considérés "étrangers".

La révolution industrielle du milieu du 19ème siècle a déclenché les migrations en masse. La France a eu besoin de main-d'œuvre supplémentaire et a fait venir des ouvriers des pays frontaliers: Belgique, Italie, Espagne, Allemagne, Suisse. Le 19ème siècle a aussi vu se développer la notion d'"identité nationale", de "droit du sol", de "citoyen" et donc d'"étranger". Les immigrés ont parfois été marginalisés et victimes de xénophobie.

L'entre-deux guerres

Après la guerre de 1914–1918, on a à nouveau fait appel aux étrangers pour l'industrialisation et le repeuplement du pays. On a préféré les Européens des pays voisins, jugés plus facilement "intégrables". En 1931, la France était le premier pays de l'immigration avec 7% d'étrangers, loin devant les Etats-Unis qui imposaient des quotas.

Après la crise économique des années 30, la France a sélectionné les étrangers selon des critères d'"utilité publique". On a continué d'accepter les réfugiés politiques (Juifs d'Europe de l'est, Russes, républicains espagnols, antifascistes italiens, Polonais) mais on a expulsé les étrangers au chômage.

Immigration temporaire…

De 1946 à 1974, suite à la deuxième Guerre mondiale, la France a connu une reprise économique, trente années prospères qu'on appelle les Trente Glorieuses. Elle a aussi connu la vague d'immigration la plus importante de son histoire. Les entreprises françaises allaient recruter des travailleurs non qualifiés en Espagne et au Portugal mais aussi de plus en plus dans les pays pauvres du Maghreb francophone, en Algérie (alors département français), au Maroc et en Tunisie. C'était la main-d'œuvre idéale: docile, flexible, bon marché et, on l'espérait, provisoire.

… et installation définitive

Avec la crise économique de 1974, le gouvernement a suspendu l'entrée des travailleurs étrangers permanents. Le regroupement familial a été autorisé: les familles des immigrés les ont rejoints et se sont installées, en général dans les banlieues. Avec un chômage croissant, la xénophobie s'est exacerbée, les immigrés sont devenus les boucs émissaires des problèmes de la société: on les a accusés de prendre le travail des Français. Les tensions raciales étaient telles que le gouvernement a dû voter une loi contre le racisme.

Au cœur de la société française

Depuis les années 80, l'immigration reste au cœur des débats politiques. Dans le but d'encourager l'intégration des populations déjà installées et de limiter l'immigration, le statut de réfugié devient de plus en plus difficile à obtenir. Beaucoup de demandeurs d'asile deviennent des "sans-papiers". La discrimination et le racisme, le chômage croissant, les mauvaises conditions de vie des familles immigrées, tout aggrave le sentiment d'exclusion.

Devant la montée du Front National, l'antiracisme devient une valeur importante et des associations se créent comme SOS Racisme. Les jeunes issus de l'immigration se révoltent, la violence éclate régulièrement dans les banlieues, comme ce fut le cas en 2005. L'islam (devenue deuxième religion du pays) se confronte aux traditions laïques de la France et cela crée de nouvelles tensions.

Depuis l'élargissement des frontières européennes, et bientôt l'accès de l'ensemble des Européens aux emplois français, le gouvernement dit vouloir limiter les tensions sociales dues à l'immigration massive ou clandestine, et veut imposer "l'immigration choisie" (la venue de personnes hautement qualifiées, chercheurs, experts, étudiants) et les quotas par profession. La France risque-t-elle la rupture avec ses traditions républicaines d'accueil?

1 Lisez le premier paragraphe de l'article (page 32). Trouvez les mots qui correspondent à ces définitions.

a pays qui ouvre ses portes à tous

b originaire d'un autre pays

c déplacement de population

d ensemble des travailleurs

e travailleurs manuels

f droit d'avoir la nationalité du pays où on est né

g étrangers installés dans un pays

h mis à l'écart de la société

i hostilité vis-à-vis des étrangers

2 Lisez l'article. Regardez dans le dictionnaire et écrivez une définition de ces mots en français.

a des quotas

b la crise économique

c des réfugiés politiques

d une reprise économique

e le regroupement familial

f les boucs émissaires

g les demandeurs d'asile

h les sans-papiers

i l'immigration clandestine

3 Remettez ces phrases dans l'ordre des paragraphes qu'elles résument.

a Quand les immigrés s'installent avec leurs familles, une partie de la population la plus touchée par la crise leur devient hostile.

b La population française est constituée de 7% d'Européens venus pour repeupler le pays et y travailler.

c L'immigration, l'intégration, la discrimination et le multiculturalisme restent des questions primordiales de la vie politique française.

d La première immigration massive est celle d'ouvriers venus des pays européens voisins de la France.

e L'immigration devient plus "visible" avec une forte proportion de Nord-Africains.

4 Relisez l'article et répondez aux questions.

a Quelle était la particularité de l'immigration avant le 19ème siècle?

b Pourquoi la France a-t-elle d'abord préféré faire venir une main-d'œuvre européenne?

c Pourquoi la France a-t-elle fait appel aux Nord-Africains pendant les Trente Glorieuses?

d Quelles ont été les conséquences de la crise économique de 1974 pour les immigrés?

e Quels sont les problèmes généralement associés à l'immigration?

f Comment le gouvernement français envisage-t-il l'immigration à l'avenir?

5  Ecoutez un membre du collectif "Uni(e)s contre l'immigration jetable" parler des nouvelles lois sur l'immigration, instaurées par le gouvernement Sarkozy. Notez ce qu'il dit sur chacun des points ci-dessous.

a le regroupement familial

b les mariages Français–étrangers

c les sans-papiers et le droit d'asile

d les quotas professionnels et les étudiants

6a Ecoutez l'extrait d'un flash info sur le suicide d'un jeune demandeur d'asile. Notez les détails.

6b Expliquez par écrit en quoi ce drame est lié à la politique française d'immigration.

7 Travaillez avec votre partenaire. Choisissez chacun(e) un des points de vue ci-dessous. Préparez vos arguments et discutez, en utilisant les idées et le langage des pages précédentes.

La France, terre d'accueil?

Au fond, la France est toujours une terre d'accueil.

De nos jours, la France est en rupture avec ses traditions d'accueil.

Les bénéfices et les problèmes de l'immigration

▶ *Quels sont les bénéfices de l'immigration pour les immigrés et pour le pays d'accueil? Quels en sont les problèmes?*

▶ *Pourquoi le trafic d'immigrés clandestins est-il toujours en hausse?*

Sandrine

Beaucoup d'immigrés viennent en France pour des raisons politiques ou sécuritaires. <u>Pour les demandeurs d'asile, qui ont souffert des persécutions dans leur patrie, ou pour les réfugiés qui fuient une guerre civile, la France représente le pays de la liberté.</u> Ces pauvres gens retrouvent enfin la sécurité chez nous.

Mariam

Mon père a quitté le Mali à l'âge de 20 ans pour chercher du travail en France. Dans son village natal, la vie était extrêmement dure. C'était la misère; on avait toujours faim, on mourait très tôt, il n'y avait pas d'emplois. Ici en France mon père a trouvé du travail, il a gagné assez d'argent pour nourrir sa famille et ses enfants ont bénéficié d'une bonne éducation.

Thierry

<u>Les pays européens ont besoin de jeunes travailleurs pour assurer la croissance économique. La population des pays comme la France et l'Allemagne vieillit en même temps que le taux de natalité diminue.</u> Qui fera le travail? Qui payera les pensions de retraite? C'est pour cette raison que les immigrés sont les bienvenus chez nous.

Binh

Le rêve d'une meilleure vie dans un pays riche est souvent loin de la réalité. <u>Beaucoup de migrants sont exploités; ils sont mal payés, mal logés et ils ne savent rien de leurs droits de citoyens. Quand on ne parle pas la langue de son pays d'accueil et ne comprend pas sa culture, il est difficile de s'y installer avec du succès.</u>

Yesmine

L'arrivée d'autant d'étrangers crée d'énormes problèmes pour une municipalité. Il faut construire des centres d'accueil, organiser des logements, des emplois, des soins médicaux. A l'école, les enfants qui ne comprennent pas le français ont besoin de soutien. Tout cela prend du temps et coute cher.

Nadim

Mes parents sont venus ici d'Algérie il y a presque trente ans, mais ils ont toujours l'impression de vivre à l'étranger. Dans le quartier où nous habitons, tout le monde est du Maghreb, les magasins ne vendent que des produits maghrébins et à la maison on mange du couscous. Mais moi, je suis français; je vais au lycée, je porte un jean, je mange des hamburgers avec mes copains. Cela peut créer des problèmes familiaux.

Léa

L'immigration a apporté d'innombrables bénéfices à notre pays. Imaginez la vie sans les restaurants italiens et asiatiques, sans la musique africaine, sans les sportifs de toutes nationalités! Moi, je suis étudiante, et j'ai fait la connaissance de beaucoup de jeunes qui sont venus faire des études en France, ce qui a vraiment enrichi mon expérience et élargi mes horizons.

1a Lisez les témoignages sur l'immigration. Qui mentionne les aspects suivants? Pour chaque réponse, nommez une ou deux personnes.

    a les bénéfices pour les immigrés

    b les problèmes pour les immigrés

    c les bénéfices pour le pays d'accueil

    d les problèmes pour le pays d'accueil

1b Qui exprime les opinions suivantes? Pour chaque réponse, nommez une personne seulement.

    a L'immigration pose des problèmes administratifs et financiers pour les villes d'accueil.

    b Certaines personnes doivent quitter leur pays parce que leur vie est en danger.

    c Les immigrés qui ne parlent pas français risquent d'être maltraités par des employeurs peu scrupuleux.

    d Beaucoup d'immigrés de première génération ne s'adaptent pas facilement à leur nouvelle patrie.

    e Les immigrés issus d'un pays pauvre cherchent avant tout un meilleur niveau de vie dans un pays riche.

    f L'immigration a des bénéfices culturels pour le pays d'accueil.

    g Pour les pays d'Europe, l'immigration peut assurer une main-d'œuvre suffisante.

1c Traduisez en anglais les phrases soulignées dans les textes.

2a Ecoutez le reportage sur le trafic d'immigrés clandestins vers l'Europe. Toutes les phrases ci-dessous contiennent un détail faux. Dans chaque cas, notez le détail faux et écrivez le détail juste.

Exemple: Le trafic d'immigrés clandestins vers l'Europe a diminué récemment.

Faux: diminué

Juste: augmenté

    a Les organisations de trafiquants proposent des services légaux.

    b Beaucoup d'Africains meurent en traversant le désert ou la montagne.

    c Pendant les vingt dernières années, l'Afrique est devenue plus prospère par rapport aux autres continents.

    d Les jeunes Africains quittent leur pays parce qu'il n'y a pas de nourriture.

    e Les trafiquants peuvent organiser le travail, les faux papiers et le passage des frontières.

    f Les organisations de trafiquants font aussi du trafic d'armes.

2b Réécoutez le reportage et choisissez la lettre de la bonne explication pour chaque chiffre. Attention! Il y a deux explications de trop.

    a 300 000

    b 80

    c 237 millions

    d 15

    e 20

    f 300

A	le nombre de pays africains qui sont parmi les plus pauvres à l'échelle mondiale
B	la somme en euros payée aux trafiquants chaque année
C	le nombre d'immigrés africains clandestins qui arrivent dans l'Union européenne chaque année
D	le nombre d'organisations de trafiquants
E	le pourcentage d'immigrés africains qui paient un trafiquant
F	le pourcentage d'immigrés clandestins qui meurent en route pour l'Europe
G	le nombre de pays européens qui comptent parmi les plus riches du monde
H	le prix minimum en euros d'un voyage clandestin en Europe

3 Travaillez avec votre partenaire. Choisissez un des points de vue ci-dessous, préparez vos arguments et discutez, en utilisant les idées et le langage des pages précédentes.

Immigration – les bénéfices et les problèmes

L'immigration n'apporte que des bénéfices pour les immigrés.

En quittant leur pays pour se faire une meilleure vie ailleurs, les immigrés n'ont que des problèmes.

Les migrations dans la nouvelle Union européenne

▸ *Pourquoi les jeunes Européens veulent-ils traverser les frontières pour chercher un emploi?*

▸ *Quel est l'impact de l'élargissement de l'Union européenne sur les migrations en Europe?*

1 Aimeriez-vous travailler dans un autre pays européen? Pourquoi (pas)? Discutez avec votre partenaire, en considérant les pays qui vous intéressent, les avantages et les inconvénients. Aspects à considérer:

l'emploi   la langue   la culture   le climat...

Grèce: Jeunesse fauchée

Comment vit-on à Athènes quand on est jeune, tandis que la nation s'embourbe dans sa pire crise économique et sociale depuis trente-cinq ans? **La jeunesse athénienne se sait, aujourd'hui, condamnée à ne jamais gagner correctement sa vie, sauf à s'exiler.** Vivre chez ses parents à 30 ans est fréquent, être employé de bureau avec un doctorat de physique aussi.

Marianna Christofi, 27 ans, diplômée en communication et médias, a terminé ses études à Londres et ne pense désormais qu'à une chose, comme beaucoup de jeunes Grecs: quitter le pays. "Je suis revenue parce que je voulais essayer de vivre près de mes parents et de mes frères. Mais je ne trouve pas de travail ici, à part des stages à peine payés et des boulots de serveuse. Dans cette ville, tout le monde bosse dans un bar! Alors je pense à la Grande-Bretagne, à la France, tout en sachant que la situation n'est pas forcément plus facile là-bas. J'essaie de mettre de l'argent de côté. Bien sûr, partir me pose problème. Mais si j'ai une opportunité, je n'aurai pas le choix."

2a Lisez l'article "Grèce: Jeunesse fauchée". Complétez les blancs dans les phrases avec un nom choisi dans la case. Attention! Il y a deux noms de trop.

a Les jeunes Grecs sont les ..... du plan d'austérité.

b Beaucoup de ..... à Athènes sont au chômage.

c Marianna est rentrée en Grèce pour des ..... familiales.

d Elle a déjà fait plusieurs ..... .

e Marianna pense qu'il existe plus de ..... dans d'autres pays européens.

possibilités * employés * victimes * stages * raisons * problèmes * jeunes

2b Traduisez les phrases en gras dans l'article en anglais.

3a Regardez la carte de l'Europe à la page 37. Quels pays...

a étaient membres de l'UE avant 2004?

b ont rejoint l'UE en 2004?

c ont intégré l'UE en 2007?

d espèrent entrer dans l'UE à l'avenir?

3b Lisez le texte sur la circulation des travailleurs dans l'UE élargie à la page 37. Pour chacune des phrases suivantes, notez V (vrai), F (faux) ou ND (information non donnée).

a Plus de dix nouveaux pays ont rejoint l'UE en 2004.

b Les Etats membres originaux y voyaient certains avantages pour leur marché du travail.

c En principe, chaque citoyen d'un Etat membre a le droit de travailler dans n'importe quel pays de l'UE.

d La libre circulation des travailleurs est obligatoire pour sept ans seulement.

e Les Etats membres sont tous touchés par le chômage.

f La France est le seul pays de l'UE qui accepte les travailleurs bulgares et roumains.

Les migrations dans l'UE élargie

Le 1er mai 2004, l'Union européenne est passée de quinze à vingt-cinq Etats membres. Deux nouveaux pays, la Bulgarie et la Roumanie, ont rejoint l'UE au 1er janvier 2007.

Souhaitant traiter les implications complexes des élargissements de l'UE, plusieurs Etats membres ont introduit des "restrictions transitoires" à la circulation des travailleurs en provenance des nouveaux Etats membres. La libre circulation des travailleurs étant un droit fondamental dans l'Union européenne, ces restrictions peuvent être maintenues pour une durée maximum de sept ans.

Depuis 2007, de nombreux Etats membres sont de plus en plus réticents à ouvrir leur marché du travail. Les Bulgares et les Roumains se sont vu opposer des restrictions dans presque tous les pays de l'UE des 15. La France a ouvert 62 métiers connaissant des difficultés de recrutement aux ressortissants des deux pays.

'La libre circulation des travailleurs dans l'UE à 27', *Euractiv.fr*, 17.9.2009

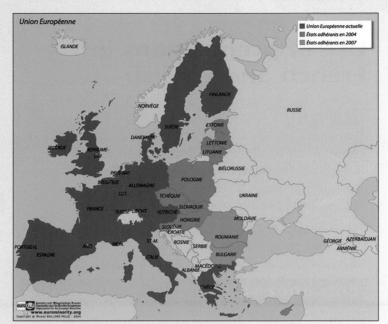

4a Ecoutez le reportage sur les conséquences possibles de la libre circulation des travailleurs dans l'UE pour les métiers de la santé en France. Parmi les affirmations suivantes, choisissez les <u>cinq</u> phrases qui sont vraies.

a Les hôpitaux français pourraient recruter des infirmières en Espagne.

b La plupart des médecins généralistes en France veulent travailler à la campagne.

c Les professionnels de la santé ont la possibilité de gagner plus d'argent dans un autre pays européen.

d Les médecins généralistes gagnent presque deux fois plus en Allemagne qu'en France.

e Jusqu'à présent, il n'y a pas de statistiques précises sur les migrations.

f Les rémunérations en France sont en dessous de la moyenne européenne.

g Selon Jerick Develle, une hausse des salaires ne représente pas la meilleure solution au problème.

h Les jeunes professionnels de la santé attachent plus d'importance aux conditions de travail que leurs aînés.

4b Réécoutez et notez comment traduire les expressions suivantes en français.

a the shortage of GPs

b to be tempted to settle in another country

c the language barrier

d to carry out a study of salaries

e consumer expectations

f the atmosphere at work

4c Utilisez les expressions de l'activité 4b pour traduire les phrases suivantes en français.

a A shortage of GPs would cause many problems.

b Most nurses would not be tempted to settle in another country because of the language barrier.

c An organisation representing health professionals has carried out a study of salaries in the EU.

d Everyone appreciates a good atmosphere at work.

4d Choisissez un des points de vue ci-dessous. Présentez-le à la classe et répondez aux questions et aux arguments des autres.

Santé – une crise européenne?

La libre circulation des professionnels de la santé dans l'Union européenne va créer beaucoup de problèmes pour les Etats membres à l'avenir

On exagère ce problème – la plupart des médecins et des infirmières ne vont pas quitter leur pays pour des raisons purement financières.

Use of prepositions in French and English

Rappel

• •

When you are translating from French into English or from English into French, you may not be able to translate phrases containing prepositions literally. Take particular care over expressions of time and place.

As you learn new vocabulary, try to learn related phrases containing prepositions at the same time.

Entrainez-vous!

1 **Translate the following phrases containing prepositions into English. They are all taken from the texts in this unit.**

  a selon ces critères

  b la rupture avec les traditions

  c à l'âge de 20 ans

  d en route pour l'Europe

  e l'accès aux emplois

  f les lois sur l'immigration

2a **Translate the following time phrases into English, taking particular care over prepositions.**

  a jusqu'au 18ème siècle

  b en 2005

  c avant la crise économique

  d depuis les années 80

  e pendant cette période

2b **Translate these phrases into French.**

  a since 2008

  b during the 1960s

  c before the arrival of the North Africans

  d up to now

2c **Complete the following phrases of time with the correct preposition.**

  a at the present time: ..... l'heure actuelle

  b in ten years' time: ..... dix ans

  c nowadays: ..... nos jours

  d in May: ..... mois ..... mai

  e at about 6 o'clock: ..... six heures

Rappel

• •

Prepositions used to talk about countries in French depend on whether the country is masculine or feminine. To translate "in" or "to" with the name of a country, use *en* for feminine countries, e.g. *en Algérie* and *au, à l'* or *aux* for masculine countries, e.g. *au Maroc, aux Pays-Bas*.

Entrainez-vous!

3 **Translate the following sentences into French.**

  a French companies recruited workers in Spain and Portugal.

  b They don't want to return to Senegal.

  c Things are changing in the European Union.

  d Many immigrants come to Europe illegally.

Rappel

• •

French often requires a different preposition from English. You may also find that a French phrase containing a preposition is best translated into English without any preposition at all.

Entrainez-vous!

4a **Translate the phrases in bold into English.**

  a Les immigrés cherchent **avant tout** une meilleure qualité de vie.

  b Son père est **au chômage**.

  c Ils sont partis **à l'étranger**.

4b **Translate the following phrases into English. You will not need a preposition in the English phrases.**

  a un permis de travail

  b les traditions de la France

  c les difficultés de recrutement

  d une agence de tourisme

  e les attentes de consommateur

4c **Translate the following phrases into French, using a phrase with a preposition for each one.**

  a the labour market

  b an asylum seeker

  c health professionals

  d France's immigration policy

  e a solidarity campaign

Zoom Compétences

Responding readily and fluently in discussion

You have already practised presenting and defending a point of view in discussion. You now need to try to predict counter-arguments that the examiner is likely to put forward, and think of ways in which you could answer these.

You will gain marks for

- Responding readily: listen carefully to the examiner's questions and be prepared to give immediate, relevant, detailed answers
- Responding fluently: make sure that you can discuss the main aspects of any topic using a good range of language

Remember: Be consistent – do not change sides during the discussion! This will always lose you marks.

Les bénéfices de l'immigration

> L'immigration est avantageuse et pour les immigrés et pour les pays d'accueil.

A What arguments would you put forward to defend the above point of view?

With a partner, make a list in French of the main points you would make.

> Pour les immigrés
> un meilleur niveau de vie
> un emploi…
>
> Pour le pays d'accueil
> la main-d'œuvre

B For each point you have listed, try to think of one or more counter-arguments which the examiner might put forward. With a partner, write these down in note form in French.

> 1 un meilleur niveau de vie – beaucoup d'immigrés vivent dans la misère
> – ils sont exploités

C On your own, write notes in French of the points you could make against each of the counter-arguments on your list. Include examples where possible to strengthen your arguments.

> 1 pas toujours le cas
> – beaucoup de personnes influentes sont des enfants d'immigrés – même le président de la République française et certains ministres du gouvernement
> – les lois protègent tous les travailleurs

D Try out your arguments with a partner. Take it in turns to be the examiner putting forward the counter-arguments from activity B and respond to these using your notes from activity C.

E Now you have planned and practised <u>what</u> you want to say, focus on <u>how</u> you say it and on building up your fluency. The following phrases will help you to respond quickly to the examiner and make it clear that you are participating fully in the discussion.

Au contraire,…
Oui, peut-être, mais en revanche…
C'est pas vrai!
Non, vous avez tort.
Non, vous n'avez pas raison.

With a different partner, practise the activity D role play again, using as many of the words in the list above as you can.

F Use the techniques you have practised to work through a different model question. Choose one of the points of view below and prepare to present and defend it and to deal with counter-arguments.

Les limites à l'immigration sont-elles souhaitables?

> Il faut absolument mettre fin à l'immigration, pour sauvegarder le niveau de vie de tous.

> Pour les pays européens, l'immigration est indispensable pour assurer la prospérité future.

Histoires d'étrangers — pages 32–33

un bouc émissaire	*scapegoat*
la crise économique	*economic crisis*
un élargissement	*enlargement, widening*
l'immigration clandestine (f)	*illegal immigration*
le Maghreb	*North Africa*
le Maghrébin	*North African (person)*
la main-d'œuvre	*workforce*
le pays d'accueil	*country of refuge/ country receiving immigrants*
le pays frontalier	*border country*
le réfugié politique	*political refugee*
la terre d'accueil	*country of refuge*
déclencher	*to unleash*
expulser	*to expel*
francophone	*French-speaking*
connaitre une vague d'immigration	*to experience a wave of immigration*
créer des tensions	*to create tension*
faire un test ADN	*to have a DNA test*
faire venir la famille	*to send for the family*
imposer des quotas	*to impose quotas*
obtenir le droit d'asile	*to get right of asylum*
obtenir le statut de réfugié	*to obtain refugee status*
obtenir un permis de travail	*to get a work permit*

Les bénéfices et les problèmes de l'immigration — pages 34–35

le centre d'accueil	*reception centre*
la croissance économique	*economic growth*
le demandeur d'asile	*asylum seeker*
le droit	*right*
la guerre civile	*civil war*
un immigré clandestin	*illegal immigrant*
un immigré de première/ seconde génération	*first/second generation immigrant*
le niveau de vie	*standard of living*
le pays natal	*country of birth*
le rêve	*dream*
la sécurité	*safety, security*
le taux de natalité	*birthrate*
le trafic d'armes	*arms trafficking*
le trafiquant	*trafficker*
s'appauvrir	*to get poorer*
disparaitre	*to disappear*

enrichir	*to enrich*
peu scrupuleux	*unscrupulous*
pour des raisons familiales	*for family reasons*
pour des raisons sécuritaires	*for safety reasons*
atteindre l'Europe	*to reach Europe*
gagner en prospérité	*to get more prosperous*
nourrir sa famille	*to feed one's family*
traverser la frontière	*to cross the border*

Les migrations dans la nouvelle Union européenne — pages 36–37

la circulation des travailleurs	*movement of workers*
un(e) diplômé(e)	*graduate*
un Etat membre	*member state*
le marché du travail	*labour market*
le médecin généraliste	*GP*
le plan d'austérité	*austerity plan*
les professionnels de la santé (mpl)	*health workers*
la rémunération	*pay*
le ressortissant	*emigrant, someone leaving a country*
une restriction transitoire	*restriction on movement (between countries)*
une tendance à la hausse	*a growing tendancy*
les travailleurs en provenance de…	*workers from…*
s'expatrier	*to emigrate*
rivaliser	*to compete*
rejoindre l'UE	*to join the EU*
au chômage	*unemployed*

Entrainez-vous!

Remplissez les blancs dans les phrases ci-dessous avec un mot ou une phrase de la liste ci-dessus.

1 Les entreprises qui ont besoin d'une ...... flexible recrutent souvent dans les pays pauvres.

2 La présence de beaucoup d'immigrés peut créer des ...... , surtout pendant une ....

3 Pour les .... , qui fuient une guerre ...... dans leur pays natal, la France représente la ....

4 Les immigrés ...... veulent ...... l'Europe à tout prix.

5 La libre ...... des ...... est un droit fondamental de l'UE.

6 Depuis l'...... de l'UE, le ...... de ...... ouvert a causé des problèmes.

L'intégration des immigrés

By the end of this unit you will be able to:

- Discuss the experiences of individual immigrants
- Consider the question of divided loyalties between two countries
- Explain the factors which make integration difficult and ways of facilitating integration

- Use the present and perfect subjunctive correctly
- Translate accurately from English into French

A

B

C

D

E

1 Les trois priorités de la politique d'intégration sont: la formation à la langue française et aux valeurs de la République, l'emploi et le logement. La République doit tenir la promesse d'égalité faite à ceux qu'elle accueille.

2 La discrimination n'a pas encore disparu. Alors que la proportion d'immigrés diplômés est désormais proche de celle des non-immigrés, le taux de chômage des premiers est le double de celui des seconds.

3 Madjid se rallonge sur son lit, convaincu qu'il n'est ni arabe ni français depuis bien longtemps. Il est fils d'immigrés, paumé entre deux cultures, deux histoires, deux langues, deux couleurs de peau, ni blanc, ni noir...

4 Après avoir beaucoup hésité, le gouvernement a décidé d'interdire de se voiler le visage. Le principe du vivre ensemble s'applique partout et c'est la raison pour laquelle nous avons décidé de faire une loi qui s'applique à tous les endroits publics.

5 Près de 4 000 étrangers résidant à Paris ont été naturalisés au cours du premier trimestre 2010, contre un peu plus de 2 000 sur la même période en 2009. Un phénomène dû à la récente simplification des démarches. En France, en 2009, 108 275 étrangers ont été naturalisés.

1a Lisez les extraits 1–5 et reliez chacun à la bonne photo.

1b Relisez et décidez quel extrait traite des sujets suivants.

- **a** une nouvelle loi
- **b** les responsabilités de la France envers les immigrés
- **c** les problèmes d'emploi
- **d** les immigrés qui veulent devenir français
- **e** la crise d'identité des jeunes issus de familles immigrées

1c Reliez chaque extrait à la bonne définition.

- **a** L'extrait d'un article dans un journal parisien
- **b** L'extrait d'un entretien avec la ministre française de la justice
- **c** L'extrait d'un rapport sur la promotion de la diversité dans les entreprises
- **d** L'extrait d'un entretien avec le ministre de l'Immigration, de l'Intégration et de l'Identité nationale
- **e** L'extrait d'un roman

Entre deux cultures

▸ *Les Français issus de l'immigration se sentent-ils intégrés à la société?*

▸ *Est-il difficile de réconcilier leurs deux cultures?*

Interview avec Babacar Diop

Babacar est un jeune Français de 18 ans, issu de l'immigration: ses parents sont originaires du Sénégal

1 De quelle nationalité te sens-tu?

C'est naturel que je me sente français: mes parents sont francophones, naturalisés français et moi, je suis né en France! Mais ce n'est pas non plus étonnant que je me sente un peu africain: j'ai des racines africaines, je suis noir, j'ai un nom sénégalais, j'ai de la famille à Dakar et je parle un peu wolof. Je me sens donc français et africain, de la même façon que mes potes bretons ou corses se sentent français et bretons ou corses.

2 A ton avis, l'intégration à la société française implique-t-elle l'oubli de ses origines étrangères?

Pour moi, un étranger est intégré quand il est accepté comme il est, bien qu'il soit différent de la "norme". En contrepartie, il faut qu'il sache accepter et respecter cette "norme". Je ne pense pas qu'il faille oublier ses origines, au contraire – à moins que tu le veuilles, si ton passé est trop douloureux par exemple. Si tes pratiques culturelles sont contraires aux lois du pays, alors là, il y a un problème. Mais si elles ne dérangent personne, alors tu devrais pouvoir les garder. C'est une très grande richesse, pour toi et pour le pays qui t'accueille.

3 Penses-tu être bien intégré dans la société française?

Ce n'est pas certain que je sois aussi bien intégré que mes potes d'origine portugaise ou polonaise, bien que la France soit mon pays natal. En fait, le problème n'est pas si moi, je me sens intégré ou pas, mais plutôt si les autres, les Français de souche, veulent bien m'intégrer ou pas. Et puis, il est plus facile d'intégrer un blanc, quelle que soit son origine, parce qu'il est "invisible", plutôt qu'un noir qui porte sa différence à fleur de peau.

4 Comment réagis-tu face à la discrimination?

Je me bats de toutes mes forces! Je ne veux pas qu'un parti politique avec des thèses racistes comme le Front National puisse un jour arriver au pouvoir. Je me bats pour que les préjugés et l'intolérance disparaissent de la société. Je suis membre d'associations antiracistes, le MRAP et SOS Racisme, et je me battrai jusqu'à ce que les mentalités évoluent. J'aimerais bien que cela puisse changer tout de suite mais c'est sans doute optimiste.

1a Lisez le témoignage de Babacar. Quelle phrase résume quel paragraphe?

  a La discrimination raciale existe et doit être combattue.

  b La double appartenance culturelle est un avantage.

  c L'identité personnelle, c'est plus que la seule nationalité.

  d L'intégration, c'est le respect mutuel.

1b A deux: choisissez un des points a–d ci-dessus et discutez. Expliquez oralement votre point de vue à la classe.

1c Relisez le témoignage et trouvez les phrases qui ont le même sens que les expressions suivantes.

  a Ce n'est pas surprenant que j'aie l'impression d'être africain.

  b Il est nécessaire qu'il comprenne et respecte les mœurs du pays.

  c quoique je sois né en France

  d Je m'engage afin que les idées racistes ne soient plus acceptées.

1d Remplissez les blancs de ce résumé avec un nom choisi dans la case. Attention! Il y a deux noms de trop.

Bien qu'il soit de ..... française, Babacar garde des ..... avec le Sénégal. Pour lui, l'intégration n'implique pas forcément un ..... de la culture du pays de ses ..... . Au contraire, il trouve que la ..... des pratiques culturelles enrichit la ..... française. Babacar exprime néanmoins ses ..... que l'intégration soit moins facile pour ceux qui n'ont pas la ..... blanche. Pour combattre les préjugés de certains parmi ses ..... , il est membre de deux ..... qui luttent contre le ..... .

> amis * compatriotes * liens * multiplicité * nationalité * organisations * parents * peau * racisme * regrets * rejet * relations * société

1e Traduisez les quatre premières phrases du deuxième paragraphe du texte en anglais (*Pour moi, un étranger est intégré… il y a un problème.*).

2a 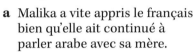 Ecoutez l'interview avec Malika Benbetka. Parmi les phrases suivantes, notez les trois qui sont vraies.

a Malika a vite appris le français bien qu'elle ait continué à parler arabe avec sa mère.

b Elle regrette que ses parents lui aient toujours parlé en arabe.

c Elle a un peu honte que sa mère n'ait pas appris à parler le français.

d Elle se sent étrangère en Algérie bien qu'elle y soit allée plusieurs fois.

e Elle pense que combattre les préjugés est nécessaire.

f Elle ne pense pas que sa naturalisation puisse réduire la discrimination à son égard.

2b 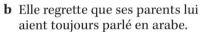 Réécoutez. Comment Malika exprime-t-elle les idées suivantes en français?

a My mother came to join my father.

b I don't remember my life there very well any more.

c My relatives there think of me as French.

d It's the country where I've grown up, where I've been educated.

e I try to hide the fact that I was born in Algeria.

3 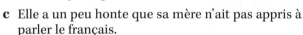 Quelles sont les difficultés des enfants d'immigrés en ce qui concerne l'intégration? Préparez-vous et parlez deux minutes sur ce sujet, en utilisant les idées exprimées par Babacar et Malika.

Grammaire 150 W62, 82

The subjunctive

The subjunctive is a mood used to express feelings and ideas where there is an element of doubt or uncertainty.

It is most commonly used:

1 after certain conjunctions

e.g. *avant que, jusqu'à ce que, bien que, quoique, afin que, pour que, à condition que, pourvu que, à moins que*

2 after certain verbs of doubting, fearing, regretting, wishing:

e.g. *avoir peur que, douter que, ne pas penser que, regretter que, vouloir que, préférer que*

3 after certain impersonal expressions

e.g. *il faut que, il est possible que, il n'est pas certain que*

The present subjunctive

For how to form the present subjunctive, refer to page 151. Note that most irregular verbs are also irregular in the subjunctive.

Ⓐ **List all the verbs in the present subjunctive in the interview on page 42. For each one:**

    1 explain why the subjunctive is used.

    2 give the infinitive of the verb and its meaning.

Ⓑ **Translate into French.**

    1 although I want to integrate

    2 I don't think that it's a problem

    3 so that I can understand

The perfect subjunctive

This is used when a past tense of the subjunctive is required. It is made up of the present subjunctive of *avoir* or *être* and the past participle, e.g.

bien qu'il soit né en France

although he was born in France

Je doute que les choses aient changé.

I doubt that things have changed.

Ⓒ **Find the four examples of the perfect subjunctive in sentences a–f in activity 2a and explain why it is being used in each case.**

Ⓓ **Translate the four sentences from activity C into English.**

Ⓔ **Translate into French.**

    1 before she came to France

    2 I'm not sure that he has understood

    3 although they have learnt the language

L'intégration au quotidien

▶ *Quels aspects de l'intégration sont toujours difficiles?*

▶ *Que faut-il faire pour faciliter l'intégration?*

A

50 idées pour l'intégration des enfants issus de l'immigration

Un rapport remis au premier ministre lance cinquante idées pour mieux intégrer les enfants issus de l'immigration dans l'école de la République. Le rapport sur les défis de l'intégration à l'école est parti d'un constat: les difficultés de l'école à compenser les inégalités sociales et culturelles de départ dont souffrent notamment les enfants issus de l'immigration.

Les auteurs du rapport proposent de rendre l'école obligatoire dès l'âge de 3 ans pour permettre l'apprentissage de la langue française et la socialisation des enfants. Il demande aussi d'intensifier la communication entre les enseignants et les parents, qui devront être reçus régulièrement.

A l'heure actuelle, l'école est confrontée à des revendications nouvelles liées au communautarisme et à l'identité religieuse. Le rapport demande le ferme respect de la laïcité dans l'espace scolaire ainsi que dans les programmes.

B

Le Parlement vote l'interdiction du voile intégral

Le Parlement a définitivement adopté le projet de loi prohibant le port du voile intégral dans l'espace public. Le projet de loi ne vise pas expressément le voile intégral mais plus largement "la dissimulation du visage dans l'espace public" (cagoules dans les manifestations etc…).

La ministre française de la Justice estime cette interdiction nécessaire au nom du "vivre ensemble". Elle l'explique ainsi: "Le premier principe en France est celui de la liberté religieuse, du respect de toutes les religions et de la liberté de chacun d'exercer son culte. Le deuxième grand principe, c'est le refus du communautarisme. La loi est la même pour tous et c'est ça la base de l'unité de la République. C'est pourquoi nous refusons que certains se regroupent en communautés qui vivent ensemble selon leurs propres règles et qui ne vivent pas avec tout le monde."

C

"Mon diplôme, c'est un passeport pour l'intégration"

Cinquante femmes de 22 à 75 ans issues de l'immigration, ont passé hier leur diplôme de français après avoir suivi des cours d'alphabétisation pendant un an. "Accéder à l'écriture, à la lecture, c'est l'ouverture vers le monde" plaide Abderrazak Fetnan, président de l'association. "Pour chercher un emploi, faire des courses, se repérer géographiquement dans une ville, il faut comprendre la langue."

Arrivée en France il y a neuf ans, Ayten Edes, 34 ans, ne parlait pas un mot de français. Pudiquement, elle raconte ce qui l'a poussée à prendre des cours: "En ne parlant pas la langue, je ne pouvais pas comprendre la maitresse de mon fils. Au début, c'est mon enfant qui m'aidait pour apprendre la langue."

Fouzia Elghaza a 28 ans. Venue du Maroc, elle connaissait les rudiments de la langue. Aujourd'hui, elle s'exprime très bien et prend plaisir à se faire comprendre. "Je peux chercher un travail, aller à des réunions." Et se faire comprendre par son médecin.

D

Comment la cérémonie de naturalisation se déroule-t-elle?

A Paris, deux cérémonies de naturalisation sont organisées chaque semaine. D'une durée d'environ 45 minutes, chacune réunit 50 à 60 personnes.

"Soyez fiers d'être désormais Français, comme nous sommes heureux de vous recevoir parmi nous". Le préfet de police souhaite la bienvenue dans la nationalité française et évoque les valeurs fondatrices de la nation française, qu'elles soient historiques, politiques ou culturelles. Les invités sont alors conviés à chanter La Marseillaise. Chaque nouveau Français est enfin appelé nominativement et se voit remettre son livret de nationalité. Afin que tous gardent un souvenir de ce moment chargé d'émotion, les nouveaux citoyens sont invités à prendre des photographies.

A Paris, les origines des demandeurs sont très diverses, tant en termes de pays d'origine que d'âge ou de catégories socioprofessionnelles. Si la majorité d'entre eux viennent d'Afrique et notamment du Maghreb, bon nombre sont originaires d'Amérique du Sud, du Liban, des autres pays de l'Union européenne, de l'Amérique du Nord et des anciens pays de l'Est.

1a Lisez les quatre textes sur l'intégration. Dans quels articles les aspects suivants sont-ils mentionnés?

a les conflits religieux

b les problèmes de langue

c l'accès à l'emploi

d les valeurs de la République française

e l'exclusion sociale

f le bonheur des immigrés bien intégrés

1b Relisez le texte A et trouvez dans le texte un mot qui a le même sens que chacune des expressions suivantes.

a challenges   b contrebalancer   c initiation

d instituteurs et professeurs   e appels

f principe qui veut qu'on sépare l'Eglise de l'Etat

1c Relisez le texte B. Pour chaque phrase a–c ci-dessous, choisissez l'expression 1–4 qui convient le mieux pour compléter la phrase.

a La nouvelle loi touche...

1 les femmes seulement.

2 les musulmanes seulement.

3 tout le monde.

4 certaines communautés seulement.

b La ministre affirme que la France...

1 tolère n'importe quelle croyance.

2 encourage les pratiques religieuses.

3 est un pays chrétien.

4 ne respecte que certains cultes.

c Selon la ministre, les immigrés doivent...

1 abolir certaines règles.

2 s'organiser en communautés à part.

3 proposer de nouveaux projets de loi.

4 respecter la loi française.

1d Relisez le texte C. Pour chacune des phrases suivantes, notez V (vrai), F (faux) ou ND (information non donnée).

a Les femmes de l'article savent maintenant lire et écrire le français.

b Leurs études vont leur servir dans la vie de tous les jours.

c Ayten ne savait pas lire avant de venir en France.

d Avant, Ayten ne s'intéressait pas aux progrès scolaires de son fils.

e Fouzia parlait déjà un peu de français à son arrivée en France.

f Fouzia a des problèmes de santé.

1e Relisez le texte D et remplissez les blancs de cet article avec un nom choisi dans la case. Attention! Il y a deux noms de trop.

Pour devenir ..... français, certaines ..... sont requises. Le jour de sa ..... , il faut se rendre à la préfecture de police, où on rappelle les ..... de la République française. Le ..... national fait aussi partie du programme. Pour les participants, c'est une ..... émouvante. Dans la capitale, les demandeurs ont des ..... d'origines très différentes.

nationalités * principes * occasion * vœux * citoyen * hymne * culture * naturalisation * formalités

2a Ecoutez ce reportage sur les problèmes d'intégration et choisissez la bonne explication pour chaque chiffre. Attention! Il y a deux explications de trop.

a 16,4%   b 15,4%   c 35%

d 50%   e 28%

A les familles immigrées qui sont propriétaires

B les familles non immigrées qui sont propriétaires

C les immigrés qui vivent dans un trop petit appartement

D les immigrés diplômés au chômage

E les familles maghrébines qui habitent dans une HLM

F les immigrés sans emploi

G les Espagnols et les Portugais sans emploi

2b Réécoutez. Toutes les phrases ci-dessous contiennent un détail faux. Notez le détail faux et corrigez-le.

a Les immigrés sont plus exposés aux préjugés que la population non immigrée.

b Les ressortissants européens ont autant de problèmes que les Maghrébins et les Noirs africains.

c Les appartements des immigrés sont souvent vieux.

d Les immigrés sont forcés de vivre dans des quartiers où il y a un problème de violence.

3 Choisissez un des points de vue ci-dessous et discutez avec votre partenaire.

Comment réussir l'intégration?

S'il y a des problèmes d'intégration, c'est la faute des immigrés qui ne font pas assez d'efforts pour s'adapter.

L'intégration n'est pas facile, mais il faut que l'Etat fasse de son mieux pour la faciliter.

The subjunctive

Rappel

The subjunctive is a mood used to express feelings and ideas where there is an element of doubt or uncertainty. It is used after certain conjunctions, after certain verbs of doubting, fearing, regretting, wishing and after certain impersonal expressions. (See Grammar, page 150.)

The present subjunctive

Entrainez-vous!

1 **Read Isabelle's message and spot the seven subjunctives. Explain why they are used here.**

Isabelle:
Bien que je ne sois pas raciste, je ne pense pas qu'on puisse un jour vivre entre personnes de différentes couleurs sans qu'il y ait des tensions, des conflits. Il semblerait que ce soit dans la nature humaine et qu'on n'y puisse rien: les conflits entre humains de différents groupes existent depuis toujours. Je préférerais qu'on vive séparément en respectant les limites et le style de vie de chaque groupe. Je regrette qu'on doive en arriver là, mais ne croyez-vous pas que c'est plus simple pour tout le monde?

2 **Read Lucas' response and decide if the verbs need to be in the subjunctive or not.**

Lucas:
Personnellement, je crois qu'il *est / soit* préférable d'encourager les mélanges de couleurs et de styles de vie pour qu'on *peut / puisse* justement un jour tous vivre ensemble en harmonie. J'assiste à beaucoup de manifestations sur ce thème au collège. Je suis convaincu que vivre ensemble *est / soit* nécessaire pour qu'on *apprend / apprenne* à bien se connaitre. Et bien se connaitre, *c'est / ce soit* sans doute le meilleur moyen qu'on *a / ait* de pouvoir vivre ensemble, en se respectant mutuellement, sans aucun préjugé. La tolérance, ça s'apprend!

The perfect subjunctive

Rappel

The perfect subjunctive

This is made up of the present subjunctive of *avoir* or *être* and the past participle, e.g.

*bien qu'il **soit né** en France*

although he was born in France

*Je doute que les choses **aient changé**.*

I doubt that things have changed.

Entrainez-vous!

3 **Rewrite these sentences using the perfect subjunctive of the verbs given.**

a J'ai honte que mes parents [*voter*] Front National aux dernières élections.

b Mohamed ne se sent pas du tout algérien bien qu'il [*aller*] souvent en Algérie voir sa famille.

c La situation des demandeurs d'asile devait être désespérante pour qu'ils [*partir*] de leur pays dans de telles conditions.

d Je ne comprends pas que le gouvernement [*adopter*] des lois aussi racistes.

e Je suis contente qu'elle [*se présenter*] comme candidate aux élections.

f C'est horrible qu'il [*se suicider*] pour éviter de retourner dans son pays.

 More practice on the perfect subjunctive is offered on Feuille de Travail 5.4.

4 **Translate into French using a present or perfect subjunctive as necessary.**

a It's difficult to believe one can still be so prejudiced in today's society.

b The MRAP will fight until the immigrants have the right to vote.

c Whether they're black or white should not make any difference.

d I want my children to live in a more tolerant and open society.

Zoom Compétences

Translating from English into French

When you have to translate English sentences into French, you are expected to convey all details of the original message in accurate, idiomatic French. This part of the exam is marked very precisely, with each sentence divided into sections which you must translate correctly to gain a mark. It tests not only your knowledge of vocabulary relating to the topics you have studied but also your understanding of grammar and your ability to apply it.

1 Avoiding the pitfalls – nouns

Remember that nouns in French almost always need an article. In English we say "integration is difficult", but in French you have to say *"l'intégration est difficile"*.

A Translate the following sentences into French.

1 A law against racism is necessary.
2 Immigrants don't have access to jobs.
3 Families speak Arabic at home.

2 Avoiding the pitfalls – adjectives

Remember that adjectives in French always agree with the noun they describe and usually follow it. So the English phrase "a united family" would be *"une famille unie"* in French.

B Translate the following sentences into French.

1 Immigration can cause social and economic problems.
2 Young people speak foreign languages and appreciate different cultures.
3 The French government has passed a new law.

3 Avoiding the pitfalls – verbs

3a Tenses

Think carefully about the tense of the verb you need when translating into French. Watch out particularly for verbs like *pouvoir*, *devoir*, etc., where the English and French tenses may not sound the same.

C Decide what tense you need to translate the verbs in the following sentences, then translate the sentences into French.

1 The women went to French classes.
2 They had not been able to communicate before.
3 Their children will have fewer problems.

3b Conditional sentences

Watch out for these. Remember to use the imperfect in the *si* clause and the conditional in the other clause, e.g.
S'il comprenait le français, il n'aurait pas de difficultés.
If he understood French, he wouldn't have any difficulties.

D Translate the following sentences into French.

1 If immigrants spoke French they would be able to integrate better.
2 If there were more jobs, no one would be unemployed.
3 Workers would earn more if employers didn't exploit them.

3c The subjunctive

Watch out for verbs which have to be in the subjunctive mood in French, e.g.
bien que ce soit difficile
although it is difficult

E Translate the following phrases into French.

1 provided that they have the necessary qualifications
2 so that he can find a job
3 although they make an effort

4 Checking the details

If you are concentrating on your grammar, it is very easy to miss out a small word or phrase in your translation, and this could lose you as many marks as a major verb mistake. Always check that you have translated every detail of the original English sentence.

F Study the following pairs of sentences and write down the word or words which have been left out or mistranslated in the French sentence.

1 It is clear that life is often easier now for many immigrants.

Il est évident que la vie est plus facile pour beaucoup d'immigrés.

2 However, we still have to make a bigger effort.

Néanmoins, nous devons faire un grand effort.

3 The French government is trying to solve this problem.

Le gouvernement français essaie de résoudre le problème.

G Translate the following sentences into French.

1 If they could live anywhere in the world, many people would leave their homeland.
2 It is unlikely that this young man wants to return to his mother's village in Mali.
3 Although our society has changed, freedom and equality are still important.

Entre deux cultures — pages 42–43

une association antiraciste	*an anti-racist organisation*
un entretien	*an interview*
un(e) Français(e) issu(e) de l'immigration	*a French person of immigrant origin*
l'intolérance (f)	*intolerance*
la mentalité	*mentality*
un pays francophone	*a French-speaking country*
les pratiques culturelles (fpl)	*cultural habits*
le préjugé	*prejudice*
la racine	*root*
la tolérance	*tolerance*
avoir honte	*to be ashamed*
bilingue	*bilingual*
douloureux/euse	*painful*
en contrepartie	*on the other hand*
obtenir la nationalité française	*to obtain French nationality*
oublier ses origines	*to forget one's origins*
se sentir isolé(e)	*to feel lonely, isolated*
être victime de la discrimination	*to be a victim of discrimination*

L'intégration au quotidien — pages 44–45

un apprentissage	*an apprenticeship/education*
le communautarisme	*sectarianism/living in a separate non-integrated group*
le constat	*official report*
le culte	*religion*
le défi	*challenge*
un(e) enseignant(e)	*a teacher*
une HLM (habitation à loyer modéré)	*social housing*
les inégalités (fpl)	*inequalities*
une interdiction	*a ban*
la laïcité	*secularism*
le programme	*curriculum*
le quartier	*district*
la revendication	*demand*

le taux de chômage	*unemployment level*
les valeurs (fpl)	*values*
le voile intégral	*full veil*
compenser	*to compensate*
interdire, prohiber	*to prohibit*
se repérer	*to find one's way around*
pudique	*modest*
dans l'espace scolaire	*on school premises*
être locataire	*to rent a house or flat*
être propriétaire	*to own a house or flat*
vivre en surpeuplement	*to live in overcrowded conditions*

En plus...

la formation	*training*
le foulard islamique	*Muslim headscarf*
le logement	*housing*
le voile islamique	*Muslim veil*
s'adapter à la culture	*to adapt to the culture*
apprendre la langue	*to learn the language*
être exploité(e)	*to be exploited*
être naturalisé(e)	*to become naturalised, take on new nationality*
se faire comprendre	*to make oneself understood*
s'intégrer à la société	*to become integrated in society*
regretter son pays	*to miss one's country*
se voiler le visage	*to veil one's face*

Entrainez-vous!

Remplissez les blancs dans les phrases ci-dessous avec un mot ou une phrase de la liste ci-dessus.

1 Même s'ils sont bien ...... à la société, les Français ...... de l'immigration n'oublient pas leurs ....

2 Les immigrés sont trop souvent victimes des ...... , de l'...... et de la ....

3 L'école peut ...... les ...... sociales du départ.

4 Trop d'immigrés sont au ...... et ils vivent dans des ...... surpeuplées dans des ...... dits "difficiles".

By the end of this unit you will be able to:

- Discuss issues linked to racism
- Talk about experiences of individuals through the generations of immigrants
- Consider measures to combat racism and their effectiveness
- Use verb constructions with the infinitive
- Use research skills to obtain information from French Internet sites

1 Lisez les statistiques sur le racisme en France et écrivez pour chaque phrase vrai (V), faux (F) ou information non donnée (ND).

a Les menaces ou violences racistes ont augmenté.

b 10% des violences antisémites sont physiques.

c Près de la moitié des menaces racistes sont écrites, verbales ou téléphonées.

d La moitié des Français s'avouent racistes.

e Près de la moitié des Français pensent qu'il y a trop d'immigrés en France.

f Les moins de 20 ans sont moins racistes que les plus de 50 ans.

2 Travaillez en groupe. Répondez aux questions, expliquez vos réponses et discutez.

a Connaissez-vous quelqu'un qui a été victime de menaces ou violences racistes? Décrivez ce qui s'est passé et l'effet sur la victime.

b Pensez-vous que les gens sont plus, moins ou autant racistes qu'avant (il y a 30 ans)? Justifiez votre réponse.

c Quelles actions devraient être mises en place pour lutter contre le racisme (par ex. journées nationales contre le racisme)? A qui pourriez-vous suggérer de mettre en place vos idées (par ex. écoles, centres culturels, mairies, etc.)?

Les chiffres du racisme en France

Recul de 10% des menaces ou violences recensées.

Progression de 10% de l'antisémitisme.

Augmentation de 35% des actions violentes antisémites.

45% des menaces racistes sont des menaces verbales, écrites ou téléphonées.

30% des Français s'avouent racistes (33% précédemment).

48% des Français pensent qu'il y a trop d'immigrés en France (55% précédemment).

La vie en noir

▶ *Le racisme quotidien et comment réagir*
▶ *Les problèmes liés au racisme*

30% des Français se déclarent racistes

Un rapport de la Commission nationale consultative des droits de l'Homme (CNCDH) indique que les Français sont 48% à estimer qu'il y a trop d'immigrés en France et 30% à se déclarer racistes […]

Une majorité (54%) estime que "ce sont avant tout les personnes d'origine étrangère qui ne se donnent pas les moyens de s'intégrer", contre 37% qui jugent que c'est "la société française qui ne donne pas les moyens aux personnes d'origine étrangère de s'intégrer".

Pour 58% des sondés, "certains comportements peuvent parfois justifier des réactions racistes", contre 39% pour qui "rien ne peut les justifier".

79% des personnes interrogées considèrent cependant que "les travailleurs immigrés doivent être considérés comme chez eux puisqu'ils contribuent à l'économie française" et pour 64% "la présence d'immigrés en France est nécessaire pour assurer certaines professions".

Ce sondage a été réalisé en face à face par l'institut CSA, du 6 au 9 novembre 2006, auprès de 1 026 personnes âgées de 18 ans et plus résidant en France

1a Lisez l'article ci-dessus. Quelle est votre réaction par rapport à ces chiffres? Lesquels vous choquent? Pourquoi?

1b A votre avis, qu'indique la dernière phrase (*"pour assurer certaines professions"*)?

Le racisme, ce n'est pas une opinion, c'est un délit.

Mohamed Idrissi, 20 ans, étudiant à Paris

Le racisme en France? Je dirais que c'est pire depuis le 11 septembre[1] et les émeutes de 2005.[2] Je sens la méfiance des gens au quotidien. On ne me laisse pas oublier mes origines arabes, ma peau foncée et mon nom musulman.

Dans le métro, certains évitent de s'asseoir à côté de moi. On ne sait jamais, je pourrais être un terroriste! Dans la rue: contrôle d'identité. Je viens du neuf-trois:[3] c'est assez pour être suspect pour la police. Dans les magasins, on me surveille d'un regard méchant. A la fac, on n'est pas vraiment nombreux, nous les jeunes "issus de l'immigration" comme on dit. On préférerait nous voir vider les poubelles!

Quant à trouver un boulot ou un appart, quelle galère! Dès que je donne mon nom et mon adresse, l'attitude change. On me dit non, qu'en fait, le job (ou l'appart) vient d'être pris. En boite, on me fait aussi sentir ma différence. Certains peuvent rentrer (les "habitués"), d'autres non (noirs ou arabes pour la plupart). Jeune, d'origine arabe, oh là là, difficile de faire pire! A la télé, là, on voit des jeunes d'origine arabe: ce sont les méchants dans les films ou les émeutiers dans les documentaires sur la violence dans les "quartiers". Que dire? Que faire? La tentation de devenir violent est forte par moments, je dois bien l'avouer! Mais bon, du calme.

Il y a quelques stars que les Français aiment bien, comme Djamel Debbouze, Gad Elmaleh, Zinédine Zidane, Thierry Henry et quelques autres, des Arabes ou des Noirs qu'on présente comme des modèles d'intégration… mais les gens comme moi, les inconnus des banlieues? Coupables d'office, condamnés sans jugement et pourquoi? Pour délit de faciès.

[1] 11 sept. 2001: attentat des tours jumelles de New York (9/11)

[2] trois semaines de violence urbaine dans les banlieues pauvres: l'agitation sociale la plus importante en France depuis mai 68

[3] 93 = département de Seine-Saint-Denis, banlieue nord de Paris réputée "violente"

2a  Ecoutez et lisez ce que dit Mohamed (page 50). Parmi ces problèmes liés au racisme, auxquels fait-il allusion?

la discrimination à l'embauche
l'intolérance
le phénomène de bouc émissaire
le harcèlement policier
l'ignorance
la peur de l'autre
la ségrégation quotidienne
l'inégalité des chances

2b Discutez avec un(e) partenaire. Justifiez vos réponses avec des exemples du texte.

3 Relisez ce que dit Mohamed et répondez aux questions.

   a En quoi le 11 septembre a-t-il aggravé la situation pour les jeunes comme Mohamed?

   b Que savez-vous des stars mentionnées par Mohamed?

   c En quoi sont-elles des "modèles d'intégration"?

   d Quelle image les médias donnent-ils des jeunes issus de l'immigration?

   e C'est quoi, le délit de faciès?

4 Utilisez les deux textes (page 50) et expliquez oralement comment les immigrés et leurs enfants sont considérés en France.

5a Ecoutez l'interview de Philippe, membre d'une association antiraciste. Répondez aux questions.

mrap

mouvement contre
le racisme et pour l'amitié
entre les peuples

   a Que veut dire "MRAP"?

   b Qu'est-ce que "l'antiracisme de proximité"?

   c Que fait le MRAP au niveau national?

   d Contre quelles idées du Front National le MRAP se bat-il?

5b Réécoutez et notez:

   a le but du MRAP

   b les moyens utilisés

   c la campagne sur laquelle Philippe travaille en ce moment

6a Lisez les extraits du livre de Tahar Ben Jelloun en haut à droite. Expliquez chaque point et ajoutez vos propres idées.

1 La lutte contre le racisme doit être un réflexe quotidien. Notre vigilance ne doit jamais baisser. Il faut commencer par donner l'exemple et faire attention aux mots qu'on utilise. Les mots sont dangereux. Certains sont employés pour blesser et humilier, pour nourrir la méfiance et même la haine. D'autres sont détournés de leur sens profond et alimentent des intentions de hiérarchie et de discrimination. La lutte contre le racisme commence avec le travail sur le langage [...]

2 Sache que des lois existent. Elles punissent l'incitation à la haine raciale. Sache aussi que des associations et des mouvements qui luttent contre toutes les formes de racisme existent et font un travail formidable [...]

3 A la rentrée des classes, regarde tous les élèves et remarque qu'ils sont tous différents, que cette diversité est une belle chose. C'est une chance pour l'humanité. Ces élèves viennent d'horizons divers, ils sont capables de t'apporter des choses que tu n'as pas, comme toi tu peux leur apporter quelque chose qu'ils ne connaissent pas. Le mélange est un enrichissement mutuel [...]

Tahar
BEN JELLOUN
Le racisme
expliqué
à ma fille
Nouvelle édition avec les commentaires des enfants
seuil

6b Complétez les phrases suivantes avec un subjonctif. Reliez chacune au paragraphe du texte qu'elle résume.

   a Tahar Ben Jelloun ne regrette pas que sa fille [*aller*] dans une école multiculturelle.

   b L'auteur pense que le racisme ne disparaitra qu'à condition qu'on [*apprendre*] à en parler différemment.

   c Selon l'écrivain, il faut qu'on se [*battre*] tous contre la discrimination; il se réjouit que les lois [*punir*] le racisme et que les associations antiracistes [*faire*] un travail efficace.

7 Discutez à deux de la question ci-dessous.

   a Pour chaque point de vue, faites une liste de quatre arguments en faveur, en justifiant avec un exemple ou une raison. Ensuite, comparez vos notes avec un(e) partenaire et rajoutez des idées à votre liste.

   b Choisissez un rôle et faites un débat en défendant votre point de vue.

Est-ce que les travailleurs immigrés sont une des causes du taux de chômage élevé en France?

Oui, car ils prennent les emplois des Français.

Non, ils contribuent à l'économie française et sont nécessaires pour assurer certaines professions.

La lutte contre le racisme

▶ *La lutte contre le racisme, c'est la responsabilité de tout le monde ou des associations?*

Thierry Henry contre le racisme

L'attaquant de l'équipe de France, nommé ambassadeur contre le racisme par la Fédération internationale de Football (FIFA), prend son rôle au sérieux.

La campagne anti-racisme de Thierry Henry a commencé en 2005. Il l'a nommée "Stand up, Speak up" c'est-à-dire "Lève-toi, Parles-en". 2,5 millions de bracelets blancs et noirs entremêlés (représentant la lutte contre le racisme) ont été mis en vente dans toute l'Europe à partir du 6 février pour 2 euros. Les bénéfices ont été donnés à une association belge.

Certaines équipes ont décidé de manifester aussi contre le racisme. Ainsi, les équipes des Pays-Bas, du Portugal et de la Russie ont joué un match amical avec des maillots spéciaux, blancs et noirs. Pour faire connaître cette action, des publicités ont été réalisées dans chaque pays avec des joueurs des équipes nationales accompagnés de Thierry Henry et Ronaldinho.

Thierry Henry espère faire changer les mentalités des supporters de foot racistes. L'attaquant français est encore marqué par l'attitude de certains supporters espagnols qui avaient imité des cris de singes dès qu'un joueur noir touchait le

ballon, lors d'un match amical entre l'Angleterre et l'Espagne, en novembre 2004.

1a Lisez l'article et décidez pour chacune des phrases suivantes si l'information est vraie (V), fausse (F) ou non donnée (ND).

  a Thierry Henry pense que son nouveau rôle est très important.

  b On a vendu des bracelets symboliques seulement en Belgique.

  c Les équipes d'Angleterre et d'Italie aimeraient aussi manifester contre le racisme.

  d Des joueurs célèbres ont participé à des publicités dans plusieurs pays.

  e Il y avait eu des comportements racistes lors d'un match entre la France et l'Espagne en novembre.

  f Thierry Henry avait décidé de quitter le terrain pendant le match.

1b Relisez l'article et complétez les phrases.

  a Les bénéfices de la vente de...

  b Lors d'un match, les joueurs...

  c Des joueurs de football célèbres seront...

  d Certains supporters espagnols avaient...

  e Il est encore marqué par...

1c Traduisez en anglais le troisième paragraphe du texte (*"Certaines équipes ont décidé..."*).

2a Ecoutez ce reportage sur la journée internationale de lutte contre le racisme. Toutes les phrases ci-dessous contiennent un détail faux. Notez le détail faux et corrigez-le.

  a Le 21 mars a été décrété journée internationale contre le racisme dans les années soixante-dix.

  b En 1960 lors d'une manifestation en Afrique du Sud, quelques collégiens et lycéens furent blessés.

  c Parmi les interventions très diverses, il y a des débats politiques.

  d Les participants viennent d'endroits différents comme les centres sportifs par exemple.

  e Cette campagne permet la multiplication des actions.

2b Réécoutez et choisissez la bonne réponse.

  1 Le 21 mars a été décrété journée internationale de lutte contre le racisme par...

    a l'ONU.   **b** l'ENA.   **c** l'Union européenne.

  2 Lors d'une manifestation contre l'apartheid,...

    a 200 personnes furent tuées.

    b beaucoup de collégiens et lycéens furent blessés.

    c 60 000 Africains furent arrêtés par la police.

3 Parmi les interventions diverses, il y a...

    a des concours sportifs.

    b des fêtes de quartiers.

    c des concours d'affiches, de poésie et de calligraphie.

4 Cette campagne...

    a dynamise la lutte contre le racisme.

    b permet les échanges d'idées.

    c multiplie les interventions.

2c Traduisez les phrases suivantes en français. Lisez les explications de grammaire sur les structures infinitives à la page 54 pour vous aider.

    a On 21st March, people are encouraged to organise debates and competitions.

    b This campaign allows people to fight against racism.

    c Secondary schools can organise debates about films.

LES ASSOCIATIONS LUTTANT CONTRE LE RACISME

SOS RACISME

SOS Racisme est une association française créée en 1984 et dédiée à la lutte contre le racisme, l'antisémitisme et plus généralement toutes les formes de discrimination. Les mots d'ordre de l'association sont ceux du métissage et de la fraternité symbolisés par le slogan "Touche pas à mon pote" inscrit au sein d'une main jaune. A la fin des années 1990, l'association réoriente son combat vers la lutte contre les discriminations raciales dans les domaines de l'accès au logement, du travail en général, et de l'hôtellerie et du monde de la nuit en particulier. Ce travail a donné un certain nombre de résultats: des boites de nuit, des restaurants et quelques agences immobilières ont été condamnés pour discrimination raciale. Les objectifs de l'association visent, selon ses dires, à construire une "république métissée" qui assure une égalité à tous.

LA LICRA

La ligue internationale contre le racisme et l'antisémitisme est une association internationale luttant contre le racisme et l'antisémitisme créée à la fin des années 1920. L'association a pour objectif d'être vigilante. Elle combat le racisme au quotidien et la banalisation des actes xénophobes, en apportant une aide juridique aux victimes, souvent mal informées de leurs droits. Elle est très attentive aux propos racistes ou antisémites tenus dans la presse, à la télévision et à la radio et sur Internet. Ces combats, la Licra les mène en France mais aussi à l'étranger, par le biais des sections qui progressivement se sont implantées à travers le monde. La LICRA lutte contre les discriminations liées à l'origine, la nationalité ou à la pratique religieuse des personnes dans tous les champs de la société: emploi, logement, éducation, santé et sport.

3a Lisez les deux extraits sur les différentes associations, tirés d'une encyclopédie en ligne. Décidez auxquelles correspondent les phrases suivantes.

    a Cette association apporte une aide juridique aux victimes.

    b Cette association utilise le symbole d'une main.

    c Cette association combat toute forme de discrimination.

    d Cette association mène des actions en France et à l'étranger.

    e Cette association a fait condamner des lieux publics pour discrimination raciale.

3b Relisez les extraits et choisissez un mot dans la case pour compléter chaque blanc. Attention! Il y a deux mots de trop.

    a Cette association est dédiée à la ...... contre le racisme.

    b Elle a fait ...... des boites de nuit pour ....

    c Elle ...... le racisme au quotidien.

    d Elle est attentive aux propos racistes tenus dans la ....

condamner * combat * discrimination * égalité * presse * lutte * ségrégation

3c Répondez aux questions suivantes en français.

    a A votre avis, laquelle de ces associations est la plus efficace et pourquoi?

    b Laquelle de ces associations pourrait être utile dans les cas suivants:

        ● une attaque antisémite

        ● la discrimination à l'entrée des discothèques

        ● la discrimination au travail

    c Si vous décidiez de collecter de l'argent pour l'une de ces associations, laquelle choisiriez-vous et pourquoi?

4 Travaillez avec un(e) partenaire. Choisissez chacun(e) un des points de vue ci-dessous et discutez.

Que pensez-vous des actions organisées pendant la journée internationale de lutte contre le racisme (le 21 mars) et de celles organisées par SOS Racisme?

> Organiser des concours et des débats dans les lycées est un excellent moyen de faire réfléchir les jeunes aux problèmes du racisme.

> SOS Racisme lutte en permanence contre le racisme et soutient les victimes de discriminations dans les domaines du logement et du travail.

Verb constructions with the infinitive

Grammaire ➡ 143 ➡ W74

1 Some verbs are followed directly by **dependent infinitives**. They include:

- some modal verbs or verbs expressing condition, possibility, ability or necessity (*falloir, devoir, pouvoir, savoir*) e.g. *Il **faut** organiser des débats.*

- some verbs expressing opinion (*aimer, adorer, détester, préférer, vouloir, penser, espérer, compter*) e.g. *Ils **espèrent** changer les mentalités.*

- verbs like *faire, laisser, venir* and *aller* e.g. *il a **fait** réparer sa voiture* (he had his car repaired); ***laisse**-le jouer* (let him play); *je **viens** te chercher* (I'm coming to collect you).

2 Some verbs are followed by an **infinitive with a preposition** (*à* or *de*) linking the two verbs:

aider à (to help to do sth.), *continuer à* (to continue to), *décider de* (to decide to), *essayer de* (to try to).

3 The **perfect infinitive** refers to an action that happened before the action of the main verb. It is formed by placing the past participle after the infinitive of the auxiliary:

Après avoir tenu des propos racistes, ils ont refusé de s'excuser.

Après être allés au concert organisé par SOS Racisme, ils sont rentrés en train.

The rules for the agreement of the past participle are the same as for the perfect tense.

The subject of both verbs must be the same.

Entrainez-vous!

1 Rewrite these sentences to include a dependent infinitive. Put the verbs in brackets into the present tense.

a Thierry Henry change les mentalités. [*vouloir*]

b La LICRA aide les victimes. [*pouvoir*]

c Nous organisons des débats. [*devoir*]

d Elle utilise la presse. [*savoir*]

e Ils influencent les autorités. [*espérer*]

f Nous changeons les mentalités. [*faire*]

g Tu manifestes? [*aller*]

h La police disperse la foule. [*venir*]

> **Learn these common verbs that take *à* or *de* by heart.**
>
> aider à (*to help to*)   conseiller de (*to advise to*)
> apprendre à (*to learn to*)   décider de (*to decide to*)
> commencer à (*to start to*)   demander de (*to ask to*)
> continuer à (*to continue to*)   empêcher de (*to prevent from*)
> encourager à (*to encourage to*)   essayer de (*to try to*)
> obliger à (*to require to*)   proposer de (*to suggest*)
> réussir à (*to manage to*)   refuser de (*to refuse to*)

2 Put the verb in brackets into the present tense, and add the correct preposition, *à* or *de*.

Example: Il [proposer] / organiser une exposition.
*Il **propose d'organiser** une exposition.*

a Ils [*essayer*] / convaincre les gens.

b Nous [*continuer*] / nous battre.

c Elle [*commencer*] / comprendre.

d Vous [*encourager*] les jeunes / réfléchir aux problèmes.

e Je [*refuser*] / abandonner la lutte.

3 Put *après* at the beginning of the first sentence of each pair and change the verb to the perfect infinitive. Then translate these sentences into English.

Example: Ils ont manifesté contre l'apartheid. Ils ont été tués.
***Après avoir** manifesté contre l'apartheid, ils ont été tués.*
After having demonstrated against Apartheid, they got killed.

a Ils ont regardé le film. Ils ont participé au débat.

b Nous avons regardé la publicité. Nous avons acheté des bracelets.

c Elle est allée à la manifestation. Elle est rentrée en métro.

d Nous sommes rentrés de l'exposition. Nous sommes ressortis.

e J'ai assisté à une conférence sur le racisme. J'ai contacté le MRAP.

4 Translate the following sentences into French.

a We must organise a poster competition.

b They've managed to convince the authorities.

c I refuse to give up.

d After having heard the victim, they gave him some advice.

e She decided to become a member of MRAP.

Zoom Compétences

Developing Internet research skills

- Use the skills you already have to find information from search engines based on English, but instead of .co.uk or .com at the end, type .fr to access a French version.
- Only read text in French and make your notes in French.
- Do not translate your ideas from English into French.
- Beware of the dangers of plagiarism. When researching information on the Internet, do not copy out huge chunks of text. It is important to summarise the information and to rephrase it in your own words. There is more help on this in Unit 8.

For statistical information, official French government websites are useful. They often have the same information in English and in French. Make sure you read the information on the French site as this will help to reinforce any new vocabulary you pick up.

Be careful when researching a sensitive topic such as racism. Certain websites, for example those of extreme right-wing political parties, may be marked as unsafe or be blocked because they promote racist ideas.

1 **Using a French language search engine, find some information about French gypsies, a minority group. Answer the following questions, in English, using the words in the box to help you with your search.**

   a What are the different names used for gypsies in France (at least 4)?

   b When is the International Day of the Romani people?

   c In which part of France is there an important settlement of gypsies?

   d What action did the French government take in 2010 towards the Romani people?

   e What are the two main negative stereotypes of the gypsies?

> Gitans
> Roms
> Droits des Gitans/des Roms
> Expulsion des Roms
> Stéréotypes des Gitans

2 **Using a French search engine, match the people and dates (A–F), with the events and places (1–6).**

   A Harlem Désir

   B 1er juillet 1972

   C 13 juillet 1990

   D Djibril Cissé

   E Black, Blanc, Beur

   F Vel' d'Hiv' (Vélodrome d'Hiver)

   1 Victime d'actes racistes lors d'un match de football en 2009

   2 SOS Racisme

   3 Arrestation de Juifs

   4 Loi Pleven, 1ère loi destinée à combattre le racisme

   5 Loi Gayssot, loi réprimant tout acte raciste, antisémite ou xénophobe

   6 Coupe du Monde de Football 1998

3 **Answer the following questions using the Internet to find some information. For each one:**

   a write down the words you keyed into the search engine.

   b write a one-paragraph answer to the question in your own words (3 to 5 sentences).

   1 Qu'est-ce que le Vélodrome d'Hiver et pourquoi est-il célèbre?

   2 En quoi consiste la Loi Gayssot?

   3 De quoi a été accusé le créateur John Galliano en février 2011?

4a **Find some information about *L'esclavage moderne*. Type the words into a search engine and find out details about the following:**

   a the different types of modern slavery

   b the countries affected

   c who are the victims

   d laws put in place by the *Organisation Internationale du travail* and the United nations (*ONU*)

4b **Complete the following paragraph with the relevant words about *Premier procès pour esclavage domestique en France*. Carry out an Internet search to find the answers.**

Un couple de Lyon a été [a] d'esclavage domestique pour avoir [b] pendant douze ans Fatou, une Sénégalaise, en ne la payant que [c] par mois pour 16 heures de travail par jour sans [d] ni congé. Elle portait les vieux [e] de sa patronne et n'avait pas de [f] ni de protection sociale. Elle s'est [g] de chez eux. Le couple ira [h] ans en prison. Maintenant, Fatou habite dans une famille française à [i] et a ses papiers [j] et un emploi [k].

4c **Carry out your own Internet research and write a paragraph about another example of modern slavery in a European country.**

5 **Continue your research on one of the topics on this page and make some notes in French. Then prepare a talk lasting between 3 and 5 minutes. Present the information to the class.**

Vocabulaire

La vie en noir pages 50–51

la couleur de peau	*skin colour*
un délit	*an offence*
le délit de faciès	*appearance-based prejudice*
la discrimination	*discrimination*
la diversité	*diversity*
la haine (raciale)	*(racial) hatred*
l'inégalité (f)	*inequality*
l'intolérance (f)	*intolerance*
la méfiance	*mistrust*
la ségrégation	*segregation*
se méfier de	*to be suspicious of*
d'origine arabe	*of arab origin*
issu de l'immigration	*second or third generation immigrant*
avoir un comportement raciste	*to have a racist attitude*
être raciste	*to be racist*

La lutte contre le racisme pages 52–53

une société multiculturelle	*a multicultural society*
convaincre	*to persuade/convince*
métissé	*mixed-race*
aider les victimes	*help the victims*
diffuser des documents	*to distribute documents*
être impliqué dans une campagne	*to be involved in a campaign*
faire changer les mentalités	*to change mentalities*
manifester contre le racisme	*to demonstrate against racism*
organiser des débats	*to organise debates*
promouvoir la tolérance	*to promote tolerance*
tenir des propos racistes	*to make racist comments*

En plus…

un bouc émissaire	*a scapegoat*
les crimes contre l'humanité (mpl)	*crimes against humanity*
les groupes ethniques (mpl)	*ethnic minorities*
l'identité culturelle (f)	*cultural identity*
des menaces racistes, écrites ou verbales (fpl)	*racist threats, verbal or written*
une politique de répression	*repressive measures*
diaboliser	*to demonise*
expulser / les expulsions (fpl)	*to deport/evict / deportations/evictions*
stigmatiser	*to stigmatise*
antisémite	*anti-Semitic*
d'origine maghrébine	*originating from Maghreb (Morocco, Tunisia, Algeria)*
xénophobe	*xenophobic*
en voir de toutes les couleurs	*to be given a hard time*
faire des amalgames	*to mix together (problems, situations)*
influencer les autorités	*to influence the authorities*

Entrainez-vous!

Remplissez les blancs dans les phrases ci-dessous avec un mot ou une expression de la liste ci-dessus.

1 C'est un ..... d'avoir un ..... raciste envers une personne ..... de ..... .

2 Les personnes d'origine ..... doivent faire face à la ..... , l'..... et la ..... raciale.

3 Il faut absolument ..... la tolérance et organiser des ..... pour faire ..... les ..... .

4 C'est une bonne chose d'être ..... dans une ..... et de ..... des ..... .

5 Certaines discothèques ont refusé de laisser entrer des couples d'origine ..... ou africaine en raison de leur couleur de ..... .

6 Le président est accusé de ..... les populations roms en faisant d'eux des ....

7 La richesse et la pauvreté

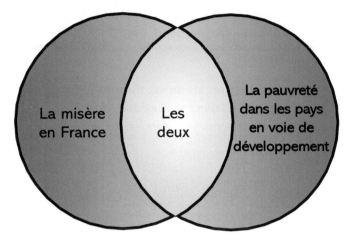

La misère en France — Les deux — La pauvreté dans les pays en voie de développement

1 Regardez les photos et considérez les phrases. Recopiez le diagramme et écrivez les phrases où cela vous semble approprié.

conditions malsaines

eau non potable

logement inadapté

nutrition insuffisante

manque de scolarité

parents au chômage

manque de moyens

violence dans le quartier

taux de mortalité infantile important

manque de soins médicaux

2 Avez-vous d'autres idées à ajouter?

La pauvreté, même chez nous?

▶ *La pauvreté existe toujours dans la France du XXIᵉ siècle.*

▶ *Quels en sont les causes et les effets?*

1a Classez les propositions en deux listes: nécessaire ou superflu.

> trois repas par jour
> plusieurs cadeaux à Noël
> un logement fixe
> de l'eau potable
> une scolarité régulière
> de nouveaux vêtements chaque année
> au moins deux semaines de vacances par an
> au moins une voiture par famille
> soins médicaux
> deux parents
> un poste de télévision
> un ordinateur
> le chauffage central en hiver
> une place dans la société

1b Considérez les propositions qui vous semblent nécessaires. Classez-les en ordre d'importance, puis comparez vos idées avec celles d'un(e) partenaire.

2 Regardez la photo de Michel Lanteau. Qu'est-ce qui lui manque, parmi les propositions de la liste?

3a Ecoutez le témoignage de Michel. Il compare sa vie maintenant et sa vie avant. Lisez les descriptions et écrivez "maintenant" ou "avant" pour chacune.

a son domicile dans une zone industrielle

b les disputes avec les voisins

c sa vie dans une caravane

d ses copains tziganes

e le travail de ferrailleur de son père

f un conflit entre sa famille et les gendarmes

g le manque de chauffage

h les bagarres en classe

i l'aide d'une assistante sociale

3b Ecrivez deux paragraphes pour comparer sa vie "maintenant" (donc au présent) avec sa vie "avant" (à l'imparfait).

Exemple: Maintenant Michel habite dans une zone industrielle où il y a des disputes...

3c Réécoutez le texte afin de compléter les phrases qui décrivent sa vie actuelle.

a Michel habite dans un immeuble de l'ancienne ZUP, près de...

b Le logement ne plait pas à sa mère à cause de...

c Son frère s'est fait... dans une...

d C'est bien que l'appartement ait...

e Mais ils n'ont pas les moyens de...

f Sa mère a besoin de...

g Il n'aime pas tellement l'école parce que... et...

h L'assistante sociale leur donne...

i Son père rêve de...

3d Faites un résumé de sa vie dans la caravane en vous inspirant des expressions données.

> mieux * être ensemble * travail de ferrailleur * transporter des métaux * l'école * terrains de stationnement * louer un terrain * être expulsé * être repoussé par les gendarmes

Michel Lanteau chez lui, à Veysin

4 Jeu de rôle. Michel entre dans un nouveau collège et une assistante sociale lui pose des questions sur sa vie. Michel exprimera non seulement les faits mais aussi ses opinions.

Basez les questions et les réponses sur les activités précédentes et parlez du passé, du présent et de l'avenir.

La vie d'un SDF

Patrick Dullin, SDF

Comme de nombreux SDF, Patrick Dullin s'est retrouvé dans la rue à la suite d'une séparation, dont le choc fut, dans son cas, aggravé par le décès de son père. Chômeur en fin de droits, Patrick s'est retrouvé, du jour au lendemain, sans aucune ressource. Sans famille, sans travail, sans argent, sans logement, sans amis. Sans rien, si ce n'est son harmonica qui l'accompagne dans ses périples sur les routes de campagne et les pavés des villes. Il s'est dirigé vers le Midi, jugeant le climat plus clément lorsqu'on n'a pas de toit. En échange des mélodies qu'il joue et en mendiant, il reçoit de quoi se nourrir pour la journée.

Parfois, s'il a de la chance, un passant lui laisse un billet ou vient lui faire un brin de conversation qui l'encourage et lui réchauffe le cœur. Le soir, il s'installe sur des cartons qui l'isolent du froid et s'enroule dans sa couverture. C'est l'hiver qui est le plus rude. Il passe souvent aux centres d'hébergement pour qu'on lui donne des vivres et de nouveaux vêtements. Il peut également y recevoir une consultation médicale gratuite. Néanmoins, il a tendance à fuir ces centres où il se sent parqué comme un animal inutile. Il ne tient pas à jouer au Scrabble ni à rester assis dans une pièce où s'entassent pauvres et mendiants. Il préfère rester dans la rue, où il se sent plus libre et plus digne.

A l'approche de son deuxième hiver sans logement, Patrick est sur le point de faire sa demande de RMI* et il a trouvé, tant bien que mal, un garage vide que la mairie lui laisse pendant six mois. Sans chauffage, ce dernier est cependant équipé d'un réchaud à gaz et d'un matelas. Avec un tel luxe, il se sent prêt à se refaire une santé, à remonter la pente lentement… au printemps, il compte travailler comme jardinier dans une coopérative de légumes biologiques près de Béziers et il espère que bientôt, toute sa dérive ne lui semblera plus qu'un mauvais cauchemar.

*RMI = revenu minimum d'insertion

5a **Survolez le texte et écrivez un sous-titre pour chaque paragraphe. Choisissez des phrases du texte même, puis comparez vos idées avec un(e) partenaire et justifiez votre choix.**

5b Nommez les trois choses qui ont causé la situation actuelle de Patrick.

5c Patrick se retrouve maintenant dans un cercle vicieux. Décrivez-le en utilisant tous les mots suivants:

au chômage * argent * logement * trouver un emploi

5d Répondez aux questions sur la situation de Patrick.

a D'où vient le peu d'argent qu'il possède?

b Où a-t-il dormi jusqu'ici?

c Que fait-il s'il a besoin de soins médicaux ou de vêtements?

d Qu'est-ce qu'il va recevoir comme allocation sociale?

e Où dormira-t-il cet hiver?

f Quels seront ses deux luxes?

g Comment espère-t-il améliorer sa situation?

5e Reliez les mots des deux listes afin de reconstruire les expressions importantes du texte, puis traduisez-les en anglais.

1 en fin…		**a** la pente
2 du jour…		**b** de quoi se nourrir
3 lui réchauffer…		**c** dans sa couverture
4 recevoir…		**d** sa demande de RMI
5 s'enrouler…		**e** de droits
6 être parqué…		**f** comme un animal inutile
7 faire…		**g** au lendemain
8 se refaire…		**h** le cœur
9 remonter…		**i** une santé

6 Résumez en français la situation actuelle de la pauvreté en France.

- Give an example of a family living in poverty.
- Discuss the causes of poverty today.
- List some of the effects of poverty.
- Conclude with ideas for breaking out of the vicious circle.

OxBox Des informations sur le thème "Les solutions proposées pour résoudre la pauvreté dans les cités européennes" se trouvent sur la Feuille de Travail 7.1.

Et dans les pays en voie de développement?

▷ *Que savez-vous sur les conditions de vie dans les pays en voie de développement?*

▷ *Quel est le lien entre ces conditions et le bien-être de la population?*

Le saviez-vous?

Les Américains, qui constituent 5% de la population mondiale, consomment 25% de l'énergie utilisée dans le monde. Le citoyen américain moyen consomme autant d'énergie que 6 Mexicains, 153 Bangladais ou 499 Ethiopiens.

1 Travaillez à plusieurs et faites des listes.

a Quels pays en voie de développement connaissez-vous?

b Quelles sont les choses dont nous jouissons dans le monde occidental qui manquent souvent dans les pays en voie de développement? Finissez les phrases suivantes:

Ici en Europe...
Dans les pays en voie de développement,
par contre...

2a Avant de lire, traduisez l'expression "le ventre de l'enfer".

Le ventre de l'enfer

Il n'y a guère au monde, en effet, de population plus éprouvée et plus abandonnée que celle des parias des îles des Sundarbans. Ils habitent des huttes de paille régulièrement englouties par les inondations, balayées par les cyclones et les raz de marée, posées à quelques mètres de la surface des eaux, sur une terre saline qui ne donne qu'une maigre récolte de riz par an, et parfois moins. Dans le golfe du Bengale, au large du delta du Gange, le plus grand delta de la planète, le plus funeste aussi, là où personne ne va jamais car ici, dit-on c'est le ventre de l'enfer.

Ils n'ont même pas, ou si peu, d'eau potable. Il faut descendre à 200 ou 300 mètres de profondeur pour en trouver, et creuser un puits revient vraiment trop cher. Alors les enfants continuent d'aller jouer parce qu'ils n'ont pas d'autres jeux, dans l'Hooghly, ce long canal funèbre et puant qui longe la route de Calcutta aux Sundarbans où se déversent tous les égouts du Bengale et ils ne cessent d'y mourir.

Chaque matin, ils sont 100 000 à faire la queue devant une pompe qui crachote une eau saumâtre, et comme il n'y a pas de latrines il faut se soulager dans les égouts qui débordent et inondent les taudis pendant la mousson. Le bidonville est noyé en permanence sous la fumée épaisse et acide que dégagent les petits feux de bouse sur lesquels on prépare la cuisine, une fumée qui déchire les poumons, provoque d'inextinguibles quintes de toux et finit toujours par tuer.

On n'imagine pas plus pauvre que ces taudis surpeuplés, privés d'eau, d'électricité, de fenêtres, bordés d'égouts à ciel ouvert, d'une puanteur insoutenable, où pullulent les rats, les cafards, les tarentules, la vermine, et des centaines de vaches confinées dans des étables sordides. Dans ce pays, il y a aussi la tuberculose, le choléra, les épidémies, les innombrables maladies de carence. Pas un médicament, pas un médecin, car ceux-ci refusent "d'aller travailler en enfer".

2b Survolez le texte et écrivez un sous-titre pour chaque paragraphe.

2c Trouvez dans le premier paragraphe les mots qui veulent dire:

a afflicted   d swept away

b engulfed   e tidal waves

c floods   f a poor crop

2d Traduisez les expressions-clés du deuxième paragraphe en anglais.

a eau potable   c puant

b creuser un puits   d les égouts

2e Lisez le troisième paragraphe et répondez aux questions.

a Pourquoi est-ce que les cent mille personnes font la queue?

b A quoi servent les égouts?

c Pourquoi est-ce que les taudis sont inondés?

d D'où vient la "fumée épaisse"?

e Quel est son effet néfaste?

2f Lisez le dernier paragraphe. Vrai ou faux? Corrigez les phrases fausses.

a Presque personne ne vit ici.

b Il n'y a ni électricité ni eau potable.

c On y risque toutes sortes de maladies.

d Les médecins font un travail énormément difficile.

3 A a vu un documentaire sur les îles des Sundarbans, B lui pose des questions. Abordez:

- la situation géographique
- les conditions climatiques
- la vie quotidienne
- les conditions et les risques sanitaires

4a Ecoutez le début du reportage sur la convention internationale sur les droits des enfants. Faites une liste des cinq besoins vitaux qu'elle vise à garantir à tout enfant.

4b Ecoutez le texte entier. Dans quel ordre est-ce que l'on traite des sujets suivants?

a le sida

b la malnutrition

c l'eau potable

d la prévention du sida

e les problèmes de santé qui résultent de la malnutrition

f le taux de mortalité infantile

4c Réécoutez le texte et écrivez une phrase pour expliquer chaque chiffre.

a 180   e 2 millions

b 1,3 milliard   f 10%

c 10%   g 85%

d 400 000

5 Préparez un reportage pour la radio qui explique le lien entre les conditions de vie dans un pays en voie de développement et les problèmes médicaux de sa population.

Une stratégie mondiale

▹ *S'entraider: le commerce équitable et le microcrédit*
▹ *Que font les organisations caritatives?*

1  **Que faites-vous personnellement pour aider les gens défavorisés, soit près de chez vous, soit dans les pays lointains? Notez les activités qui s'appliquent, puis comparez avec un(e) partenaire.**

- acheter des produits équitables
- donner de l'argent aux œuvres caritatives
- travailler comme bénévole
- organiser/participer à des campagnes
- aider des voisins/des amis

2a **En lisant l'affiche, trouvez les mots qui vous semblent appropriés pour compléter les blancs dans le résumé suivant.**

> **ekitabl** est une boutique 100% commerce équitable qui [1] plus de 1500 produits, par exemple [2], vêtements et épicerie. On y propose des [3] de qualité [4] dans les pays en voie de développement et vendus à un prix [5] qui garantit un certain niveau de vie aux [6]. **ekitabl** se sert de ses [7] pour soutenir des projets communautaires comme la scolarisation des [8]. Ses autres critères sont de faire respecter certaines règles et de [9] contre l'exploitation, le [10] des enfants et le [11] des ressources naturelles.

2b **Préparez une présentation (environ 2 minutes) pour convaincre vos auditeurs de l'importance du commerce équitable. Notez un maximum de 12 mots-clés comme aide-mémoire.**

ekitabl: *un autre commerce pour un autre monde*

▸ **ekitabl** est une boutique 100% commerce équitable qui s'engage dans une démarche de développement durable et solidaire en proposant des produits en accord avec ses valeurs éthiques.

▸ **ekitabl** propose plus de 1500 produits issus du commerce équitable en épicerie, arts de la table, objets de décoration, bijoux, produits bien-être, cosmétique, vêtements en coton bio et accessoires de mode. **ekitabl**, c'est un autre commerce pour un autre monde.

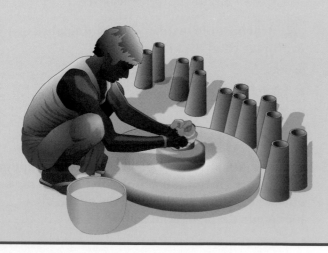

▸ instaurer des relations durables entre partenaires économiques
▸ œuvrer pour une juste rémunération des petits producteurs
▸ permettre aux producteurs de subvenir à leurs besoins et à ceux de leurs familles
▸ favoriser la scolarisation des enfants
▸ garantir le respect des droits fondamentaux des personnes
▸ agir pour une égalité homme/femme
▸ payer un prix juste
▸ agir pour une exploitation raisonnée des ressources naturelles
▸ réduire les intermédiaires et privilégier les circuits courts
▸ lutter contre l'exploitation et le travail des enfants
▸ conserver un savoir-faire traditionnel
▸ proposer aux consommateurs des produits de qualité

3 **Lisez le texte sur le microcrédit et résumez-le en anglais, en moins de 30 mots.**

Le microcrédit

Né dans les pays en voie de développement, le système du microcrédit gagne du terrain sur la planète, et notamment en France. S'adressant à des personnes démunies et exclues du crédit bancaire classique, il leur donne les moyens de créer une micro-entreprise. Et de se construire un avenir meilleur. Il y a 500 millions de bénéficiaires dans le monde et 30 000 entreprises créées en France.

4 **Ecoutez le reportage sur le microcrédit et complétez les phrases.**

a Le microcrédit offre la possibilité aux personnes qui vivaient autrefois ...... de créer une entreprise.

b Ils ont deux ans pour ....

c L'idée date des ...... et est née au ....

d Grâce aux petits prêts, des millions de personnes dans les pays en voie de développement ont réussi à ....

e L'année 2005 a été ....

f Depuis dix ans, on développe aussi ce projet ....

g Pour Jacques Chirac, le microcrédit représentait une voie prometteuse contre ....

5a **Lisez le texte "Enfants réfugiés du monde". Pour chacune des phrases, notez vrai (V), faux (F) ou information non donnée (ND). Corrigez les phrases fausses.**

a Il s'agit d'une organisation caritative.

b Ils aident des réfugiés dans certains pays défavorisés.

c Ils travaillent uniquement sur le plan physique.

d Ils construisent des centres d'activité dans les pays en voie de développement.

e On met l'accent sur l'importance du bonheur pour combattre ses problèmes.

f L'animatrice Raza est elle-même ancienne réfugiée.

5b **Relisez, puis traduisez en français.**

a The founders of "Enfants réfugiés" wanted to come to the aid of refugees.

b Children who play or draw can often find the strength to confront their problems. Why? Because they have rediscovered the joy of living.

c If one lives in a country at peace, one should show goodwill in helping those who live in a country full of horror.

Enfants réfugiés du monde

Prix des droits de l'homme et de la République à deux reprises, *Enfants réfugiés du monde* est une association humanitaire parrainée par M. le professeur Alexandre Minkowski et Mme Brigitte Fossey. Cette organisation non gouvernementale a pour vocation de venir en aide aux enfants contraints à l'exil ainsi qu'à leur famille, dans le monde entier.

Un réfugié sur deux est un enfant qui, dans la plupart des cas, se trouve gravement menacé dans son développement physique, affectif et intellectuel. *Enfants réfugiés du monde* travaille aujourd'hui au service direct de plus de 40 000 d'entre eux, grâce à des programmes d'attention globale où se complètent les approches médicales, sanitaires, nutritionnelles, psychologiques et récréatives.

C'est le jeu qui se trouve toujours au centre de ces actions. En effet l'enfant réfugié, comme tous les enfants, est un être en développement, avec des besoins spécifiques, notamment celui de jouer, de dessiner, de danser et de chanter. A travers ces activités, il peut retrouver une certaine joie de vivre, surmonter les problèmes du passé, mieux affronter les conflits du moment et se préparer à l'avenir.

"Cela fait du bien aux enfants et à moi aussi", confiait Raza à Nicole Du Roy. Aujourd'hui animatrice bosniaque au centre d'ERM à Solina, elle a fui en 1993 les horreurs de Srebrenica. Quoi de plus simple, tout un programme aussi: trouver de nouvelles solutions, de nouvelles ressources en comptant sur la générosité et la bonne volonté de tous ceux qui vivent dans des nations en paix.

6 **Faites des recherches et préparez une courte présentation sur une des associations caritatives francophones. Faites mention des points suivants:**

- le nom de l'organisation et une histoire toute courte
- les pays/les régions où elle travaille
- quelques exemples de projets récents
- votre opinion personnelle de son travail

Quelques possibilités: Médecins sans Frontières; Agronomes et Vétérinaires sans Frontières; Enfants du Monde; Entrepreneurs du Monde; L'arche de Zoé.

 Des informations sur le thème "Les projets gouvernementaux proposés pour remédier à la pauvreté" se trouvent sur la Feuille de Travail 7.3.

Pronouns

Rappel

You need to be clear which of the many different French pronouns is which! Three main categories are:

- Subject pronouns: used for the subject of the sentence

  je, tu, il, elle, on, nous, vous, ils, elles

Examples

a *Patrick Dullin? **Il** s'est retrouvé dans la rue à la suite d'une séparation.*

b *Est-ce que **nous** pouvons comprendre sa vie?*

- Direct object pronouns: used for the direct object of the sentence

  me, te, le, la, nous, vous, les, les

Examples

c *Nous **le** voyons tous les matins mendier au coin de la rue.*

d *Mais je ne crois pas qu'il **nous** connaisse.*

- Indirect object pronouns: used for the indirect object of a sentence, often with the meaning 'to' or 'for' in English

  me, te, lui, lui, nous, vous, leur, leur

e *On **lui** dit qu'il peut dormir dans un centre d'hébergement.*

f *Mais il **nous** explique qu'il ne veut pas y rester.*

Remember that you will need an indirect object pronoun if you are using a verb which is followed by *à*

g *On **lui** donne à manger chaque soir au centre d'hébergement.*

h *Il **nous** a demandé des conseils.*

Entrainez-vous!

1 **Translate the example sentences a–h from the *Rappel* box into English.**

2 **Choose the correct pronoun to complete each sentence.**

   a Je [*il / le / lui*] ai demandé où il habite.

   b [*Il / Le / Lui*] n'a plus de logement fixe.

   c Voilà pourquoi je [*il / le / lui*] vois dans la rue chaque matin.

   d Est-ce que/qu' [*il / le / lui*] veut rester dans ce centre d'hébergement?

   e Mais il aime qu'on [*il / le / lui*] donne de quoi se nourrir.

   f Cela [*il / le / lui*] réchauffe le cœur.

Rappel

Two other sorts of pronoun are:

- Emphatic pronouns: used when the pronoun appears on its own.

  moi, toi, lui, elle, nous, vous, eux, elles

Examples

a ***Moi**, je ne voudrais jamais être sans-abri.*

b *Et **lui**? Où va-t-il dormir cette nuit?*

These same pronouns are used after prepositions, when they are known as disjunctive pronouns.

c *Les mendiants? Vous pourriez parler **avec eux**.*

d *Préfèrent-ils se débrouiller **sans vous**?*

- Reflexive pronouns: used with reflexive verbs

  me, te, se, se, nous, vous, se, se

Examples

e *Il reçoit de quoi **se nourrir** pour la journée.*

f *Dans ces centres, ils **se sentent** parqués comme des animaux inutiles.*

Entrainez-vous!

3 **Translate the example sentences a–f into English.**

4 **Translate these sentences into French.**

   Emphatic pronouns

   a Me? I always buy fair-trade products.

   b Who sells them? He does!

   c Us? Yes, we import them from Senegal.

   Disjunctive pronouns

   d We cooperate with them.

   e I couldn't do it without you.

   f He prefers to keep them for us.

   Reflexive pronouns

   g I feel obliged to do that.

   h Things are improving. [*s'améliorer*]

   i He will see to that. [*s'occuper de*]

Zoom Compétences

Defending and justifying your point of view

You have now been through various stages of preparation you need to carry out to perform successfully in your oral exam. Here's a reminder of what you have to do:

1 Decide which of the two opposing viewpoints you want to support. Prepare to speak for a minute to outline your viewpoint, mentioning about four ideas to support your view. (See page 13)

2 Be ready to discuss your viewpoint with the examiner. Have more detail ready on your initial points: reasons, arguments and examples to support your case. (See page 29)

3 Next comes the trickiest aspect of the debating task! Once the examiner has questioned you on your point of view, s/he will play 'devil's advocate' and put the opposite point of view to you to see if you can defend and justify your opinions. (See page 39)

To prepare for this important third step, make a note of counter-arguments which the examiner might use and decide what you could say to argue against them. Some useful phrases for this are given on page 39; here are some more to extend your repertoire.

Là, je ne suis pas du tout d'accord, parce que…

Oui, mais il ne faut pas oublier que…

Non, cela est complètement faux!

Ce n'est pas toujours le cas. Par exemple,…

Je ne suis pas sûr(e) que ce soit toujours le cas.

Jusqu'à un certain point, peut-être, mais il ne faut pas oublier que…

Entrainez-vous!

1 **Read the two opposing views below and say which one you favour. Aim to speak for about a minute.**

> Je pense que / crois que / trouve que…
> Je suis certain(e) que…
> Il est évident que…
> Pour justifier mon opinion, je dirais que…

A

Quand je regarde la télé ou que je lis un journal, je vois souvent des images horrifiantes d'autres pays où il y a des guerres ou des catastrophes. Mais personnellement, je n'y peux rien. Je ne vois pas ce que je pourrais faire pour ces gens-là. J'estime que c'est inévitable qu'il y ait des inégalités dans le monde.

B

Je crois que nous avons tous une énorme responsabilité envers les autres citoyens de notre monde. Nous vivons en paix et plus ou moins dans le luxe et nous devons donc faire tout ce que nous pouvons pour aider ceux qui n'ont pas la même chance. Moi, par exemple, je soutiens des organisations caritatives et je travaille comme bénévole.

2 **Do these arguments support text A or text B?**

a Ce n'est pas de ma faute si les autres pays du monde ne sont pas aussi bien organisés que le nôtre.

b Je sais que j'ai de la chance, donc je voudrais aider les autres.

c La somme d'argent que je pourrais donner n'est pas très élevée, mais elle vaut beaucoup plus dans les pays moins riches.

d Je paie déjà des impôts, pourquoi devrais-je donner de l'argent supplémentaire?

e Les problèmes du monde sont vastes et je ne pourrai jamais changer grand-chose.

f Si on n'a pas beaucoup d'argent à donner, on peut toujours faire des choses pratiques pour aider les autres.

g Je trouve que si on ne partage pas ce qu'on a avec ceux qui en ont besoin, on éprouve un sentiment de culpabilité.

h Si je donne trop aux autres, moi aussi je serai pauvre.

3 **Read these counter-arguments for each of texts A and B. How will you respond?**

Text A:

a N'avez-vous pas honte quand vous voyez d'autres êtres humains en difficulté?

b Ne croyez-vous pas que les pays occidentaux sont assez riches pour aider tous les pays défavorisés?

c N'est-il pas évident que si tout le monde faisait un effort, si petit soit-il, cela changerait beaucoup de choses?

Text B:

a Ne faut-il pas accepter que tout le monde est égoïste et ne veut pas aider ses voisins?

b Il y aura toujours des riches et des pauvres dans ce monde, n'est-ce pas?

c Vous ne trouvez pas qu'il y a tant de problèmes ici en Europe qu'il est ridicule d'essayer de résoudre ceux des autres?

4 **Practise defending your point of view: argue it out with your partner, who takes the opposing view. Make sure you give examples and listen to your partner's points, so that you can argue against them convincingly!**

Vocabulaire

La pauvreté, même chez nous? pages 58–59

un logement fixe	a home/fixed abode
le loyer	rent
les sans-abri/SDF (mpl) (sans domicile fixe)	the homeless
une scolarité régulière	regular schooling
une ZUP (zone à urbaniser en priorité)	urban development zone
mendier / un mendiant	to beg / a beggar
ne pas avoir de toit	to not have a roof over one's head
s'enrouler dans sa couverture	to wrap oneself in a blanket
être expulsé	to be evicted
se faire blesser dans une bagarre	to be injured in a fight
manquer l'école	to miss school
se permettre de s'acheter…	to be able to buy oneself…
recevoir de quoi se nourrir	to get enough to eat
recevoir une consultation médicale gratuite	to get a free medical appointment
se refaire une santé	to rebuild one's health
se retrouver dans la rue	to find oneself on the street
se retrouver sans aucune ressource	to be without any means

Et dans les pays en voie de développement? pages 60–61

le bidonville	shanty town
le choléra/la tuberculose	cholera/tuberculosis
(manquer d') eau potable (f)	(to lack) drinking water
une maison à ciel ouverte	a house with no roof
la pénurie de nourriture	lack of food
une (maigre) récolte de riz	a (poor) rice harvest
(habiter) une hutte de paille	(to live in) a straw hut
le sida / la prévention du sida	Aids / Aids prevention
(habiter) un taudis	(to live in) a hovel
consommer	to consume
faire la queue	to queue
puer	to stink
privé d'eau/d'électricité	lacking water/electricity
surpeuplé	crowded/overpopulated
creuser un puits	to dig a well
être balayé par un raz de marée	to be swept away by a tidal wave
être englouti par les inondations	to be flooded out
le citoyen américain moyen consomme…	the average American citizen consumes…

(souffir d') une maladie de carence	(to suffer from) an illness caused by deficiencies
(protéger) les droits de l'homme (mpl)	(to protect) human rights

Une stratégie mondiale pages 62–63

les associations/ organisations caritatives (fpl)	charities
les défavorisés (mpl)	the poor
une juste rémunération	a fair wage
un pays aisé	a well-off country
un prêt / prêter	a loan / to lend
acheter des produits équitables	to buy fair-trade products
agir pour une égalité homme/femme	to act for male/female equality
(compter sur) la bonne volonté (de)	(to count on) the goodwill (of)
(se) construire un avenir meilleur	to build (oneself) a better future
créér une entreprise	to start a business/company
élever son niveau de vie	to raise one's standard of living
mettre l'accent sur	to emphasise, prioritise
payer un prix juste	to pay a fair price
répondre aux besoins de…	to respond to the needs of…
soutenir des projets communautaires	to support community projects
surmonter le problème de…	to overcome the problem of…
travailler comme bénévole	to work as a volunteer
vivre en dessous du seuil de pauvreté	to live below the poverty line

Entrainez-vous!

Remplissez les blancs dans les phrases ci-dessous avec un mot ou une expression de la liste ci-dessus.

1 Les ...... n'ont souvent pas les moyens de payer un ...... et se retrouvent sans logement ...... , ce qui mène souvent à une absence de ...... régulière ou de soins médicaux. Comment se ...... une santé sous de telles conditions?

2 La conséquence d'une ...... récolte est la pénurie de nourriture, ce qui provoque des maladies de .... Le ...... d'eau et le sida sont d'autres fléaux de la vie dans un pays en ...... de ....

3 La vente des produits ...... peut combattre la misère en soutenant des projets .... On paie un prix ...... , ce qui permet une juste ...... et offre la possibilité de ...... les difficultés des gens défavorisés dans des régions en voie de développement.

Au nom de la loi

By the end of this unit you will be able to:

- Analyse crime committed by and affecting young people
- Discuss reasons for criminal and anti-social behaviour
- Talk and write about measures to reduce crimes and the alternatives to imprisonment
- Use the past conditional
- Use the different tenses you know
- Work with texts from the Internet

1 Trouvez l'équivalent en anglais des crimes et délits ci-dessous. Discutez à deux et classez-les selon leur gravité d'après vous.

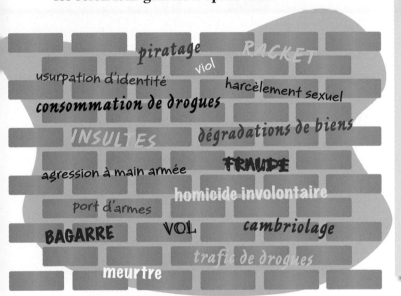

piratage RACKET viol
usurpation d'identité harcèlement sexuel
consommation de drogues
INSULTES dégradations de biens
agression à main armée FRAUDE
homicide involontaire
port d'armes
BAGARRE VOL cambriolage
trafic de drogues
meurtre

La criminalité en chiffres
(pour 1000 habitants)

Vols
No 1 = Espagne: 12,32
Royaume-Uni (RU): 1,57
France (F): 0,40

Vols de voiture
No 1 = Australie: 6,92
RU: 5,60
F: 4,97

Cambriolages
No 1 = Australie: 21,74
RU: 13,83
F: 6,11

Agressions
No 1 = Afrique du Sud: 12,07
RU: 7,45
F: 1,75

Viols
No 1 = Afrique du Sud: 1,19
RU: 0,14
F: 0,13

Meurtres
No 1 = Colombie: 61,78
F: 1,7
RU: 1,4

Meurtres commis par des jeunes (10–29 ans)
No 1 = Colombie: 0,84
RU: 0,009
F: 0,006

Total des crimes
No 1: Dominique: 113,82
RU: 85,55
F: 62,18

Source: Nationmaster.com

2 Lisez les chiffres à droite. Avec quelles réactions ci-dessous êtes-vous d'accord? Ajoutez des réactions personnelles en utilisant les expressions en gras.

  a **Je n'imaginais pas qu'**il y avait tant de vols en Espagne!

  b **Je ne suis pas surpris(e) qu'**il y ait tant de meurtres en Colombie.

  c **Je m'attendais à ce qu'il y ait** plus de vols en France qu'en Angleterre.

  d **Je n'aurais pas cru qu'il y avait** plus de cambriolages au Royaume-Uni qu'en France.

  e **Je pensais qu'il y aurait** plus de crimes en France qu'en Angleterre.

3 Discutez à plusieurs. Répondez et expliquez:

  a Avez-vous été victime d'un crime ou d'un délit?

  b Pensez-vous que les jeunes soient de plus en plus violents? Pourquoi?

  c Les jeunes ont souvent mauvaise presse... la méritent-ils?

▸ *Que savez-vous de la cybercriminalité? Pourriez-vous en être victime?*

Mineurs et hackers

Mai 2008: les forces de l'ordre ont mis en garde à vue, aux quatre coins du pays, 22 jeunes hackers français, soupçonnés de piraterie et de pillage de sites Internet à la suite de la plainte déposée par une association de pêche dont on avait piraté le site Web.

Après une enquête de plusieurs mois, les policiers, qui avaient collaboré à l'échelon national pour mener l'opération, ont remonté et démantelé un réseau d'environ 200 membres. Certains d'entre eux auraient pénétré dans le système informatique de 34 entreprises et associations, dont des sociétés françaises, mais également russes, islandaises ou espagnoles. Ils auraient également créé de faux sites pour du phishing. Ils se seraient approprié les coordonnées bancaires des clients dont ils auraient ensuite vidé les comptes.

Des 22 hackers interpellés, le plus âgé a 25 ans et 16 sont encore mineurs: le plus jeune n'a que 13 ans et demi. Certains pourraient se voir condamnés à de lourdes peines de prison (entre deux à cinq ans) et des amendes importantes (plus de 30 000 euros). Le procès devrait s'ouvrir bientôt.

Qu'est-ce que tu fais, mon petit chéri?

Je pénètre le système informatique de la Banque de France, Maman.

OK, mais quand tu auras fini, brosse-toi les dents et va au lit!

1 Lisez l'article "Mineurs et hackers". S'il fallait le résumer en deux phrases, lesquelles choisiriez-vous (a–d)? Pourquoi? Utilisez les expressions en gras pour donner d'autres idées.

a **Cet article porte sur** le démantèlement d'un réseau de hackers.

b **Il relate** comment les forces de l'ordre ont collaboré pour démanteler le réseau.

c **Dans cet article, on constate que** les cybercriminels opèrent au niveau national et international.

d **L'auteur de l'article attire notre attention sur** le fait que les hackers sont très jeunes.

2 Relisez et choisissez 10 mots ou expressions-clés de l'article. Utilisez-les pour résumer l'article (60–70 mots).

3a Relevez les verbes et notez les temps que vous reconnaissez. Expliquez leur usage en anglais.

Exemples: **ont mis** = *perfect: event took place at a specific moment in the past*
avait piraté = *pluperfect: this action took place before the previous one*

Grammaire 150 W79

The past conditional: formation

A Here are two examples of the past conditional from the article. Find two others.

1 ils auraient pénétré... 2 ils se seraient approprié...

● The past conditional is a compound tense. To form it, you need: the **conditional** of *être/avoir* + **past participle** of the main verb.

B Which of these sentences use a past conditional? Translate into English.

1 Les hackers se seraient organisés en réseau.

2 Un des hackers aurait à peine 14 ans au moment du procès.

3 Les policiers avaient collaboré au niveau national.

3b Regardez *Grammaire*. A votre avis, pourquoi l'auteur utilise-t-il le conditionnel passé dans son texte?

a Il pense que les faits ne se sont pas passés ainsi.

b Ces faits ne sont que des allégations puisque le procès n'a pas eu lieu.

4 Relisez l'article et répondez aux questions à l'écrit ou à l'oral.

a Qu'est-ce que la majorité des hackers interpellés ont en commun?

b Qu'est-ce qui a été à l'origine de l'enquête policière?

c Comment la police a-t-elle réussi l'opération?

d De quoi accuse-t-on les hackers?

e Que risquent les jeunes hackers?

5 Lisez l'article "Voleurs d'identité" et répondez aux questions.

    a Pourquoi les voleurs d'identité trouvent-ils leurs victimes sur les réseaux sociaux et les communautés virtuelles?

    b Comment et pourquoi la police a-t-elle interpellé le jeune étudiant canadien?

    c Qui était le vrai coupable?

    d De quoi la jeune Française a-t-elle été victime?

    e Comment est-ce que les deux jeunes victimes auraient pu éviter le problème?

    f Comment le délit de vol d'identité a-t-il été puni?

Voleurs d'identité

Les usurpations d'identité se multiplient sur les réseaux sociaux, où chacun donne de plus en plus d'informations personnelles. Ces sites de communautés virtuelles facilitent la vie aux criminels, leur offrant un large choix de victimes potentielles.

La police a interpellé un étudiant de l'université de Charlottetown, au Canada. Il aurait préparé une attaque violente, sur le modèle de la fusillade de Columbine aux Etats-Unis. Il a nié mais les policiers lui ont montré une photocopie de sa page Facebook où il expliquait son projet. S'il ne s'en était pas vanté sur Facebook, on ne l'aurait pas identifié ou on l'aurait identifié trop tard, après le massacre. Le problème? Ce jeune étudiant est en fait complètement innocent. Ce n'est pas lui qui a écrit tout cela sur Facebook, et seulement un examen approfondi de son ordinateur a prouvé qu'il était effectivement innocent. En réalité, un inconnu lui avait volé son identité, ses renseignements personnels et sa photo pour créer une page Facebook.

En France, une jeune femme s'est fait harceler de coups de téléphone et de visites d'une cinquantaine d'hommes qu'elle ne connaissait pas et qui répondaient à une annonce très explicite d'offre de services sexuels qu'elle aurait passée sur un site de rencontres (où étaient indiqués son adresse et son numéro de téléphone). Cette annonce, ce n'était pas elle qui l'avait passée mais quelqu'un d'autre, qui s'était servi d'informations personnelles que la jeune femme n'aurait jamais dû mettre sur le site. Heureusement, la personne responsable a été retrouvée et condamnée à 6 mois de prison avec sursis et 1 500 euros de dommages et intérêts.

6a Présentez le contenu de l'article oralement en utilisant les expressions de l'activité 1 (page 68).

    Exemple: Cet article porte sur le danger d'usurpation d'identité sur Internet. Il relate...

6b Donnez vos réactions personnelles au texte en utilisant les expressions de l'activité 2 (page 67).

    Exemple: Je suis surpris(e) que les gens donnent des informations personnelles sur Internet.

7 Lisez *Grammaire* ci-dessous. Trouvez des exemples des trois usages du conditionnel passé (1–3) dans l'article.

Grammaire ➡150 ➡W79

The past conditional: usage

1 Use it to express an action which **would have occurred** in the past if circumstances <u>had been</u> different. It is often used with *si* + pluperfect:
*Si j'avais su, **je n'aurais pas dit** ça.*
<u>If I had known</u>, **I wouldn't have said** that.

*A sa place, **je n'aurais pas donné** mon nom.*
In her place, **I wouldn't have given** my name.

2 Use it to express an **unrealised wish or a regret** in the past:
***J'aurais bien voulu** y aller mais j'avais trop de travail.*
I would have liked to go there but I had too much work.

3 Use it to refer to **allegations, uncertain or unverified facts:**
***Il y aurait eu** plusieurs cas d'usurpation d'identité.*
There could have been several cases of identity theft.

A Transform these sentences using a past conditional.

    1 Vous ne devriez pas mettre d'infos personnelles sur le site.

    2 A sa place, je ne donnerais ni mon nom ni mon numéro de portable.

    3 L'étudiant pourrait se faire arrêter si la police ne retrouve pas le véritable coupable.

8 Discutez la question ci-dessous avec un(e) partenaire. Choisissez un point de vue différent. Ecrivez vos arguments afin de le défendre.

Les parents doivent-ils protéger leurs enfants des dangers d'Internet en leur limitant l'accès?

Non, on devrait encourager les enfants à apprendre à utiliser Internet.

Oui, il faudrait limiter aux enfants l'accès à Internet, c'est trop dangereux.

Comment devient-on délinquant?

▶ *Pourquoi certains jeunes se tournent-ils vers le crime?*
Des jeunes Français mènent l'enquête.

Mais pourquoi cette violence jusque dans les regards croisés sur les trottoirs? Ornella a obtenu des explications nettes. Ils veulent exister et personne ne leur dit rien.

1 La violence caractérise-t-elle les jeunes du XXIème siècle? Selon les jeunes interrogés, la violence ne date pas d'aujourd'hui mais prend de plus en plus de place. [...]

Les six jeunes que nous avons rencontrés sont tous d'accord sur un fait: la violence existe partout, dans le regard et dans les gestes, à la ville comme à la campagne, même si les villes et les cités sont les plus touchées par cette "maladie".

2 Qu'est-ce qui rend violent un jeune? Mariama, Christine ou Nina incriminent la période de crise que nous vivons. Elle influerait sur les comportements. [...] Le chômage qui se développe ne leur laisse aucune alternative. Ils passent donc leurs journées sans occupation, dans les rues; leur solution: faire quelque chose à tout prix, que ce soit bien ou mal, et dans beaucoup de cas, on s'occupe plutôt mal que bien (bagarres, vols, etc.).

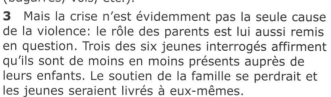

3 Mais la crise n'est évidemment pas la seule cause de la violence: le rôle des parents est lui aussi remis en question. Trois des six jeunes interrogés affirment qu'ils sont de moins en moins présents auprès de leurs enfants. Le soutien de la famille se perdrait et les jeunes seraient livrés à eux-mêmes.

4 Mais pourquoi se raccrocher à la violence alors que les générations précédentes, qui avaient aussi leurs problèmes, réagissaient différemment? Pour Mariama, 18 ans, *"il n'y a plus de respect aujourd'hui"*. D'autres jeunes donneront la même réponse. Il leur semble aussi que la crise se ressent plus durement qu'avant. Par ailleurs, les médias paraissent avoir leurs responsabilités en montrant de plus en plus de violence dans les films, dans les journaux: *"Il y a de la violence partout; quand on allume la télé on ne voit que ça, alors on s'identifie! D'ailleurs, on est violent de plus en plus jeune parce qu'on n'en a pas conscience!"* dit Christine, 16 ans. Selon Eva, une Parisienne de 18 ans, le système capitaliste est la source de tous les problèmes et envenime la situation. D'après elle, il y a dans la société de consommation les riches d'un côté et les pauvres de l'autre; résultat: la haine qui engendre la violence.

5 Les adolescents interrogés estiment cependant que la violence des jeunes est un moyen comme un autre de s'exprimer et de s'affirmer. Il s'agit de montrer qu'on est une personne à part entière. *"Les jeunes sont bafoués, opprimés et au moyen de la violence, ils veulent s'exprimer, montrer qu'ils sont là au même titre que tout le monde! Il faut qu'on nous prenne au sérieux"* affirme Mariama.

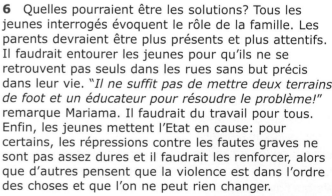

La violence parait être un moyen – si ce n'est le meilleur – de se faire une réputation. Nina, 22 ans, confirme: *"On trouve des armes et de la drogue partout, alors c'est normal qu'il y ait de la violence et toutes sortes d'abus!"*

6 Quelles pourraient être les solutions? Tous les jeunes interrogés évoquent le rôle de la famille. Les parents devraient être plus présents et plus attentifs. Il faudrait entourer les jeunes pour qu'ils ne se retrouvent pas seuls dans les rues sans but précis dans leur vie. *"Il ne suffit pas de mettre deux terrains de foot et un éducateur pour résoudre le problème!"* remarque Mariama. Il faudrait du travail pour tous. Enfin, les jeunes mettent l'Etat en cause: pour certains, les répressions contre les fautes graves ne sont pas assez dures et il faudrait les renforcer, alors que d'autres pensent que la violence est dans l'ordre des choses et que l'on ne peut rien changer.

Ornella Anthony

1 **Lisez l'article d'Ornella. Redonnez son titre à chaque paragraphe.**

    a La violence se banalise

    b Des solutions au problème

    c L'inactivité pousse au crime

    d La violence urbaine en hausse

    e La violence comme moyen d'expression

    f Des parents moins présents

2a **Voici des raisons possibles à la violence des jeunes. Traduisez à l'aide d'un dictionnaire si nécessaire.**

    a le chômage des jeunes

    b la crise économique

    c la culture de la violence

    d le décrochage scolaire

    e la délinquance

    f la démission parentale

    g la perte des "valeurs"

    h la précarité des familles

    i la rébellion de l'adolescence

    j la violence au sein de la famille

2b **Lesquelles sont mentionnées dans l'article? Expliquez en quelques mots.**

    Exemple: a Les jeunes au chômage n'ont pas d'occupation...

2c **D'après vous, quelles sont les raisons principales? Pouvez-vous en trouver d'autres?**

3  **Quelles solutions Ornella mentionne-t-elle dans son article? (3 points) Qu'en pensez-vous? Existe-t-il d'autres solutions? Donnez des exemples concrets.**

Les émeutes de 2005: les plus importantes agitations en France depuis mai 1968

4a 🎧 **Voici l'interview d'un journaliste à propos des émeutes de 2005. Recopiez ces mots-clés et vérifiez ceux que vous ne connaissez pas dans le dictionnaire. Ecoutez l'interview et cochez les mots-clés au fur et à mesure que vous les entendez.**

progression * délits violents * amalgames * médias * émeutes * mort accidentelle * répression policière * cités dites "sensibles" * bilan lourd * état d'urgence * réactions violentes * comportement inexcusable * ressentiment * chômage * précarité * rejetés * humiliés * Nicolas Sarkozy * "racaille" * "karcher" * immigrés

4b 🎧 **Réécoutez et choisissez les bonnes réponses. Ensuite, corrigez les réponses fausses.**

    1 Les jeunes sont-ils de plus en plus violents?

      a La délinquance juvénile a augmenté de 100% en 20 ans.

      b Plus de la moitié des moins de 18 ans ont commis un délit violent.

      c Les médias associent souvent à tort jeunes et violence.

    2 Que s'est-il passé lors des émeutes dans les banlieues en 2005?

      a Les jeunes ont réagi contre le comportement répressif des policiers.

      b Ce genre d'émeutes ne s'était encore jamais produit en France.

      c Il y a eu peu de dégâts et peu de victimes.

    3 Comment expliquer l'escalade des réactions violentes des jeunes?

      a Leur comportement est impossible à comprendre.

      b Le chômage, la pauvreté, l'isolation, le rejet, l'humiliation médiatisée, tout contribue à attiser leur ressentiment.

      c Les médias contribuent à l'amalgame "immigrés = violence".

5 **Lisez le début de phrase ci-dessous et choisissez comment la compléter: A ou B? Notez cinq arguments pour soutenir votre point de vue, puis discutez-en en classe. Quelle est l'opinion la plus populaire?**

Les jeunes dont le comportement est violent sont...
A des rebelles dans une société qui ne les comprend pas.
B des criminels que la loi doit punir.

Justice ou injustice?

▶ *Comment punir le crime? La prison est-elle vraiment efficace?*

▶ *Existe-t-il des alternatives plus adaptées à la nature du crime et à la société moderne?*

[…] A la fin du XXème siècle, une poignée de Français réussit à imposer une idée peu populaire, celle de l'abolition de la peine de mort. Privatrice des droits fondamentaux (aller et venir, vivre en famille), et productrice de désinsertion sociale, la prison est à son tour remise en question.

[…] Dans bien des cas, la prison ne marche pas. Elle ne répond pas à ce que l'on attend d'elle: punir, dissuader et amender. Certes, l'enfermement punit. Mais dissuade-t-il le criminel en herbe? En partie peut-être. Amende-t-il? C'est beaucoup moins sûr. Depuis toujours, on parle de la prison comme d'une école du crime, où l'on apprendrait les ficelles du métier, dont l'on ressortirait plus caïd, et moins inséré, qu'à l'entrée. Une étude sur la récidive est éloquente: 60% [des détenus] sont impliqués dans une nouvelle affaire dans les cinq ans qui suivent leur libération. […] Qu'exige-t-on de la justice? Qu'elle sanctionne, bien sûr, mais efficacement. […] Selon Patrick Marest, militant des droits des prisonniers: *"La seule prison utile se tiendrait au milieu de la cité, mais vide. Comme croque-mitaine[1]. C'est le principe de la dissuasion nucléaire, qui ne fonctionne que si l'on ne s'en sert pas."* […]

La privation de liberté est un acte grave, qui ne pourrait être justifié que par une utilité publique. Or à quoi sert-elle pour le voleur, l'étranger sans papiers, le malade sexuel, le drogué, le caillasseur[2] de bus ou le coupable d'abus de biens sociaux? Est-on bien certain que ce soit la meilleure réponse? Non, souvent la prison est une réponse facile et paresseuse: *"Tu as fauté, on t'enferme en espérant que tu deviendras meilleur."* Qui évite de se poser la question de fond: qu'est-ce qui réparerait le mal causé et garantirait que cela ne se reproduise pas?

Tout dépend évidemment de la gravité des actes commis, de la dangerosité des coupables. La tendance actuelle montre que les juges ont intégré l'idée que les atteintes aux biens peuvent être sanctionnées autrement que par la prison. […] Comme la suspension du permis (y compris pour les voleurs), le TIG (travail d'intérêt général) est entré dans les mœurs. Il contraint le délinquant à travailler gratuitement pour la collectivité.

Il marche mieux que la prison en terme de récidive. Et argument non négligeable, il coute moins cher.

Condamner et sanctionner, sans nécessairement enfermer. C'est la logique de la "médiation pénale". Coupable et victime se rencontrent et déterminent la réparation du dommage subi. L'idée de réparation oblige à penser une sanction plus adaptée et plus responsabilisante.

Restent les dangereux criminels dont il faut se protéger. Le bracelet électronique n'est plus un fantasme de science-fiction. La loi est votée, les premières expérimentations ont lieu en 2000.

De la même manière, on s'interroge sur le "traitement" des coupables de viols et d'agressions sexuelles. […] Accompagnée d'un suivi psychologique, (la castration chimique) donne de "bons" résultats là où elle est expérimentée. Jacques Lesage de la Haye est un ancien détenu devenu psychologue. *"Mettre en prison ces criminels est une méthode insécuritaire,"* dit-il. *"Mal suivis et maltraités par les autres détenus, ils y deviennent plus fous encore. Une société intelligente et généreuse pour elle-même tenterait plutôt de les guérir de leurs pulsions. Quitte à les priver de liberté le temps du traitement."* Moins de prisonniers, ce serait plus de personnel pour s'occuper vraiment des plus inquiétants d'entre nous…

Isabelle Monnin
© *le Nouvel Observateur*

¹un croque-mitaine = quelque chose d'effrayant
²le caillasseur = qui lance des cailloux

1 Lisez l'article d'Isabelle Monnin et trouvez les mots et expressions suivants (dans l'ordre du texte).

a social exclusion

b reoffending

c efficiently

d obviously

e to do community service

f to punish

g makes people aware of their own responsibilities

h method which goes against security

i to attempt to

j even if it means

2a Relisez l'article et notez:

a les raisons pour emprisonner les coupables (3)

b les arguments contre l'emprisonnement (5)

c les dangers de l'incarcération pour certains criminels (2)

d les alternatives à l'incarcération (5)

2b Discutez de chaque point (a–d de l'activité 2a) avec votre partenaire. Préparez une liste d'arguments pour et contre l'incarcération.

3 Utilisez les mots et expressions de l'activité 1 à la bonne forme pour compléter ce bref résumé de l'article. Faites bien attention à la fonction des mots (nom, verbe, adjectif, adverbe, etc.).

La prison est productrice de .... Elle ne punit pas les coupables .... : elle ne représente pas une sanction assez .... puisque le taux de .... est très élevé. On ne peut .... pas laisser les criminels les plus dangereux en liberté mais les enfermer n'est pas toujours utile. Dans certains cas, comme celui d'auteurs de crimes sexuels, la prison peut même être une mesure .... puisqu'ils risquent d'y empirer. Il vaudrait mieux .... les guérir, ... les enfermer le temps du traitement. D'autres méthodes pour .... les crimes sont désormais utilisées, comme .... ou porter un bracelet électronique.

4a Ecoutez le début de l'entretien avec Philippe, un ancien détenu. Notez ce qui se serait passé ou pas s'il n'avait pas été condamné à une peine de prison.

Exemple: Il aurait réparé sa faute et payé sa dette de façon plus utile.

4b Ecoutez la deuxième partie et répondez aux questions suivantes.

a Quels sont les deux problèmes majeurs des prisons françaises?

b Quelles en sont les conséquences?

c Pourquoi la prison est-elle un "enfer" selon Philippe?

d Qu'est-ce qui démontre l'échec du système carcéral?

4c Ecoutez la fin de la conversation et complétez ces phrases avec un mot (réfléchissez à sa fonction!).

a Selon Philippe, le .... des peines alternatives à la prison est préférable à l'amélioration des conditions de vie en prison.

b Quand on va en prison, on .... avec les réalités de la vie extérieure.

c Actuellement, l'emprisonnement n'est pas une sanction ....

d Le TIG, c'est .... sans être payé pour réparer la faute commise vis-à-vis de la communauté.

e Les délinquants se réinsèrent plus .... et ....

5a Imaginez: vous devez rendre la justice. Discutez et décidez quelle sanction vous donneriez à…

a un jeune incendiaire de voiture dans une cité

b un toxicomane qui a volé l'argent de la caisse d'un supermarché

c un automobiliste ivre qui a grièvement blessé un enfant

5b A vous d'envisager d'autres cas. Discutez et comparez vos décisions entre groupes.

6a Relisez les pages 72–73 et notez cinq arguments en faveur de chacun de ces deux points de vue:

● Une peine de prison pour les jeunes ne sert à rien.

● Une sanction sévère est le seul moyen de lutter contre la délinquance juvénile.

6b Prenez part à un débat avec un(e) partenaire qui a des idées opposées aux vôtres.

Using the different tenses you know

Check when to use each tense (see pages 145–149). Sometimes you can use tenses to enhance meaning and create impact.

Entrainez-vous!

1 **Read the text and answer the questions.**

   a Quel crime Patrick Henry a-t-il commis?

   b Expliquez l'expression "procès d'un guillotiné".

   c Qu'est-ce qui rend la défense de Patrick Henry difficile?

   d En quoi sa condamnation a-t-elle été marquante?

   e Qu'est-ce qui a motivé la décision du jury?

2 **What would your verdict have been? Answer using verbs in the past conditional.**

   Example: J'aurais condamné Patrick Henry à... parce qu'à mon avis...

3 **Explain the use of the different tenses in the text.**

   Examples: verra = future tense used to refer to a past event in order to emphasise its importance

   annonce = present tense used to refer to the past for impact

4 **Rewrite the text in the perfect tense. Change the other tenses as necessary.**

   Example: Le 18 janvier 1977 <u>a vu</u> l'ouverture... Un hebdomadaire <u>l'a annoncé</u>... L'accusé <u>semblait</u> indéfendable.

5 **Complete the following sentences using the most appropriate tense of the verb in brackets.**

   a Pour les Français, Patrick Henry était un monstre parce qu'il [*tuer*] un enfant.

   b L'opinion publique pensait que Henry [*ne pas changer*] jamais.

   c Selon le ministre de la Justice de l'époque, Henry [*devoir*] être exécuté.

   d Le jury a pensé que Henry [*pouvoir*] peut-être se racheter.

   e Patrick Henry a promis aux jurés qu'ils ne [*pas regretter*] leur décision.

6 **Now translate the above sentences into English.**

LE PROCES DE PATRICK HENRY

La peine de mort a été abolie en France par Robert Badinter, ministre de la Justice, en 1981. Mais par quoi l'a-t-on remplacée? Examinons le cas célèbre de Patrick Henry.

Le 18 janvier 1977 verra l'ouverture d'un procès mémorable, celui de Patrick Henry. Un hebdomadaire l'annonce sous le titre "Procès d'un guillotiné". L'accusé semble indéfendable. Il a enlevé un enfant dans l'espoir de rançonner ses parents, l'a séquestré dans une chambre d'hôtel et l'a tué. Il disait lorsqu'il n'avait pas encore été arrêté: "*Je suis pour l'application de la peine de mort pour ceux qui s'en prennent aux enfants*".

Avant l'arrestation, durant les recherches qui durèrent vingt jours, les déclarations se multiplient. Rompant avec la réserve qui aurait dû être la leur, les ministres de la Justice et de l'Intérieur réclament au minimum "un châtiment exceptionnel" ou précisent même qu'ils souhaitent la peine de mort. L'affaire prend un tour passionnel et les médias contribuent à sa dramatisation. Il devient difficile de trouver un défenseur à cet homme jeune, accusé de l'horrible assassinat d'un enfant. Le bâtonnier Bocquillon puis maitre Robert Badinter sont ceux qui acceptèrent "de peser sur la conscience des jurés" et de défendre Patrick Henry.

Après trois jours de débats, et deux heures de délibérations, le jury fait connaître son verdict: Patrick Henry est condamné à la réclusion à perpétuité. Un verdict qui étonne la France, la presse évite de se prononcer, elle déclare sa désapprobation en parlant des manifestations de mécontentement de la foule, mais l'envoyée spéciale du Monde conclut son billet par cet espoir: "*L'histoire rendra peut-être un hommage à ces neuf Français moyens qui, les premiers, dans l'Aube, ont eu le courage d'abolir la peine de mort*".

Patrick Henry, lui, lança au jury: "*Vous ne le regretterez pas.*"

Zoom Compétences

Working with texts from the Internet

Some 'dos' and 'don'ts' on how to make the most of a text from the Internet (refer to page 55 for how to search the net for information).

✗ Don't copy and paste without reading it first!

✓ Skim-read the whole text before copying and pasting it into a Word document. You need to make sure it is appropriate for your purpose. Remember to copy the web address so that you can return to it if you need to.

✗ Don't spend time trying to understand every single word of the text. Some of it might not be relevant anyway.

✓ Look for key words or phrases, identify which sections are relevant to you and highlight them in your document. Try and guess the meaning of words from context. Only use a dictionary to look up:

- unfamiliar vocabulary that prevents you from understanding the gist of the text.
- unfamiliar link words (you need to make sure you understand how sentences relate to each other as this might determine meaning).

✗ Don't copy whole passages from the text into your own document, unless you are quoting from it, in which case, use quotation marks and name the author.

Comme le dit [author's name], *dans un texte sur* [topic]: *"la délinquance des jeunes a toujours existé*, etc. [quote]"

✓ When using a text for its ideas, make a note of its main points in your own words.

D'après/Selon [author's name], *il y a toujours eu des jeunes délinquants…*

✗ Don't believe everything you read! Cross check by searching again if you are in doubt.

✓ Be critical, cross-reference with other texts and be aware that meaning can be implied as well as explicitly stated. Read "between the lines" to pick up information or deduce the author's point of view and opinions. Consider the use of tenses for instance (e.g. the conditional).

And don't forget, even if you are using information from the Internet or other sources, what the examiner is interested in are your own views and opinions. Don't forget to make them clear!

e.g. *Tout comme l'auteur, je pense que…*

Contrairement à l'auteur, je pense que…

Entraînez-vous!

1a You have been asked to research youth crime in France and to present your findings in a short text. Practise the advice given above to present the information from the text on the right in your own words. It has been taken from a blog on the Internet.

1b Now do your own research using the Internet, using the advice on page 55, collect some information and sum it up in a text.

Blog de: David Bonnet, criminologue

Apaches et racaille: Même combat?

La délinquance des jeunes a toujours existé sous différents noms selon les générations: "Apaches", "loubards", "sauvageons" ou "racaille". En revanche, ce qui a véritablement changé, ce sont les formes de cette délinquance.

Le milieu des années 1990 forme un premier tournant, quand la violence contre les personnes aurait pris le pas sur la violence contre les biens. De plus en plus de maisons et de voitures étant protégées par des moyens technologiques modernes et efficaces, les délinquants se seraient vus forcés de s'attaquer directement aux personnes, pour leur dérober leurs portables ou les attaquer près des distributeurs automatiques de billets, deux technologies alors en pleine expansion en France.

Les années 2004–2005 seraient un deuxième tournant, avec l'explosion spectaculaire du nombre d'actes de violence dite "gratuite", comme le "happy slapping", qui serait né à Londres en 2004, une violence juste "pour s'amuser", pour prouver qu'on est le plus fort et que la technologie, par le biais d'Internet, a permis d'universaliser très rapidement. Par ailleurs, en 2005, la banlieue française – "le lieu du ban, du bannissement" pour citer le criminologue Alain Bauer, est devenue un lieu de fracture et de révolte sociale et pour beaucoup de jeunes en dérive, la violence – alors très médiatisée – serait devenue leur seul moyen d'expression.

Vocabulaire

Les pirates du Net — pages 68–69

une amende	a fine
les forces de l'ordre (fpl)	police, forces of law and order
le pillage	fraud/piracy
le procès	trial
les réseaux sociaux (mpl)	social networks
un site de rencontres	a dating website
l'usurpation d'identité (f)	identity theft
interpeller	to arrest
mettre en garde à vue	to detain/hold in custody
pirater	to hack
s'approprier les coordonnées (bancaires)	to steal (bank) details
condamner à une lourde peine de prison (avec sursis)	to give a long (suspended) prison sentence
démanteler un réseau	to break up a ring
déposer/porter plainte	to lodge a complaint
être soupçonné de	to be suspected of
se faire arrêter	to be arrested
se faire harceler	to be a victim of harassment
faire une enquête	to investigate
cet article porte sur/ il relate/attire notre attention sur...	this article is about/tells/ draws our attention to...

Comment devient-on délinquant? — pages 70–71

une cité	a housing estate
le décrochage scolaire	dropping out of school
la démission parentale	abdication of parental responsibility
la période de crise	the downturn
la précarité des familles	the precarious home life
bafouer/opprimer	to scorn/oppress
s'identifier à	to identify with
incriminer	to accuse
commettre un délit/ un crime	to commit an offence/ a crime
être livré à soi-même	to be left to one's own devices
évoquer le rôle de la famille	to mention the part played by family
influer sur les comportements	to influence behaviour
mettre (l'Etat) en cause	to blame (the State)

pousser au crime	to drive s.o. to crime
remettre en question	to question
rendre violent/engendrer la violence	to make s.o. violent/generate violence
se raccrocher à la violence	to resort to violence
vouloir s'exprimer/ s'affirmer	to want to express/assert oneself

Justice ou injustice? — pages 72–73

l'abolition de la peine de mort (f)	the abolition of the death penalty
la dangerosité des coupables	the dangerousness of the culprits
la désinsertion sociale	social exclusion
la gravité des actes commis	the seriousness of the offence
l'incarcération (f)	imprisonment
la privation de liberté	deprivation of freedom
le travail d'intérêt général	community service
s'interroger	to ask oneself
se réinsérer	to be reintegrated
apprendre les ficelles du métier	to learn the tricks of the trade
dissuader le criminel (en herbe)	to deter the (would-be) criminal
entrer dans les mœurs	to become part of everyday life
éviter la récidive	to avoid subsequent offences
garantir que cela ne se reproduise pas	to make sure it never happens again
réparer le mal causé	to make amends
réussir à imposer une idée	to manage to impose an idea

Entrainez-vous!

Remplissez les blancs dans les phrases ci-dessous avec un mot ou une phrase de la liste ci-dessus.

1 Dans les cas d'▮▮▮▮ d'identité, on ▮▮▮▮ souvent en cause les ▮▮▮▮ sociaux où il est facile de s'▮▮▮▮ les coordonnées des gens.

2 Un jeune qui habite dans une ▮▮▮▮ où la vie est précaire, surtout en période de ▮▮▮▮ , est souvent poussé à ▮▮▮▮ un délit quand il est ▮▮▮▮ à lui-même.

3 On peut s'interroger sur l'efficacité de l'▮▮▮▮ d'un criminel si elle n'évite pas la ▮▮▮▮ , si elle ne ▮▮▮▮ pas les criminels en herbe de commettre des crimes et si elle ne permet pas au prisonnier libéré de se ▮▮▮▮ dans la vie sociale.

Les progrès scientifiques et technologiques

By the end of this unit you will be able to:

- Discuss the impact of technology on everyday life
- Talk about space travel and satellite technology
- Consider medical research and related ethical problems
- Discuss the arguments relating to GM crops

- Use the future perfect tense
- Use strategies while debating

1 La pollution génétique menace notre santé, notre environnement et notre alimentation!

2 Nous vivrons demain dans un monde piloté par des ordinateurs intelligents.

3 Non à la société de surveillance!

4 Les Européens ne veulent toujours pas d'OGM dans leur assiette.

5 Les conséquences du clonage humain?

6 Le séquençage du génome a ouvert des horizons médicaux.

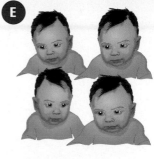

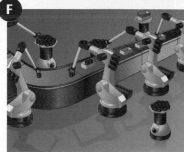

1 Reliez les titres aux bonnes photos.

2 A votre avis, quelles sont les découvertes les plus importantes? Pourquoi? Comparez vos idées avec celles d'un(e) partenaire.

3 Quels autres aspects de la technologie vous semblent importants dans le monde actuel?

La vie à l'avenir

> *La vie en 2050 sera-t-elle très différente d'aujourd'hui?*
> *Quel sera l'impact des technologies nouvelles?*

La vie en 2050 sera-t-elle très différente d'aujourd'hui?

Yannick: En matière d'énergie, la technologie a beaucoup d'influence aujourd'hui. En 2050, notre consommation d'énergie sera très différente, car on aura épuisé beaucoup de combustibles fossiles. Mais les scientifiques auront développé des énergies plus favorables à l'environnement.

Jean: Nous vivons déjà dans une société de surveillance, ce que moi, je trouve rassurant. Et à l'avenir, quand le gouvernement aura installé des caméras partout, il y aura nettement moins de criminalité.

Marine: Les technologies de communication ont déjà transformé la vie quotidienne. Dans quelques années, on vivra dans l'ère du numérique. Dès qu'on aura cessé d'imprimer des livres, on lira tout sur un écran.

Alice: A présent, les tempêtes, les tsunamis, les inondations nous surprennent toujours, mais en 2050 on se sera adapté à un climat différent. On profitera des étés plus chauds, mais il faudra aussi s'habituer à des hivers plus rudes et aux orages violents.

1a Lisez les prédictions des jeunes ci-dessus. Avec qui êtes-vous d'accord? Pourquoi (pas)?

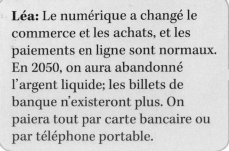

Patrick: Les technologies nouvelles ont déjà eu un impact considérable sur la vie familiale. En 2050, la vie quotidienne aura changé davantage, et nous vivrons dans des maisons interactives. Aussitôt qu'on sera arrivé chez soi, les lumières de la maison s'allumeront et la porte s'ouvrira automatiquement.

1b Complétez les phrases suivantes avec un participe passé dans la case.

a Yannick pense qu'on aura beaucoup ...... dans les énergies renouvelables.

b Marine imagine qu'on aura ...... les supports de lecture.

c Patrick suppose que la vie domestique aura ...... de grands changements.

d Léa dit que la petite monnaie et les billets auront déjà ....

e Jean considère qu'on aura ...... certains problèmes de criminalité.

f Selon Alice, nous nous serons ...... aux changements climatiques.

disparu * transformé * subi * habitués * investi * résolu

Léa: Le numérique a changé le commerce et les achats, et les paiements en ligne sont normaux. En 2050, on aura abandonné l'argent liquide; les billets de banque n'existeront plus. On paiera tout par carte bancaire ou par téléphone portable.

2a Ecoutez Caroline, Julien et Marion qui parlent de la vie en 2050, telle qu'ils l'imaginent. Qui mentionne les aspects suivants?

- les déplacements en ville
- le monde du numérique
- la paix mondiale
- les jet-pack individuels
- la consommation d'énergie
- les achats au cybermarché
- le tourisme spatial

2b Ecoutez encore une fois. Pour chaque expression de l'activité 2a, écrivez une phrase pour expliquer ce qu'on dit à ce sujet. Utilisez les verbes-clés ci-dessous.

s'adapter * inventer * gaspiller * limiter * équiper * s'unir * résoudre * développer * se déplacer * établir * prendre (des mesures)

3 Travaillez avec votre partenaire. Lisez les deux opinions ci-dessous, et choisissez chacun(e) un point de vue opposé. Préparez vos arguments, et faites un débat. Essayez d'utiliser quelques stratégies de la page 85 (*Zoom Compétences*).

L'impact des technologies nouvelles

> Les technologies nouvelles rendent la vie quotidienne plus facile et plus agréable pour tout le monde.

> L'impact des technologies nouvelles sur la vie quotidienne n'est pas toujours positif.

OxBox Des informations sur le thème 'Technologie spatiale et satellite' se trouvent sur la Feuille de Travail 9.3.

Grammaire → 149 → W78

The future perfect tense

- The future perfect (*le futur antérieur*) is used to say what **will have happened** before something else in the future.
  e.g. *La vie aura changé.* Life will have changed.

- It is formed from the future tense of *avoir* or *être* and the past participle.

  The future perfect is often used in French after conjunctions such as *quand* (when), *aussitôt que* (as soon as) and *dès que* (after), when these refer to future events.
  e.g. *Dès qu'on aura cessé d'imprimer des livres, on lira tout sur les écrans.*
  After we have stopped printing books, we'll read everything on screen.

A Study the predictions on page 78, which contain both future and future perfect tenses. Can you explain why the future perfect is needed each time?

B Translate into English the following sentences from the activity 2 interview.

  a On aura inventé beaucoup de nouvelles machines qui nous rendront la vie quotidienne plus confortable.

  b Dès qu'on aura mis en place des transports publics rapides et gratuits, on n'aura plus besoin de voiture individuelle.

  c Les scientifiques auront développé des moyens de transport non polluants; on se déplacera dans une voiture volante.

C Listen again to the speakers in activity 2. Note down the other examples of the future perfect tense used and translate them into English.

Progrès et peurs

▶ *Quelles sont les conséquences des progrès de la génétique sur la médecine?*

▶ *Quels problèmes éthiques soulèvent-ils?*

1a Etes-vous bien informé(e) sur les progrès médicaux? Reliez les découvertes et les inventions à la bonne date.

> 1796 * 1853 * 1895 * 1928 * 1954 * 1967 * 1978 * 2000

a la pilule contraceptive

b l'aspirine

c la greffe du cœur

d les rayons X

e le premier bébé-éprouvette (enfant né par fécondation in vitro)

f la vaccination

g la pénicilline

h le séquençage du génome humain

1b A deux, choisissez les trois découvertes de la liste a–h qui ont été, selon vous, les plus importantes pour l'humanité. Présentez vos idées à la classe et justifiez votre choix.

2 A votre avis, quel sera le prochain grand progrès médical? Quelle sera son importance? Quelles découvertes espérez-vous voir au cours des vingt prochaines années?

3a Lisez les cinq messages (page 81). Notez pour chaque personne si elle est plutôt optimiste ou pessimiste en ce qui concerne la génétique.

3b Qui parle?

a Les progrès génétiques facilitent le diagnostic des maladies graves.

b L'identification génétique joue un rôle important dans la criminalistique.

c Les manipulations génétiques pourraient créer un monde peuplé de personnes trop parfaites.

d Il faut réfléchir avant de créer des banques d'organes.

e A l'avenir, les scientifiques pourront influencer la façon dont l'humanité évoluera.

f Grâce à la génétique, on aura la possibilité de guérir beaucoup de maladies héréditaires.

3c Relisez les messages et faites une liste des arguments pour et contre les manipulations génétiques.

3d Avec qui êtes-vous d'accord? Comparez vos opinions avec celles d'un(e) partenaire, et justifiez votre point de vue.

4a Vous allez écouter une interview avec un généticien qui parle de son travail et de l'importance du séquençage du génome humain. Avant d'écouter, cherchez ces mots-clés dans un dictionnaire bilingue.

> le malentendu * un handicap auditif
> une malformation congénitale
> une riposte thérapeutique
> une vision d'ensemble * la topographie * la mutation
> la mise au point * l'incapacité * l'excitation médiatique

4b Ecoutez l'interview avec le docteur Munnich. Résumez ce qu'il dit en anglais, en traitant les aspects suivants:

- the work of the *Centre Necker*
- developments in genetics in the 1980s and 90s
- how the mapping of the human genome helped their work
- future progress
- factors affecting public understanding of science

5 Travaillez avec votre partenaire. Lisez les deux opinions ci-dessous, et choisissez chacun(e) un point de vue opposé. Préparez vos arguments, et faites un débat. Essayez d'utiliser quelques stratégies de la page 85 (*Zoom Compétences*).

Pour ou contre les manipulations génétiques?

> Les manipulations génétiques apportent plus de bénéfices que de problèmes à l'humanité.

> Intervenir dans la génétique humaine pourrait mener à des conséquences graves pour l'humanité.

tribuneados

Message de: Vincent

Sujet: Progrès et peurs

Les manipulations génétiques soulèvent bien évidemment un problème éthique considérable, mais ce dernier ne doit pas faire oublier tout ce que les progrès dans ce domaine pourraient nous procurer. La connaissance des gènes permet déjà de savoir si une personne a un gène de prédisposition au cancer du sein ou de résistance au sida, par exemple. A mon avis, le séquençage du génome humain, le déchiffrement[1] de l'ADN[2] humain, représente un tremplin formidable pour la recherche biomédicale.

Message de: Mylène

Sujet: Progrès et peurs

Je ne suis pas tout à fait d'accord avec Vincent. Du point de vue scientifique, c'était une découverte formidable, mais à mon avis, intervenir dans la génétique humaine soulève à raison beaucoup de peurs. On voit déjà des populations uniformes, des parents choisissant le bébé de leurs rêves, des êtres écartés parce qu'ils ne correspondent pas à un certain type. Il me semble que la science va vite dégénérer du mauvais côté de la science-fiction.

Message de: Jérémy

Sujet: Progrès et peurs

Les découvertes en génétique permettent aux chercheurs d'identifier les gènes qui contrôlent la vie, la maladie, la mort, et donc d'acquérir la maitrise de l'évolution de l'espèce.
En commençant par la guérison ou la prévention de milliers de maladies dites héréditaires. Mais il faut que les scientifiques et les politiciens agissent de façon responsable, car leurs décisions entraineront des conséquences graves pour l'humanité.

Message de: Julie

Sujet: Progrès et peurs

Ce qui m'inquiète, c'est le rôle de la génétique dans les greffes, où on utilise déjà des organes d'animaux pour les hommes. Il parait qu'on transmet à des porcs des gènes humains qui rendent leurs organes moins sujets au rejet après leur transfert chez l'homme. Comment seront-ils, ces porcs? Et quels monstres la recherche médicale va-t-elle créer à l'avenir?

Message de: Théo

Sujet: Progrès et peurs

N'oublions pas que la police aussi a tiré d'immenses bénéfices des progrès génétiques. L'information génétique d'un individu est unique. En identifiant l'ADN laissé sur les lieux d'un crime, il est possible de disculper ou de confondre un suspect avec beaucoup de certitude. Dès qu'on aura créé une base de données génétiques nationale, il y aura donc beaucoup moins de criminalité.

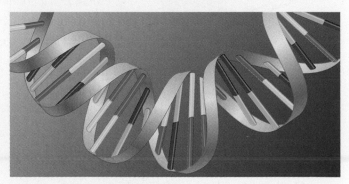

Structure de la molécule d'ADN

[1] le déchiffrement *deciphering*
[2] l'ADN (= abréviation de: l'acide désoxyribonucléique) *DNA*

Les OGM: danger planétaire?

▷ *Quels sont les avantages des OGM?*

▷ *Présentent-ils un danger pour notre santé ou pour notre environnement?*

Infos OGM

Un OGM (Organisme Génétiquement Modifié) est un organisme vivant qui a été créé artificiellement par l'homme en manipulant son patrimoine héréditaire.

Les techniques du génie génétique consistent à extraire un ou plusieurs gènes d'un organisme (virus, bactérie, végétal ou animal) et les insérer dans le génome d'un autre organisme.

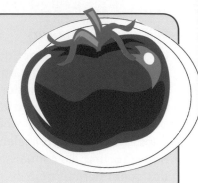

1

Selon les scientifiques, les OGM offrent une solution à la faim dans le monde. On compte à présent 800 millions de sous-alimentés. Les OGM nous donnent la possibilité de développer des espèces adaptées à différentes conditions, pour assurer de bonnes récoltes, et ainsi nourrir correctement la planète.

2

Les OGM vont diminuer l'utilisation des pesticides. Un grand nombre de plantes sont manipulées génétiquement pour être tolérantes aux herbicides. Une autre manipulation génétique commune consiste à introduire dans les plantes un gène qui produit une substance insecticide, les protégeant ainsi des insectes ravageurs.

3

Les techniques de transfert de gènes interespèces sont extrêmement récentes et en pleine évolution. La première commercialisation d'une espèce génétiquement modifiée, une tomate à murissement retardé, ne date que de 1994.

4

Les allergies alimentaires sont provoquées par des protéines auxquelles l'organisme réagit de manière exacerbée. L'introduction de nouveaux gènes dans des plantes cultivées pour la consommation humaine ou animale signifie la synthèse de nouvelles protéines, qui peuvent éventuellement déclencher de nouvelles allergies.

5

Les plantes transgéniques cultivées peuvent échanger leurs gènes par croisements avec des mauvaises herbes. Cette pollution génétique est irréversible. Un gène qui "s'échappe" des plantes dans lesquelles il a été introduit ne peut pas être rappelé au laboratoire.

1a Analysez les faits présentés dans "Infos OGM" (page 82). Décidez pour chacun s'il mentionne les avantages ou les inconvénients des OGM, ou s'il est neutre.

1b Inventez un titre pour chaque article (1–5).

1c Résumez en français les principaux arguments cités ici en faveur des OGM. En connaissez-vous d'autres?

1d Traduisez les articles 1 et 3 en anglais.

2a Regardez le dessin. De quoi s'agit-il ici?

2b A votre avis, les groupes suivants sont-ils pour ou contre les OGM?

  a les associations de protection des consommateurs

  b les associations pour l'environnement

  c les syndicats paysans

  d les gouvernements européens

  e les multinationales agro-chimiques

  f les agriculteurs

  g les distributeurs et fabricants

2c Ecoutez ce que disent les Amis de la Terre à ce sujet, et comparez vos réponses.

2d Ecoutez encore une fois et trouvez parmi les phrases suivantes les trois qui sont fausses. Corrigez-les.

  a Les syndicats paysans se méfient des cultures transgéniques.

  b Il est prouvé que les OGM posent un risque à la santé publique.

  c Les abeilles peuvent transporter du pollen sur plus de 4,5 kilomètres.

  d Les distances de sécurité autour des cultures d'OGM ne sont pas suffisantes.

  e La plupart des Européens sont inquiets au sujet des OGM.

  f Les fabricants ne veulent pas retirer les OGM de leurs produits.

  g Toute viande doit porter une étiquette qui indique si elle provient d'un animal nourri avec des OGM.

2e Ecoutez encore une fois. Notez et expliquez trois problèmes en ce qui concerne les OGM.

3 Une société multinationale veut cultiver des OGM près d'un village français, mais les habitants sont contre le projet. Travaillez en deux groupes:

  A: les représentants de la société multinationale, qui présentent les arguments pour les OGM

  B: les habitants du village, qui se méfient des OGM

Préparez vos arguments. Utilisez les expressions tirées des activités 2 et les expressions-clés. Ensuite, discutez du projet en classe.

Expressions-clés

Les scientifiques affirment que…

Il est prouvé que…

On ne sait pas encore si…

Il faut tenir compte du fait que…

Les experts constatent que…

4 "Les OGM – danger planétaire?" A deux, préparez une présentation PowerPoint à ce sujet, où vous résumez les arguments pour et contre les OGM. En conclusion, expliquez et justifiez votre point de vue.

butiner = recueillir le nectar et le pollen des fleurs

The future perfect tense

Rappel

The future perfect is used to refer to something that **will have** taken place before something else in the future:

*Dès qu'on **aura cessé** d'imprimer des livres, on **lira** tout sur un écran.*

Que pensez-vous des nouvelles technologies? Lisez les opinions de ces jeunes. Ensuite, faites les activités.

A Il me semble que la vie quotidienne changera beaucoup. Quand on **aura connecté** tous les appareils ménagers à Internet, on aura plus de loisirs.

B Moi, je suis d'avis qu'on exagère beaucoup. Peut-être que dans trente ans les écrans géants **auront remplacé** la télévision à la maison, qu'on ne lira plus de journaux. Mais moi, je ne le crois pas.

C J'avoue que j'apprécie beaucoup mon téléphone portable, mon agenda électronique, mon MP3... mais je trouve que ça va trop loin maintenant. Un jour, on verra qu'on **aura supprimé** le monde réel en faveur du monde virtuel.

D A mon avis, la technologie, c'est amusant, ça rend la vie moins monotone. Dès qu'on **aura inventé** des jeux vidéo plus avancés, j'en achèterai!

E Je comprends bien que la technologie évolue très vite, mais je pense que nous, les humains, nous évoluons beaucoup plus lentement. Et à l'avenir, ce sera encore pire. Aussitôt qu'on **se sera habitué** à une nouvelle machine, elle sera démodée.

Entrainez-vous!

1 Read the different opinions about life in the future (A–E). In each one, one sentence contains both a future and a future perfect tense.

   a How is the future perfect tense formed? What rule can you deduce?

   b Study the verb in the future perfect tense (in bold type) each time. Can you explain why this tense is needed? Refer back to pages 78–79 for more examples.

   c Translate the sentences which contain a future perfect tense into English.

2 Complete each of the following sentences with one verb in the future perfect and one in the future.

   a Quand on ...... un vaccin efficace contre le sida, on ...... arrêter l'épidémie en Afrique. [*développer, pouvoir*]

   b Dès que les chercheurs ...... les difficultés immunologiques, les greffes d'organes ...... plus faciles. [*surmonter, être*]

   c Aussitôt qu'on ...... le cancer, d'autres maladies graves .... [*éliminer, se présenter*]

   d Dès que les médecins ...... les gènes responsables, ils ...... la possibilité de guérir les maladies héréditaires. [*identifier, avoir*]

3 Revise the language and ideas relating to GM crops on pages 82–83. Then rewrite each of the following sentences, adding a clause containing a verb in the future perfect tense.

   a Les aliments génétiquement modifiés feront partie de la vie quotidienne.

   b Les bonnes récoltes seront assurées.

   c Nous pourrons résoudre le problème de la faim dans le monde.

   d Les pays pauvres ne seront plus forcés d'acheter des pesticides chers.

4 Translate the following sentences into French, paying particular attention to verb tenses.

   a When scientists have identified the gene for an illness, they will be able to look for a cure.

   b As soon as researchers have discovered a new treatment, everyone will expect to receive it.

   c When pollen from GM crops has contaminated other fields, there will be irreversible genetic pollution.

   d When more research has been done, we will know whether GM foods are safe.

Zoom Compétences

Developing strategies for debating

Les recherches sur les cellules souches embryonnaires – un sujet controversé.

> Les recherches sur les cellules souches embryonnaires sont un crime contre la nature.

> Les recherches sur les cellules souches embryonnaires représentent des progrès formidables pour l'humanité.

Predicting likely questions from the examiner and thinking of possible responses should be part of your preparation for the oral examination.

1 First decide which of the opinions above you are going to defend and prepare your arguments.

A **Decide whether each of the following arguments is for or against stem cell research.**

1 Ces recherches permettent des progrès thérapeutiques majeurs.

2 Il est possible de réparer les organes malades.

3 Un embryon est un être humain qui mérite du respect.

4 Les scientifiques peuvent étudier les maladies humaines.

5 Cela soulève trop de questions éthiques et morales.

6 C'est un crime contre la nature.

B **Add more arguments of your own in favour of your chosen stance.**

2 Then think of questions the examiner might ask you based on the arguments which you put forward.

Remember that the examiner's job is to disagree with you and engage you in a debate.

C **For each point on your list, think of the counter-argument which you are likely to have to deal with.**

D **Prepare your answers to these counter-arguments.**

E **With a partner, have a practice discussion, taking it in turns to be the examiner.**

3 If you are asked a totally unexpected question, don't panic.

It probably means that you have done very well so far and that the examiner wants to see if you are worth an A* grade. You may be asked a more hypothetical 'what if…' type question, or be encouraged to widen the subject and link it with a related topic.

F **With a partner, practise answering the following questions as fully as you can. Remember that there are no right or wrong answers; all opinions are valid.**

1 Seriez-vous du même avis si ce problème vous touchait personnellement?

2 Quels autres progrès scientifiques posent des problèmes éthiques?

3 Si cela continuait, comment serait la situation dans vingt ans?

4 Est-il possible de contrôler les recherches?

4 Here are some strategies and language suggestions for dealing with unexpected questions.

Make sure you know how to ask for clarification and how to gain thinking time without interrupting the flow of the discussion.

a Ask for clarification
If you aren't sure you've understood, ask immediately. This is always better than keeping silent or answering the wrong question, which will lose you marks.

b Ask for thinking time
This can give you a few moments to think and also gain you quality of language marks.

c Think aloud in French
Thinking aloud keeps the conversation going and allows you to answer in detail. Make sure that you do eventually give a clear answer to the question though.

G **Decide whether the following are a) asking for clarification, b) asking for thinking time or c) thinking aloud.**

1 "Excusez-moi mais je n'ai pas tout à fait compris ce que vous voulez dire. Pourriez-vous répéter la question, s'il vous plaît?"

2 "Peut-être, mais c'est plus compliqué que ça. D'une part…, mais d'autre part…"

3 "C'est une question très intéressante. Il faut que je réfléchisse un peu avant d'y répondre."

4 "Là, j'avoue que je ne suis pas tout à fait sûr(e). Il est possible que…, mais il ne faut pas oublier que… Donc, je dirais que…"

5 "Est-ce que j'ai bien compris? Vous me demandez ce que je pense de…?"

6 "En effet, ce n'est pas évident. Vous me permettez de réfléchir un instant avant de répondre?"

La vie à l'avenir — pages 78–79

l'argent liquide (m)	*cash*
le billet de banque	*banknote*
la caméra de surveillance	*CCTV camera*
le cybermarché	*online shop*
l'ère du numérique (f)	*digital age*
un home cinéma	*home cinema*
une inondation	*a flood*
la paix mondiale	*world peace*
la station spatiale	*space station*
les technologies de communication (fpl)	*communication technology*
le tsunami	*tsunami*
s'adapter à	*to adapt to*
établir	*to establish*
imprimer	*to print*
profiter de	*to profit from*
rassurant	*reassuring*
prendre des mesures pour…	*to take steps to…*

Progrès et peurs — pages 80–81

l'ADN (m)	*DNA*
une banque d'organes	*organ bank*
le bébé éprouvette	*test-tube baby*
le chercheur	*researcher*
le diagnostic	*diagnosis*
la découverte	*discovery*
un gène de prédisposition au cancer	*gene indicating a predisposition to cancer*
la génétique	*genetics*
le génome humain	*human genome*
une greffe du cœur	*heart transplant*
une maladie héréditaire	*hereditary illness*
une manipulation génétique	*genetic manipulation*
un progrès médical	*medical advance*
la recherche biomédicale	*biomedical research*
le sida	*Aids*
disculper	*to exonerate/prove innocent*
guérir	*to cure*
confondre un suspect	*to prove a suspect guilty*
créer une base de données génétiques nationale	*to create a national database of genetic information*
entrainer des conséquences graves	*to have serious consequences*
soulever un problème éthique/moral	*to raise an ethical/moral problem*

Les OGM: danger planétaire? — pages 82–83

la culture transgénique	*cultivation of GM crops*
une espèce génétiquement modifiée	*GM species*
la faim dans le monde	*world hunger*
un herbicide	*herbicide, weedkiller*
une mauvaise herbe	*weed*
un OGM (organisme génétiquement modifié)	*GM organism*
un pesticide	*pesticide*
la pollution génétique	*genetic pollution*
la récolte	*harvest*
les sous-alimentés	*undernourished people*
se méfier de…	*to mistrust*
irréversible	*irreversible*
offrir une solution à un problème	*to offer a solution to a problem*
poser un risque à la santé publique	*to be a risk to public health*
provoquer/déclencher une allergie	*to cause an allergy*
retirer les OGM d'un produit	*to remove GM elements from a product*

Entrainez-vous!

Remplissez les blancs dans les phrases ci-dessous avec un mot ou une phrase de la liste ci-dessus.

1 A l'avenir, il est probable que l'██████ █████ n'existera plus, qu'on fera tous ses achats au █████ et qu'on passera ses vacances sur une █████ █████ .

2 Les █████ █████ ont déjà mené à des █████ █████ en ce qui concerne les maladies █████ , mais elles soulèvent aussi des █████ █████ et █████ .

3 Les OGM pourraient offrir █████ █████ au problème de la █████ dans █████ █████ , mais certains agriculteurs se méfient de █████ █████ █████ et pensent qu'elle pose un risque à █████ █████ █████ .

1a Reliez les cinq régions aux photos typiques (A–E).

1 Pays de la Loire
2 Martinique
3 Bourgogne
4 Provence-Alpes-Côte d'Azur
5 Bretagne

Quelle région de la France est connue pour...

...ses plages et ses palmiers?

...ses ports de pêche?

...son festival de cinéma?

...ses châteaux?

...ses vins?

1b Où se trouvent ces cinq autres régions? Regardez la carte et choisissez la bonne lettre.

1 Aquitaine
2 Ile-de-France
3 Alsace
4 Languedoc-Roussillon
5 Rhône-Alpes

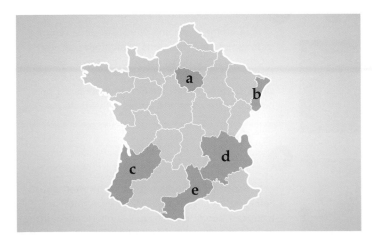

2a Connaissez-vous d'autres régions francophones? Il y en a 22 en France métropolitaine et quatre outre-mer! Puis, il y a des parties du monde où on parle français. Travaillez en groupe et écrivez une liste.

2b Choisissez trois parties du monde (dont au moins une n'est pas en France métropolitaine) que vous ne connaissez pas et faites cinq minutes de recherches sur chacune.

2c Discutez de vos recherches avec un(e) partenaire. Quelle région vous paraît intéressante?

If you decide to study a region for one of your cultural topics, then you will need to be ready to discuss or write about any of the aspects listed in the AQA specification. As you study, make sure you prepare answers to the questions below.

Do you know plenty of facts about the region's geography and history?
What are the main geographical features and how do they influence the life lived there? (Does it have a coastline, mountains, rivers? What are the main cities? Is it a mainly rural area? What role does climate play? What are the major transport links?)
Has it been important historically? (What happened there in the Second World War? Did a famous person come from there? Are there significant museums or historical sites worth visiting today?)

Do you know something about the region's economy, industry and population?
How do the people there earn their living? Has that changed recently? Is it changing now? Why?
Is it a rich or a less well-off region? Why?
What products are grown or made there?
Is it densely populated? Is the population growing or declining? Why?

What is your personal opinion of this region?
Would you like to live/work there? Why/Why not?

La Basse-Normandie

> Qu'est-ce qui caractérise la Basse-Normandie?
> Aimeriez-vous vivre et travailler dans cette région?

1 Que savez-vous déjà sur la Basse-Normandie? Discutez des questions suivantes avec un(e) partenaire.

a Comment s'appelle cette région en anglais?

b Où se trouve-t-elle?

c C'est une région plutôt rurale ou industrielle?

d Quelles sont les villes principales?

e Pour quels produits est-elle célèbre?

f Quel évènement d'importance mondiale s'est passé en Basse-Normandie en 1944?

2a Lisez et reliez les deux moitiés de chaque texte.

2b Relisez les textes et écrivez cinq adjectifs qui décrivent la Basse-Normandie. Puis comparez vos idées avec un(e) partenaire.

2c Relisez les cinq textes, notez l'infinitif des verbes soulignés et traduisez-les en anglais.

2d Comment dit-on en français...?

a (surface) area

b coastline

c agricultural land

d little woods

e the 'county' town

f a key place

g way up in the north

h cliffs

i landscape

j horse-breeding

1 La région Basse-Normandie <u>regroupe</u> trois départements: le Calvados, l'Orne et la Manche, et <u>dispose</u> d'une superficie de 17 800 km². Avec 470 kilomètres de côtes,...

a ...un pouvoir politique, économique et culturel. Une deuxième ville notable, Cherbourg, située à l'extrémité nord du Cotentin, est un port de passagers et de commerce.

2 Le paysage typique de la Basse-Normandie est le bocage, des terres agricoles entrecroisées de petits bois et de haies touffues. Il s'agit dans cette région d'un paysage...

b ...alternant plaines, vallées, falaises, lacs et forêts, un paysage rural et agricole.

c ...la Basse-Normandie fait partie des principales régions maritimes françaises. La population basse-normande <u>s'élève</u> à 1,5 million de personnes.

3 En Basse-Normandie, l'agriculture valorise plus des trois-quarts du territoire. En proportion, elle <u>fait vivre</u> deux fois plus de personnes qu'au niveau national. Au classement des régions,...

d ...à la crème reste une spécialité de la région, tout comme les traditions charcutières, et les recettes à base de pomme: le calvados, les tartes aux pommes et la boisson régionale, le cidre. Comme disent les Bas-normands: ici on boit du cidre comme d'autres boivent du vin.

4 La ville la plus importante, en fait le chef-lieu de la région, c'est Caen. Préfecture du département du Calvados, cité de Guillaume le Conquérant et place-clé de la bataille de Normandie, Caen <u>exerce</u>...

5 Cette région est célèbre pour sa gastronomie. Citons le camembert et d'autres fromages normands comme le pont-l'évêque et le livarot. La cuisine...

e ...la Basse-Normandie <u>occupe</u> le 1er rang pour l'élevage de chevaux et le 2ème en termes de troupeau bovin. Elle <u>produit</u> la moitié du cidre et les trois-quarts du poiré français.

Le patrimoine de la Basse-Normandie

Le site du Mont Saint-Michel est un haut lieu touristique inscrit sur la liste du patrimoine mondial de l'UNESCO depuis 1979. Son abbaye est un bijou architectural fondé en 708 par l'évêque d'Avranches. Certaines parties de l'édifice religieux valent absolument le coup d'œil, comme le chœur, le cloitre, le réfectoire, la salle des chevaliers et la salle des hôtes. Une promenade le long des remparts permet d'avoir une vue imprenable sur toute la baie. Les petites ruelles pittoresques emmènent les visiteurs vers les boutiques de souvenirs et vers le très célèbre restaurant "La Mère Poulard".

La région est également réputée pour ses stations légendaires du début du XXème siècle: Deauville, Trouville, Cabourg, Houlgate. Face à la mer, leurs grandes maisons élégantes de style Art Nouveau confèrent à ces lieux une atmosphère raffinée au charme d'antan. Honfleur est une petite cité portuaire qui a séduit de nombreux artistes du XIXème siècle, dont Flaubert et les peintres Monet et Boudin. Le Vieux Bassin, situé entre le quai Sainte-Catherine et celui de Saint-Etienne, est un quartier incontournable dans la ville. Là, de nombreux peintres s'activent à leur chevalet face aux bateaux et aux maisons de pêcheurs animées par la lumière changeante. Plus loin, la place Erik-Satie abrite le Musée Eugène-Boudin, à l'intérieur de la chapelle du Couvent des Augustines. Y sont exposées des toiles du maitre ainsi que des chefs-d'œuvre de divers impressionnistes et contemporains.

La presqu'île du Cotentin renferme une grande diversité de paysages composés de longues plages, de dunes et de marais. Coutances est une ville charmante, bordée de ruelles et de monuments historiques qui méritent le détour. Citons entre autres sa belle cathédrale gothique, Notre-Dame.

Les plages du débarquement sont un véritable musée à ciel ouvert. Les passionnés d'histoire ne manqueront pas la visite de Sainte-Mère-Eglise, des cimetières militaires allemands de La Cambe et de Colleville-sur-Mer, sans oublier les plages du débarquement d'Omaha et d'Arromanches.

3 Lisez l'extrait d'un site web pour les touristes. Il sert de point de départ pour vos recherches sur le patrimoine de la région. Quels termes mentionnés dans le texte pourriez-vous faire entrer dans un moteur de recherche pour découvrir davantage sur les aspects suivants?

- l'architecture
- les beaux arts/la littérature
- la gastronomie
- l'histoire

4a Ecoutez la première partie d'une interview sur l'économie de la Basse-Normandie avec un professeur de géographie et notez:

a trois exemples de tourisme vert

b un exemple de tourisme culturel

c un exemple de tourisme balnéaire

d l'importance de la région pour les produits laitiers

e deux choses qui sont cultivées en Basse-Normandie

f deux animaux qui sont élevés dans la région

4b Ecoutez la deuxième partie de l'interview. Finissez les phrases avec vos propres mots.

a A Caen, on fabrique…

b Cherbourg est connu pour…

c La Basse-Normandie est la quatrième…

d 6 000 personnes travaillent…

e Deauville est mondialement connu pour…

f A part les poissons, les pêcheurs pêchent aussi…

5 Préparez une présentation sur cette question en suivant les étapes a–e.

> Aimeriez-vous vivre et travailler dans cette région?

a Choisissez trois ou quatre idées principales.

Exemple:

– L'idée d'une région rurale au bord de la mer vous attire.

– Vous vous intéressez à l'histoire, donc c'est une région fascinante pour vous.

– Troisièment…

b Relisez les textes et écrivez une liste de données qui soutiennent chacune de vos idées principales.

Exemple:

– 470 kilomètres de littoral

– des stations balnéaires, comme…

c Préparez-vous à évaluer les données que vous avez choisies.

Exemple:

J'aimerais bien vivre au bord de la mer, et comme il y a 470 kilomètres de littoral en Basse-Normandie, cela me conviendrait. Je pourrais…

d Préparez une courte introduction.

Exemple:

La Basse-Normandie est une région rurale qui se trouve dans le nord-ouest de la France, et qui…

e Préparez une conclusion.

Exemple:

Donc, la Basse-Normandie serait idéale pour moi, car…

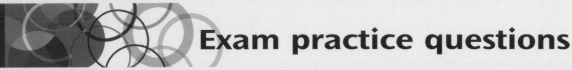

A l'oral

Vous devrez discuter de la région que vous avez choisie pendant votre examen à l'oral. Pour vous préparer, soyez prêt(e) à répondre aux questions suivantes.

- Quels sont les aspects géographiques les plus intéressants de la région que vous avez étudiée?
- Est-ce que c'est une belle région? Pourquoi?/Pourquoi pas?
- Est-ce que cette région a une histoire intéressante?
- Comment est-ce que l'histoire de cette région influence son présent/va influencer son avenir?
- Quels rôles jouent l'industrie et l'agriculture dans cette région?
- Comment est-ce que l'économie de cette région évolue?
- Qu'est-ce que vous avez appris sur la population de cette région?
- Aimeriez-vous habiter cette région? Pourquoi?/Pourquoi pas?

See page 114 for help with revising for the oral exam.

A l'écrit

Ecrivez un minimum de 250 mots sur un des sujets suivants.

- Analysez l'importance touristique de la région que vous avez étudiée.
- Quels changements démographiques ont eu lieu dans la région que vous avez choisie? Comment voyez-vous l'avenir de la région à cet égard?
- Jusqu'à quel point est-ce que la vie dans la région que vous avez choisie est influencée par des facteurs géographiques?
- Evaluez l'importance des industries et de l'agriculture dans la région que vous avez choisie.
- Est-ce que les évènements du passé jouent encore un rôle important dans la vie actuelle de la région que vous avez étudiée?
- Peut-on être optimiste pour l'avenir de la région que vous avez choisie? Pourquoi?/Pourquoi pas?

See pages 110–113 for ideas on how to write a really good cultural topics essay.

Vocabulaire

la baie	*bay*
le climat	*climate*
la falaise	*cliff*
l'hydrographie de la région (f)	*the water resources of the area*
un lieu touristique	*a tourist attraction*
le littoral	*coast*
le patrimoine	*cultural heritage*
un paysage montagneux/plat	*a mountainous/flat landscape*
le port (de pêche/de plaisance/de passagers)	*(fishing/pleasure/transport) port*
le réseau routier/ferroviaire	*the road/rail network*
la rivière, le fleuve	*river*
une station balnéaire/thermale	*seaside/spa resort*

la superficie	*the surface area*
la terre/le territoire agricole	*farming land*
la ville principale/le chef-lieu	*main town/'county' town*
La population s'élève à X mille/million(s).	*The population is X thousand/million.*
L'économie est dirigée vers...	*The economy tends towards...*
L'aéroport de X dessert de nombreuses destinations.	*X airport serves many destinations.*
Le musée X relate l'histoire de...	*The X museum tells the story of...*
La région regroupe X départements.	*The region has X departments. (administrative areas, smaller than a 'région')*

Une période d'histoire du vingtième siècle

1a Discutez en groupe et choisissez l'évènement qui correspond à chaque date. Si nécessaire, faites des recherches sur Internet.

a	1914	**g**	1945–73
b	les années 20	**h**	1954–62
c	1931	**i**	1952
d	1939	**j**	1992
e	1940	**k**	2007
f	1944	**l**	2008

1 les Trente Glorieuses (période de forte croissance économique)

2 la France se divise en deux: la zone occupée et la zone libre

3 le traité de Maastricht (traité constitutif de l'Union européenne)

4 le début de la Grande Guerre

5 le traité de Lisbonne est signé entre les 27 pays de l'Union européenne

6 le traité instituant la CECA (Communauté Européenne du Charbon et de l'Acier) entre en vigueur

7 la grande dépression

8 la présidence française de l'Union européenne (six mois)

9 le début de la deuxième guerre mondiale

10 la guerre d'Algérie

11 le débarquement des troupes alliées et la libération de la France

12 les années folles

1b Quel évènement de la liste ci-dessus est représenté par chaque image A–E?

2a Choisissez trois des évènements de la liste de l'activité 1a et faites cinq minutes de recherches sur chacun.

2b Discutez de vos recherches avec un(e) partenaire. Quelle période vous parait intéressante?

If you decide to study a period of 20th century history for one of your cultural topics, then you need to be ready to discuss or write about any of the aspects listed in the AQA specification. As you study, make sure you prepare answers to the questions below.

Do you have a good knowledge and understanding of what happened during your chosen period?
What were the main events of the period? (War? Political unrest? Difficulties in daily life?)
What caused these events?
What was their effect at the time? Do they still influence France today? In what way(s)?

Have you studied the lives and actions of at least two influential people from the period?
Who were they? What did they do?
What was their motivation? What causes did they fight for?
What influence did they have on the history of the day?
Are they still influential today? In what way?

What is your personal opinion of this period of history?
What do you find interesting about it?
Would you like to have lived then? Why/Why not?
What have you learnt from it that might be applicable to your life today?

La France sous l'occupation allemande

▶ *Comment était la vie sous l'occupation allemande de la France?*

1a 👥 **Discutez en groupe: Que savez-vous déjà sur l'occupation allemande de la France? C'était quand? Elle a duré combien de temps? Elle a fini comment?**

1b Faites des recherches sur les évènements clés soulignés dans le texte.

Dates clés	
mai 1940	Défaite française aux armées du Reich allemand
22 juin 1940	L'armistice est signé entre le Reich et le gouvernement français du maréchal Pétain. La France est divisée en deux: la zone occupée dans le nord du pays et la zone libre administrée par le gouvernement de Vichy en collaboration avec les Allemands
22 juin 1940	Discours prononcé à la radio de Londres par le général Charles de Gaulle. Appel aux Français à ne pas cesser le combat contre l'Allemagne nazie. Considéré comme le texte fondateur de la Résistance française.
1940–44	La France est sous l'occupation allemande. La Résistance s'organise.
mai 1944	Invasion des troupes alliées (100 000 soldats) pour libérer la France
août 1944	L'occupation allemande de la France prend fin.

2 Lisez le message du général de Gaulle et traduisez-le en anglais.

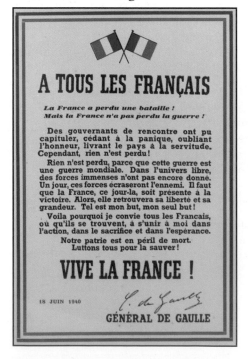

A TOUS LES FRANÇAIS

La France a perdu une bataille !
Mais la France n'a pas perdu la guerre !

Des gouvernants de rencontre ont pu capituler, cédant à la panique, oubliant l'honneur, livrant le pays à la servitude. Cependant, rien n'est perdu !

Rien n'est perdu, parce que cette guerre est une guerre mondiale. Dans l'univers libre, des forces immenses n'ont pas encore donné. Un jour, ces forces écraseront l'ennemi. Il faut que la France, ce jour-là, soit présente à la victoire. Alors, elle retrouvera sa liberté et sa grandeur. Tel est mon but, mon seul but !

Voilà pourquoi je convie tous les Français, où qu'ils se trouvent, à s'unir à moi dans l'action, dans le sacrifice et dans l'espérance.

Notre patrie est en péril de mort.
Luttons tous pour la sauver !

VIVE LA FRANCE !

18 JUIN 1940
C. de Gaulle
GÉNÉRAL DE GAULLE

3a Faites des recherches pour répondre aux questions.

1 Qu'est-ce qu'on entend par "maquis"?

2 Qu'est-ce qui s'est passé à Oradour-sur-Glane?

3 Que faisait-on sous le système 'Service du travail obligatoire'?

4 Qui étaient les collaborateurs?

3b Faites des recherches supplémentaires sur ces quatre aspects.

4 Ecoutez les six extraits d'un documentaire sur l'histoire de l'occupation de la France, puis complétez chaque phrase avec vos propres mots.

Premier extrait

a Pendant la période d'occupation, l'Allemagne a exploité...

b Les Allemands ont annexé...

Deuxième extrait

c Les fonctionnaires aux idéologies antinazies...

d La plupart des postes importants étaient occupés par...

Troisième extrait

e A Drancy et au Struthof il y avait...

f On y a incarcéré...

Quatrième extrait

g Les Juifs devaient...

h Ils n'avaient pas le droit de...

Cinquième extrait

i La police française a collaboré avec les Nazis pour envoyer...

j Mais de nombreux Français ont aidé les Juifs...

Sixième extrait

k L'occupation était une période de pénurie et...

l C'était l'époque des...

5a Lisez l'extrait dans lequel Lucie Aubrac se rappelle la vie quotidienne pendant cette période. Choisissez des mots dans la case pour remplir chaque blanc.

Il fallait aller travailler pour [a] sa vie, faire d'interminables queues pour avoir à manger avec les tickets de la carte [b]: deux cents grammes de pain par jour, pour les enfants un quart de lait écrémé; les bonnes [c] un kilo de pommes de terre, cent grammes de margarine ou de saucisson, un [d] de viande ou de poisson, un œuf!

Une [e], j'ai acheté un corbeau en vente libre: immangeable! On avait toujours [f]. Avec de l'argent, il était possible d'acheter au [g] noir, mais seuls les riches le pouvaient. Si on connaissait des fermiers, si on [h] des parents à la campagne on allait chercher quelques [i], un peu de beurre et du lard, mais sur les routes et dans les gares, les [j] des services économiques faisaient ouvrir les valises et [k] tout.

Entre nous, on partageait. J'ai été [l] et nourrie dans le Jura, avant mon [m] pour l'Angleterre, chez des gens que je ne [n] pas, chez un facteur, un boucher, un mercier, dans un château et même chez un gendarme. On nous recevait [o] nous connaitre, Raymond, mon petit garçon et moi, parce que nous étions [p] et poursuivis. On nous a cachés jusqu'à ce qu'un [q] nous emmène en Angleterre.

La Résistance expliquée à mes petits-enfants
Lucie Aubrac.

œufs * confisquaient * connaissais * semaines * gagner * départ * d'alimentation * sans * fois * avait * avion * marché * faim * peu * contrôleurs * hébergée * résistants

5b Faites des recherches sur un des thèmes suivants:

- héros et héroïnes de la Résistance
- la vie quotidienne pendant l'occupation de la France
- le rôle de l'Angleterre dans la lutte des Français contre l'occupation allemande (par exemple Radio Londres, le débarquement des troupes alliées)

6 Saviez-vous qu'il y a plusieurs films dont les histoires se déroulent pendant la période de l'occupation allemande de la France? Trouvez-en un et regardez-le. Voici quelques idées:

– *Le dernier métro*
– *Au revoir les enfants*
– *Un sac de billes*
– *Lucie Aubrac*
– *Le silence de la mer*

A l'oral

Vous devrez discuter de la période d'histoire du vingtième siècle que vous avez choisie pendant votre examen à l'oral. Pour vous préparer, soyez prêt(e) à répondre aux questions suivantes.

- Quels sont les évènements principaux de la période que vous avez étudiée?

- Lequel vous parait le plus intéressant? Pourquoi?

- S'agit-il d'une période problématique? Pourquoi? Est-ce qu'on a réussi à trouver des solutions? Lesquelles?

- Est-ce que la vie quotidienne à cette époque était très différente de la nôtre?

- Nommez une personne qui a joué un rôle primordial pendant cette période. Pourquoi cette personne est-elle si importante?

- Quelle était sa motivation?

- Etes-vous d'accord avec les idées de cette personne? Pourquoi?/Pourquoi pas?

- Auriez-vous aimé vivre pendant cette période? Pourquoi?/Pourquoi pas?

> See page 114 for help with revising for the oral exam.

A l'écrit

Ecrivez un minimum de 250 mots sur un des sujets suivants.

- Comparez le début et la fin de la période que vous avez étudiée. Evaluez l'importance des changements.

- Analysez les actions et la motivation d'un personnage important de la période choisie.

- Expliquez l'importance des évènements principaux de la période que vous avez étudiée. Lequel jugez-vous le plus important? Pourquoi?

- Comparez les rôles de deux personnes qui ont joué un rôle primordial dans l'histoire de la période que vous avez choisie.

- Auriez-vous aimé vivre à la période que vous avez étudiée? Justifiez votre réponse.

- Qu'est-ce que vous avez appris de la période que vous avez étudiée? Est-ce encore valable dans le monde actuel?

> See pages 110–113 for ideas on how to write a really good cultural topics essay.

Vocabulaire

(signer) un accord	(to sign) an agreement	la victoire / la défaite	victory / defeat
un accord de paix	a peace agreement	abolir	to abolish
le camp d'extermination/ de concentration	extermination/ concentration camp	être privé de	to lack, be deprived of
		s'évader	to escape
(cesser) le combat	(to cease) fighting	se battre contre/combattre/ lutter contre	to fight against
le conflit	conflict		
la deuxième guerre mondiale	the Second World War	interdire à quelqu'un de	to forbid someone to
		intervenir en	to intervene in
la guerre	war	se réfugier	to take refuge, hide
l'instabilité politique (f)	political instability	venger	to avenge
le marché noir	the black market	aider l'effort de guerre	to help the war effort
un opposant de	an opponent of	aider quelqu'un à se cacher	to help someone to hide
la pénurie	shortage	effectuer une rafle	to carry out a raid
la police secrète d'Etat	the state secret police	envahir / un envahissement	to invade / an invasion
la politique (étrangère)	(foreign) policy	jouer un rôle primordial	to play a vital role
le pouvoir	power	poursuivre la lutte contre	to fight against
le rationnement	rationing	prendre possession de	to take possession of
la revanche	revenge	rétablir l'ordre	to re-establish order
le traité	treaty	traverser la frontière	to cross the border
l'unité politique/ administrative (f)	political/administrative unity		

12 Un auteur francophone

1a Savez-vous quel écrivain a écrit quel livre?
Faites des recherches si nécessaire, puis reliez.

1 Albert Camus

2 Amélie Nothomb

3 Marcel Pagnol

4 Colette

5 Marc Levy

6 Faïza Guène

7 Antoine de Saint-Exupéry

8 Joseph Joffo

a Toutes ces choses qu'on ne s'est pas dites

b Métaphysique des tubes

c L'Etranger

d Un sac de billes

e Du rêve pour les oufs

f Jean de Florette

g Vol de nuit

h La maison de Claudine

1b Reliez les quatre descriptions aux livres illustrés.

a C'est l'histoire d'une prostituée pendant la guerre franco-prussienne.

b Cécile, 17 ans, passe l'été dans une maison de vacances avec son père et les deux femmes dans sa vie.

c Un roman qui s'ouvre sur le procès d'une jeune femme qui a tenté d'empoisonner son mari à l'arsenic et qui fait ensuite un retour en arrière pour expliquer pourquoi.

d On raconte l'histoire d'un groupe d'enfants immigrés dans un bidonville près de Lyon.

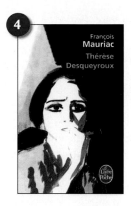

2a Connaissez-vous d'autres écrivains francophones? Travaillez en groupe et écrivez une liste.

2b Choisissez trois écrivains que vous ne connaissez pas et faites cinq minutes de recherches sur chacun.

2c Discutez de vos recherches avec un(e) partenaire. Qui vous parait intéressant?

If you decide to study an author for one of your cultural topics, then you will need to be ready to discuss or write about any of the aspects listed in the AQA specification. As you study, make sure you prepare answers to the questions below.

Do you know at least one novel or collection of short stories by this author really well?
What is it about?
What are the characters like?
What themes does it illustrate?
Is the author trying to convey a 'message'?
How does s/he do this? (Through the plot or characters? Through the writing style?)

Do you know something about the author and what influenced him or her?
Were they influenced by events or people from their own life?
Is their work affected by the period in which they lived?
Were they influenced by other writers, artists or thinkers?

What is your personal opinion of this author's work?
What do you admire about it?
Do you agree with the author's ideas?
What do you find interesting about their style? (The choice of words, use of humour, irony or imagery?)
Do you have any criticisms of the work?

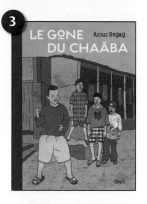

Albert Camus – *La Peste*

▸ *Qui était Albert Camus? De quoi s'agit-il dans* La Peste?

▸ *Dans quelle mesure ce roman reflète-il la philosophie et les expériences de Camus?*

Biographie

1913: Albert Camus nait en Algérie. Après le bac, il fait des études de philosophie.

1936: Il fonde le Théâtre du Travail où il écrit, joue et adapte de nombreuses pièces.

1938: Il devient journaliste à Alger-Républicain.

1942: Il part pour Paris, où il milite dans un mouvement de Résistance.

1942: Il publie *L'Etranger* et accède à la célébrité.

1947: Il publie *La Peste* qui connait un immense succès.

1957: Après avoir publié plusieurs romans, pièces de théâtre et essais philosophiques, il obtient le prix Nobel "pour l'ensemble d'une œuvre qui met en lumière, avec un sérieux pénétrant, les problèmes qui se posent de nos jours à la conscience des hommes".

1960: Il meurt dans un accident de voiture.

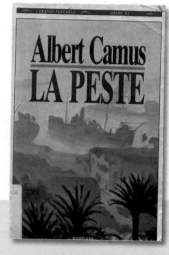

La Peste

L'intrigue de La Peste se déroule à Oran, une ville ordinaire sur la côte algérienne, dans les années 40.

Le matin du 16 avril, le docteur Bernard Rieux **sortit** de son cabinet et **buta** sur un rat mort, au milieu du palier. Sur le moment, il **écarta** la bête sans y prendre garde et **descendit** l'escalier. Mais, arrivé dans la rue, la pensée lui **vint** que ce rat n'était pas à sa place et il **retourna** sur ses pas pour avertir le concierge […]

Le soir même, Bernard Rieux, debout dans le couloir de l'immeuble, cherchait ses clefs avant de monter chez lui, lorsqu'il **vit** surgir, du fond obscur du corridor, un gros rat <u>à la démarche incertaine et au pelage mouillé</u>. La bête **s'arrêta, sembla** chercher un équilibre, **prit** sa course vers le docteur, **s'arrêta** encore, **tourna** sur elle-même avec un petit cri et **tomba** enfin en rejetant du sang par ses babines entrouvertes. Le docteur la **contempla** un moment et **remonta** chez lui […]

Le lendemain 17 avril, à huit heures, <u>le concierge</u> **arrêta** le docteur au passage et <u>**accusa** des mauvais plaisants d'avoir déposé trois rats morts au milieu du couloir</u>. On avait dû les prendre avec de gros pièges, car ils étaient pleins de sang […]

Intrigué, Rieux **décida** de commencer sa tournée par les quartiers extérieurs où habitaient les plus pauvres de ses clients. La collecte des ordures s'y faisait beaucoup plus tard et l'auto qui roulait le long des voies droites et poussiéreuses de ce quartier frôlait les boites de détritus, laissées au bord du trottoir. Dans une rue qu'il longeait ainsi, le docteur **compta** une douzaine de rats jetés sur les débris de légumes et les chiffons sales […]

La situation s'aggrave vite […]

C'est à peu près à cette époque en tout cas que nos concitoyens **commencèrent** à s'inquiéter. Car, à partir du 18, <u>les usines et les entrepôts **dégorgèrent**</u>, en effet, <u>des centaines de cadavres de rats</u>. Dans quelques cas, on **fut** obligé d'achever les bêtes, dont l'agonie était trop longue. Mais, depuis les quartiers extérieurs jusqu'au centre de la ville, partout où le docteur Rieux venait à passer, partout où nos concitoyens se rassemblaient, les rats attendaient en tas, dans les poubelles, ou en longues files, dans les ruisseaux […]

1a Lisez l'extrait de *La Peste* (page 96) et complétez les phrases suivantes en français. Attention aux verbes: on emploie habituellement le présent pour parler d'un livre ou d'un film.

a Le matin du 16, Rieux rentre pour dire au concierge qu' ....

b Le soir, il voit un rat qui ....

c Il sait que le rat est malade parce qu' ....

d Parmi les ordures dans un quartier pauvre, Rieux remarque ....

e Les citoyens tuent les rats mourants parce qu' ....

1b Expliquez en anglais le sens des trois phrases ou expressions qui sont soulignées dans le texte.

1c Traduisez en anglais le quatrième paragraphe de l'extrait ("*Intrigué, [...] chiffons sales*").

2a A deux, lisez les affirmations suivantes et dites si vous êtes d'accord ou pas. Justifiez votre opinion en citant des expressions du texte.

a Rieux est un homme calme et logique.

b Camus utilise un style très sobre.

c Cet extrait ressemble plutôt à un reportage.

d Camus évoque la vie de tous les jours dans une ville ordinaire.

e L'auteur crée de la tension en indiquant chaque jour le nombre de rats morts.

f Camus utilise du langage imagé pour que le lecteur voie la scène devant lui.

g On ne ressent pas les émotions du chroniqueur.

h Camus crée une atmosphère menaçante.

2b Lisez la biographie de Camus (page 96). Trouvez-vous des rapports entre sa vie et cet extrait?

3a Vous êtes reporter au journal d'Oran. Le 19 avril, le problème des rats est à la une. Inventez un titre percutant et écrivez l'article. Utilisez un style populaire.

ou

3b À deux, préparez un reportage sur les rats pour la station de radio locale d'Oran et présentez-le à la classe. Attention aux verbes: le passé simple ne s'emploie que dans la langue littéraire, écrite. Utilisez plutôt le passé composé.

4a Ecoutez les élèves de terminale qui ont étudié *La Peste*, puis répondez aux questions en anglais.

a What does Antoine say about Camus' choice of characters and setting?

b What effect does this have on the reader?

c What two aspects of Camus' life does he mention, and what influence does he suggest they had?

d What aspect of the novel interests Caroline most?

e What specific situation does she think it refers to?

f What evidence does she offer for her interpretation?

g What aspect of Camus' work does Léon find most interesting?

h How does he sum up Camus' attitude to religion?

i How does Camus suggest we give meaning to our lives?

j What choice do the characters in the novel face?

4b Réécoutez et résumez en français ce que disent les élèves sur les sujets suivants:

a *La Peste* et la vie de Camus.

b *La Peste* en tant qu'allégorie.

c Les idées philosophiques exprimées dans *La Peste*.

Grammaire ➡148 ➡W52

The past historic/*Le passé simple* (1)

When you are reading literary texts, you will often find that the past historic tense is used where the perfect tense would be used in everyday language. You do not need to use it yourself, but just to recognise it, particularly in its 3rd person singular and plural forms because these are used most often.

Past historic	English meaning	Perfect tense equivalent
il sortit	he went out	*il est sorti*
il tomba	he fell	*il est tombé*
ils commencèrent	they started	*ils ont commencé*

Irregular past historic forms which you might not recognise immediately include:

il fut (être) – he was

il eut (avoir) – he had

il vint (venir) – he came

Ⓐ Copy and complete the chart above adding the other past historic verbs from the *La Peste* extract.

OxBox More practice on the past historic is offered on Feuille de Travail EG12.

A l'oral

Vous devrez discuter de l'écrivain que vous avez choisi pendant votre examen à l'oral. Pour vous préparer, soyez prêt(e) à répondre aux questions suivantes.

- Qu'est-ce que vous avez appris sur la vie de l'écrivain que vous avez choisi?

- Comment est-ce que ses expériences ont influencé son œuvre?

- Parlez d'une de ses œuvres. Quels en sont les thèmes principaux? Comment sont-ils présentés par l'écrivain?

- Aimez-vous le personnage principal du livre? Pourquoi/ Pourquoi pas?

- Quels aspects du style de cet écrivain admirez-vous?

- Qu'est-ce que vous avez appris en étudiant cet écrivain?

- A qui recommanderiez-vous cet écrivain?

> **See page 114 for help with revising for the oral exam.**

A l'écrit

Ecrivez un minimum de 250 mots sur un des sujets suivants.

- Comparez deux des personnages principaux dans le livre que vous avez étudié. Lequel préférez-vous? Justifiez votre choix.

- Quel est le message principal du livre que vous avez étudié? Jusqu'à quel point vous identifiez-vous avec ce message?

- Comment est-ce que la vie de l'auteur que vous avez choisi a influencé son œuvre?

- Qu'est-ce qu'on apprend sur la société de votre écrivain choisi en lisant son œuvre?

- Analysez les aspects positifs et négatifs de l'œuvre que vous avez étudiée. Jugez-vous que cette œuvre soit un succès?

> **See pages 110–113 for ideas on how to write a really good cultural topics essay.**

Vocabulaire

l'auteur (m)	*author*
le caractère	*personality*
un chapitre	*a chapter*
un conte	*a short story*
une dissertation	*an essay*
le lecteur/la lectrice	*the reader*
la narration	*narrative*
le personnage	*character*
une question qui soulève des passions	*an emotive issue*
un roman	*a novel*
un romancier	*a novelist*
le style	*the style*
(aborder) le thème	*(to address) the theme*
le ton	*the tone*
publier	*to publish*
admirable	*admirable*
didactique	*didactic*
humoristique	*funny*
ironique	*ironic*
peu compréhensif	*not very understanding*

Le personnage principal me semble... parce que...
> *The main character seems... because...*

X n'hésite pas à traiter des thèmes choquants, comme...
> *X doesn't hesitate to deal with shocking themes, such as...*

Ce qui m'a surtout frappé(e), c'était...
> *What struck me above all, was...*

Ce qui m'a le plus intéressé(e), c'était...
> *What interested me most was...*

X met en scène des situations/des gens ordinaires/ extraordinaires.
> *X shows ordinary/extraordinary situations/people.*

Cette histoire est avant tout une allégorie.
> *Above all this story is an allegory.*

On peut interpréter ce livre comme une réaction contre...
> *One can interpret this book as a reaction against...*

13 Un poète ou un dramaturge francophone

1a Voici les premières lignes de trois poèmes très bien connus. Pouvez-vous deviner quel est le titre de chacun?

1 Les sanglots longs
Des violons
De l'automne
Blessent mon cœur
D'une langueur
Monotone

2 Il a mis le café
Dans la tasse
Il a mis le lait
Dans la tasse de café
Il a mis le sucre
Dans le café au lait
Avec la petite cuiller
Il a tourné
Il a bu le café au lait
Et il a reposé la tasse
Sans me parler

© Éditions GALLIMARD

3 Par les soirs bleus d'été, j'irai dans les sentiers,
Picoté par les blés, fouler l'herbe menue:
Rêveur, j'en sentirai la fraîcheur à mes pieds.
Je laisserai le vent baigner ma tête nue.

a *Déjeuner du matin* par Jacques Prévert

b *Sensation* par Arthur Rimbaud

c *Chanson d'automne* par Paul Verlaine

1b Ecrivez deux adjectifs pour décrire l'ambiance de chaque poème, puis comparez vos idées avec un(e) partenaire.

2a Faites des recherches sur les trois pièces suivantes, puis devinez quelle image est tirée de quelle pièce.

1 *Antigone* par Jean Anouilh

2 *Cyrano de Bergerac* par Edmond Rostand

3 *Huis Clos* par Jean-Paul Sartre

2b Devinez quelle citation vient de quelle pièce.

a "C'est très joli, la vie. Mais cela a un inconvénient, c'est qu'il faut la vivre."

© Éditions de La Table Ronde, 1946

b "L'enfer, c'est les autres."

© Éditions GALLIMARD

c "Je n'aimais qu'un seul être et je le perds deux fois."

3a Choisissez un de ces poètes ou dramaturges, ou bien un autre, et faites cinq minutes de recherches.

Quelques idées:

Poètes: La Fontaine, Baudelaire, Paul Eluard, Paul Valéry, Raymond Queneau, Aimé Césaire

Dramaturges: Molière, Jean Cocteau, Jean Genet, Eugène Ionesco, Yasmina Reza, Koffi Kwahulé, Maurice Maeterlinck

3b Discutez de vos recherches en groupe. Qui vous paraît intéressant?

If you decided to study a poet or a dramatist for one of your cultural topics, then you would need to be ready to discuss or write about any of the aspects listed in the AQA specification. As you study, make sure you prepare answers to the questions below.

Do you know at least one group of poems or a play by this writer really well?
Poems:
What are they about?
What poetic techniques are used? (choice of vocabulary, rhymes, imagery, rhythms)
What is their tone? (e.g. amusing, melancholy, romantic, questioning)
How is this achieved?
A play
What is it about?
What are the main characters like and how is this conveyed?
What decisions has the writer made on technical aspects of the play? (scenery, dialogue, lighting, setting)
Both
What themes does the work illustrate?
Is the writer trying to convey a "message"?
How does s/he do this?

Do you know something about the writer and what influenced him or her?
Were they influenced by events or people from their own life?
Is their work affected by the period in which they lived?
Were they influenced by other writers, artists or thinkers?

What is your personal opinion of this writer's work?
What do you admire about it?
Do you agree with the writer's ideas?
What do you find interesting about their style? (the choice of words, use of humour, irony or imagery?)
Do you have any criticisms of the work?

Molière

▶ *Jean-Baptiste Poquelin, dit Molière: un des plus célèbres dramaturges français*

▶ *Qu'est-ce qu'il écrivait? Trouvez-vous ses pièces amusantes?*

1 Faites des recherches sur le dramaturge Molière et répondez aux questions en français.

1 Il est né en quelle année? Quand est-il mort?

2 Il a gagné la protection de quel roi de France?

3 Quel théâtre a-t-il ouvert avec sa troupe de comédiens en 1643?

4 Trouvez le nom des pièces suivantes:

   a sa première pièce bien connue, qui était une satire du snobisme et des jargons de l'époque (1659)

   b une critique des idées reçues sur la condition de la femme (1662)

   c une pièce critiquant l'hypocrisie religieuse, qui a été interdite pendant cinq ans (1664)

   d une pièce qui dénonçait l'omniprésence de l'argent dans la société (1668)

   e une farce dans laquelle le personnage principal est hypocondriaque (1673)

5 Quel théâtre a été fondé par ses amis sept ans après sa mort?

2a Remplissez les blancs de ce texte avec un nom dans la case.

Jean-Baptiste Poquelin, dit Molière, a marqué l'histoire du [a] et de la [b] française. Auteur le plus [c] encore d'aujourd'hui, Molière s'est distingué par des [d] qui mêlent le comique, le [e] et la critique. Il faisait du [f] une arme pour faire la satire des mœurs et critiquer les [g] de son époque.

> comédie * pathétique * théâtre * contraintes * pièces * joué * rire

2b Traduisez le texte en anglais.

3a Recopiez et mettez les phrases dans l'ordre afin de créer une description d'une des pièces les mieux connues de Molière: *Le Bourgeois Gentilhomme*.

Exemple: Dans cette pièce...

   a qui veut imiter le comportement

   b Dans cette pièce

   c et l'a redemandé plusieurs fois.

   d et le genre de vie des nobles.

   e Molière se moque

   f Le roi Louis XIV

   g d'un riche bourgeois

   h a beaucoup apprécié ce spectacle

3b Lisez l'extrait du *Bourgeois Gentilhomme* à la page 101 et finissez les phrases avec vos propres mots.

   a Dans les premières lignes de l'extrait, Monsieur Jourdain s'exprime d'une façon...

   b Monsieur Jourdain veut écrire une lettre à la Marquise pour lui dire...

   c Il veut que le Maitre de Philosophie l'aide car...

   d Il ne comprend pas la différence entre...

   e Les suggestions du Maitre de Philosophie...

   f Monsieur Jourdain est très surpris qu'il ait...

   g Il veut continuer...

3c Expliquez la comédie dans les citations suivantes:

   a Quand je dis: "Nicole, apportez-moi mes pantoufles, et me donnez mon bonnet de nuit", c'est de la prose?

   b Il y a plus de quarante ans que je dis de la prose, sans que j'en susse rien.

   c Mourir vos beaux yeux, belle Marquise, d'amour me font.

   d Je n'ai point étudié, et j'ai fait cela tout du premier coup.

3d Que veut dire Molière dans cet extrait? Discutez les points suivants avec votre partenaire:

● le caractère de Monsieur Jourdain

● le caractère du Maitre de Philosophie

● l'importance de l'éducation

4 **Ecrivez une critique de cet extrait. Ecrivez au moins 250 mots et faites mention des points suivants:**

– le contexte
– un résumé de l'action
– une analyse de la comédie
– le message de Molière
– votre opinion personnelle: aimez-vous cet extrait? Pourquoi/Pourquoi pas?

Le Bourgeois Gentilhomme

Le Maitre de Philosophie

L'éducation de Monsieur Jourdain

Un extrait du *Bourgeois Gentilhomme* par Molière.

Monsieur Jourdain, qui cherche toujours à apprendre et à profiter du savoir des autres, a fait venir un Maitre de Philosophie.

Monsieur Jourdain

Il faut que je vous fasse une confidence. Je suis amoureux d'une personne de grande qualité et je souhaiterais que vous m'aidassiez à écrire quelque chose dans un petit billet que je vais laisser tomber à ses pieds.

Maitre de Philosophie
Fort bien.

Monsieur Jourdain
Ce sera galant, oui.

Maitre de Philosophie
Sans doute. Sont-ce des vers que vous voulez lui écrire?

Monsieur Jourdain
Non, non, point de vers.

Maitre de Philosophie
Vous ne voulez que de la prose?

Monsieur Jourdain
Non, je ne veux ni prose, ni vers.

Maitre de Philosophie
Il faut bien que ce soit l'un ou l'autre.

Monsieur Jourdain
Pourquoi?

Maitre de Philosophie
Pour la raison, Monsieur, qu'il n'y a pour s'exprimer que la prose ou les vers.

Monsieur Jourdain
Il n'y a que la prose ou les vers?

Maitre de Philosophie
Non Monsieur: tout ce qui n'est point prose est vers; et tout ce qui n'est point vers est prose.

Monsieur Jourdain
Et comme l'on parle, qu'est-ce que c'est donc que cela?

Maitre de Philosophie
De la prose.

Monsieur Jourdain
Quoi? Quand je dis: "Nicole, apportez-moi mes pantoufles, et me donnez mon bonnet de nuit", c'est de la prose?

Maitre de Philosophie
Oui, Monsieur.

Monsieur Jourdain
Par ma foi! Il y a plus de quarante ans que je dis de la prose sans que j'en susse rien, et je vous suis le plus obligé du monde de m'avoir appris cela. Je voudrais donc lui mettre dans un billet: *Belle Marquise, vos beaux yeux me font mourir d'amour*; mais je voudrais que cela fût mis d'une manière galante, que cela fût tourné gentiment.

Maitre de Philosophie
Mettre que les feux de ses yeux réduisent votre cœur en cendres; que vous souffrez nuit et jour pour elle les violences d'un…

Monsieur Jourdain
Non, non, non, je ne veux point tout cela; je ne veux que ce que je vous ai dit: *Belle Marquise, vos beaux yeux me font mourir d'amour.*

Maitre de Philosophie
Il faut bien étendre un peu la chose.

Monsieur Jourdain
Non, vous dis-je, je ne veux que ces seules paroles-là dans le billet; mais tournées à la mode, bien arrangées comme il faut. Je vous prie de me dire un peu, pour voir, les diverses manières dont on peut les mettre.

Maitre de Philosophie
On peut les mettre premièrement comme vous avez dit: *Belle Marquise, vos beaux yeux me font mourir d'amour.* Ou bien: *d'amour mourir me font, Belle Marquise, vos beaux yeux.* Ou bien: *Vos yeux beaux d'amour me font, belle Marquise, mourir.* Ou bien: *mourir vos beaux yeux, belle Marquise, d'amour me font.* Ou bien: *me font vos yeux beaux mourir, belle Marquise, d'amour.*

Monsieur Jourdain
Mais de toutes ces façons-là, laquelle est la meilleure?

Maitre de Philosophie
Celle que vous avez dite: *Belle Marquise, vos beaux yeux me font mourir d'amour.*

Monsieur Jourdain
Cependant, je n'ai point étudié, et j'ai fait cela tout du premier coup. Je vous remercie de tout mon cœur, et je vous prie de venir demain de bonne heure.

Maitre de Philosophie
Je n'y manquerai pas.

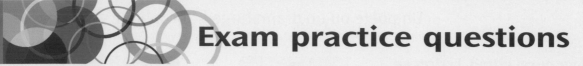

Exam practice questions

A l'oral

Vous devrez discuter du poète ou du dramaturge que vous avez choisi pendant votre examen à l'oral. Pour vous préparer, soyez prêt(e) à répondre aux questions suivantes.

- Qu'est-ce que vous avez appris sur la vie de l'écrivain que vous avez choisi?
- Comment est-ce que ses expériences ont influencé son œuvre?
- Parlez d'un de ses œuvres. Quels en sont les thèmes principaux? Comment sont-ils présentés par l'écrivain?
- Quels aspects du style de cet écrivain admirez-vous?
- Qu'est-ce que vous avez appris de vos études de cet écrivain?
- A qui recommanderiez-vous cet écrivain? Pourquoi?

See page 114 for help with revising for the oral exam.

A l'écrit

Ecrivez un minimum de 250 mots sur un des sujets suivants.

- Comparez deux poèmes dans une collection ou deux scènes dans une pièce. Lequel/Laquelle préférez-vous? Justifiez votre choix.
- Quel est le message principal de l'œuvre que vous avez étudiée? Est-ce un message qui est pertinent aujourd'hui?
- Comment est-ce que la vie de l'écrivain que vous avez choisi a influencé son œuvre?
- Qu'est-ce qu'on apprend de la société du poète/du dramaturge choisi en lisant son œuvre?
- Est-ce que l'ambiance de l'œuvre que vous avez étudiée est plutôt positive ou négative?
- Analysez le style du poète/du dramaturge que vous avez étudié.

See pages 110–113 for ideas on how to write a really good cultural topics essay.

Vocabulaire

(aborder) le thème	(to address) the theme
les thèmes récurrents sont... (mpl)	the recurring themes are...
didactique	didactic
humoristique	funny
ironique	ironic
critiquer les vices/les ridicules de...	to criticise the vices/ the follies of...
les pièces	
le caractère	personality
le comédien	actor
les décors (mpl)/les costumes (mpl)	the scenery/the costumes
le dialogue	dialogue
un drame	a drama
le metteur en scène	director
la mise en scène	the direction
le personnage	character
la scène / sur scène	the stage / on stage
le spectateur	member of the audience
chercher à divertir	to try to amuse
choquer le public	to shock the audience
dénoncer (l'avarice) de quelqu'un	to denounce someone's (greed)

la pièce traite de...	the play deals with...
l'histoire se situe à l'époque de...	the story is set at the time of...
lorsque le rideau s'abaisse	when the curtain falls
X se comporte avec héroïsme.	X behaves heroically.
X est tourmenté par de fortes passions.	X is tormented by strong feelings.
la poésie	
l'allitération (f)/ l'assonance (f)	alliteration/assonance
un poème de forme libre	a free verse poem
la rime	rhyme
la strophe	verse (of poetry)
faire une analogie	to compare
mêler l'abstrait et le concret	to mix the abstract and the concrete
ce poème aborde...	this poem addresses...
le poète évoque	the poet evokes
l'adjectif X s'emploie pour...	the adjective X is used to...
le vocabulaire employé est...	the vocabulary used is...
afin d'émouvoir le lecteur	in order to move the reader

1a Choisissez dans la case un nom pour chaque question. Faites des recherches sur Internet si nécessaire.

> Georges Bizet – Berthe Morisot – Jean-Pierre Jeunet – Claude Débussy – Marc Chagall – Laurent Cantet – Yann Tiersen – Edouard Manet – Jean Nouvel – Georges Seurat – Roger Taillibert – Mathieu Kassovitz

Qui…

a a réalisé un film emblématique sur la vie des cités françaises?

b a créé l'Institut du monde arabe à Paris?

c a peint le tableau *Le Bar aux Folies-Bergère*?

d a écrit la musique pour le film *Le fabuleux destin d'Amélie Poulain*?

e a écrit l'opéra *Carmen*?

f a tourné un film sur la vie quotidienne dans un collège parisien?

g était pionnier de la technique du pointillisme?

h a écrit la musique *Clair de Lune*?

1b Reliez chaque image à la phrase appropriée de l'activité 1a.

1c Trouvez dans la case:
- 3 réalisateurs
- 3 compositeurs
- 4 peintres
- 2 architectes

2a Travaillez en groupe et ajoutez d'autres noms à chaque liste.

2b Choisissez trois noms et faites cinq minutes de recherches sur chacun.

2c Discutez de vos recherches avec un(e) partenaire. Qui vous paraît intéressant?

If you decide to study a film director, architect, musician or painter for one of your cultural topics, then you need to be ready to discuss or write about any of the aspects listed in the AQA specification. As you study, make sure you prepare answers to the questions below.

Do you know some of this artist's work well? (e.g. a film, a number of buildings, compositions or paintings)
Can you describe it/them?
What techniques are typical of this artist?
What themes does the work illustrate?
Is the artist trying to convey a 'message'?
How does s/he do this?

Do you know something about the artist and what influenced him or her?
Were they influenced by events or people from their own life?
Is their work affected by the period in which they lived?
Were they influenced by other writers, artists or thinkers?

What is your personal opinion of this artist's work?
What do you admire about it?
Do you agree with the artist's ideas?
What do you find interesting about their style?
Do you have any criticisms of the work?

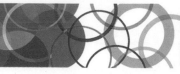

François Truffaut et la Nouvelle Vague

▶ *Quelle est l'importance de François Truffaut dans le cinéma français?*

▶ *Qu'est-ce qui caractérise la Nouvelle Vague?*

Biographie

Enfant malheureux, François Truffaut se réfugia dans la lecture et la fréquentation des salles obscures[1]. Ayant quitté l'école en 1946, il fonda un ciné-club et vécut de petits boulots. Il s'engagea dans l'armée, déserta et fit de la prison militaire, avant de débuter sa carrière comme critique de cinéma en 1953 dans les *Cahiers du cinéma*. Il fit la connaissance d'autres jeunes cinéastes comme Jean-Luc Godard, Claude Chabrol et Eric Rohmer; découvrant le cinéma américain d'alfred Hitchcock et d'Orson Welles, ils rejetèrent le cinéma français officiel. En 1956, François Truffaut publia des interviews avec Hitchcock dans les *Cahiers du cinéma*.

A la fin des années 50, François Truffaut réalisa son premier long métrage *Les 400 coups*. Ce film obtint un succès considérable à sa présentation au festival de Cannes en 1959, ouvrant la porte au mouvement de la Nouvelle Vague et à sa carrière mondiale.

A partir de 1959, François Truffaut tourna un film par an. Passant du film noir à la science-fiction ou à la comédie, il s'essaya à tous les genres avec succès. En 1973, il remporta l'Oscar du meilleur film de langue étrangère pour *La Nuit américaine*. En 1980, *Le Dernier métro* fut récompensé par dix Césars[2]. Toujours passionné de cinéma, François Truffaut enchaina les films jusqu'à sa mort en 1984.

[1] les salles obscures = les cinémas

[2] les Césars = l'équivalent français des Oscars américains

François Truffaut
- Réalisateur, Acteur, Producteur, Scénariste, Dialoguiste, Auteur, Adaptateur français
- Né le 6 février 1932 à Paris, France
- Décédé le 21 octobre 1984 à Paris, France

LE STYLE TRUFFALDIEN
Les films de Truffaut mêlent le comique, l'émotion, le suspense et le mélodrame. Il mélange avec habileté les moments de gaieté et les scènes de suspense.

Citations de François Truffaut
"L'adolescence ne laisse un bon souvenir qu'aux adultes ayant mauvaise mémoire."

"La vie a beaucoup plus d'imagination que nous."

La Nouvelle Vague
Un mouvement cinématographique qui apparait en France à la fin des années 1950. Un groupe de jeunes cinéastes propose une autre manière de concevoir et de faire du cinéma, pour mieux représenter la réalité de la vie contemporaine.

Les 400 coups
C'est le film qui, en terme de reconnaissance publique, lança la Nouvelle Vague. Il s'agit presque d'une autobiographie, narrant les premiers pas dans la vie d'un "enfant terrible" qui était l'alter ego de Truffaut, et qu'interprétait un jeune acteur (Jean-Pierre Léaud), qui lui ressemblait comme un frère. Tourné dans la rue, avec de jeunes acteurs pour la plupart inconnus, ce film fut monté avec très peu d'argent.

François Truffaut à Hollywood
François Truffaut apparait comme acteur dans le film de Steven Spielberg, *Rencontres du troisième type* en 1977, où il incarne le rôle du savant français, Claude Lacombe.

Quelques films de Truffaut

Tirez sur le pianiste (1960): l'adaptation d'un roman policier américain

Jules et Jim (1962): l'histoire d'un ménage à trois

Fahrenheit 451 (1966): la mise en scène d'un roman de science-fiction américain

La Nuit américaine (1973): l'histoire du tournage d'un film dans des studios à Nice

Le Dernier métro (1980): une histoire qui se déroule pendant l'occupation allemande en France

1 Lisez les textes sur François Truffaut et ses films (page 104). Notez de quel film il est question dans chacune des affirmations suivantes.

a C'est une histoire inspirée par l'enfance de Truffaut.

b Il traite de l'amour de deux amis pour la même femme.

c Il a gagné un prix prestigieux aux Etats-Unis.

d L'action se déroule pendant la deuxième guerre mondiale.

e C'est un polar qui reflète l'admiration du cinéaste pour la littérature américaine.

2 A deux. Relisez la biographie et posez à votre partenaire des questions sur la vie de Truffaut. Utilisez le passé composé.

Exemple: Qu'est-ce qu'il a fait en 1946? en 1953?
A-t-il eu une enfance heureuse?

3 Enrichissez votre vocabulaire! Trouvez dans les textes un ou deux synonymes pour les verbes soulignés.

a jouer un rôle (2)

b tourner un film (2)

c gagner un prix (1)

d raconter une histoire (1)

e commencer une carrière (1)

Grammaire ➡ 148 ➡ W52

The past historic/*Le passé simple* (2)

Ⓐ Study the texts on page 104. Which of them use the past historic? Can you explain why?

Ⓑ Use the texts on page 104 to translate the following sentences into French. Change the past historic forms in the original text to the perfect.

1 He took refuge in reading.

2 He got to know other young film makers.

3 This film was very successful.

4 He won the Oscar for the best foreign language film.

4a 🔊 Ecoutez la première partie du reportage sur la Nouvelle Vague et corrigez les phrases qui sont fausses.

a Les thèmes des films de la Nouvelle Vague n'étaient pas originaux à l'époque.

b Le tournage des films de la Nouvelle Vague coutait cher.

c Les jeunes cinéastes tournaient de préférence dehors.

d Ils utilisaient un magnétophone fixe et une caméra traditionnelle.

e Le titre *La Nuit américaine* fait référence aux réalisateurs qui filment pendant la nuit.

4b 🔊 Ecoutez la deuxième partie du reportage. Notez et expliquez cinq techniques novatrices qui caractérisent la Nouvelle Vague.

4c 🔊 Ecoutez la troisième partie du reportage. Expliquez l'importance de la Nouvelle Vague en ce qui concerne:

a les sujets traités par les cinéastes

b l'attitude du réalisateur envers les personnages

c les innovations techniques

5 Quelles influences reconnait-on dans les films de François Truffaut? Ecrivez une réponse à cette question en 250 à 300 mots. Mentionnez les aspects suivants:

● son enfance

● son adolescence turbulente

● sa passion pour la lecture et les films américains

● les autres jeunes cinéastes

● les idées de la Nouvelle Vague

Claude Monet: peintre impressionniste

▸ *Comment décrire le style du peintre Claude Monet?*

▸ *Qu'est-ce qui caractérise les peintres impressionnistes?*

Les coquelicots à Argenteuil

Les meules   **La Gare Saint-Lazare**

Le Boulevard des Capucines

4

Dans ce tableau, sans doute l'une des œuvres impressionnistes les plus appréciées, on voit les alentours d'Argenteuil. Le fleuve, le village et la campagne des environs de ce lieu idyllique près de Paris sont pour Monet un plaisir et une inspiration. <u>Sa femme Camille apparaît comme une "impression", rendue avec simplicité par des tons plats.</u> Monet dilue les contours et concentre l'attention sur la dominante rouge des fleurs. Pour Monet l'homme n'est qu'une partie de la nature, et la toile ne s'illumine que du rouge éclat des coquelicots. Une ambiance d'abondance et de ravissement se dégage de cette toile.

1

Ici, Monet choisit un thème moins rural et peint les gens par une composition de taches et de flous colorés, plutôt que comme des individus nettement définis. Avec cette technique il divise les critiques. Pour Louis Leroy, la moitié inférieure de la toile paraît "léchée en noir", mais d'autres louent l'imprécision des personnages qui semble suggérer l'instantané dans le mouvant. Pour Monet lui-même, il s'agit de saisir le rythme trépidant du Paris du XIXᵉ siècle, de rendre le flot incessant des passants sur ce boulevard à la mode. <u>Dans cette toile, l'œil saisit un tout, sans s'arrêter aux détails.</u>

2

<u>Après plusieurs années passées à peindre la campagne, Claude Monet s'installe à Paris et s'intéresse aux paysages urbains.</u> La gare est, en effet, le lieu idéal pour qui recherche les effets changeants de la luminosité, la mobilité du sujet et les nuages de vapeur. Malgré l'apparente géométrie de l'architecture métallique, ce sont bien les effets colorés et lumineux qui prévalent ici.

3

Monet peint une trentaine de fois les meules de foin qui se dressent dans un champ près de sa maison de Giverny. La lumière est le "personnage principal" dans les paysages de Monet et comme il cherche toujours à saisir un effet changeant, <u>il prend l'habitude de peindre le même sujet sous des conditions différentes de lumière, à différentes heures de la journée.</u> Ces meules, il les peint par temps ensoleillé et gris, dans le brouillard, en plein soleil et couvertes de neige. Ce tableau, intitulé "Meules de foin, effets de neiges, matin", date de 1890.

1a Reliez chaque tableau à son titre et au commentaire approprié.

1b Traduisez les phrases soulignées dans les textes en anglais.

1c Relisez les quatre textes et trouvez les expressions françaises qui veulent dire...

a precisely defined

b the lower half of the picture

c to convey the incessant passage of passers-by

d the changing light effects

e he always wanted to capture a changing effect

f one of the most admired works

g the painting is lit up by

h an atmosphere of... comes out of this painting

1d 🎭 Travaillez avec votre partenaire. Proposez deux ou trois adjectifs pour décrire chaque tableau.

1e 🎭 Quel tableau préférez-vous? Discutez avec votre partenaire, en expliquant les raisons de votre choix.

Les clés de l'impressionnisme

A leur époque, les peintres impressionnistes menèrent un combat contre l'art d'atelier vieilli pour faire reconnaitre une nouvelle peinture réaliste contemporaine. Qu'est-ce qui caractérise cette nouvelle peinture?

1 Une vision personnelle

L'acte de peindre est revendiqué comme un plaisir personnel. "Je peins ce que je vois, et non ce qu'il plait aux autres de voir." (Manet)

2 Les thèmes

Délaissant les sujets historiques ou mythologiques, les impressionnistes vont rendre compte du monde contemporain. Ils recherchent leurs thèmes aussi bien dans le monde de la nature que dans l'environnement quotidien.

3 La rapidité

La démarche impressionniste visant à représenter une réalité qui n'est pertinente qu'à un moment et sous des conditions données, l'exécution d'un tableau est rapide. Il s'agit d'une peinture d'un instant, d'une impression fugitive.

4 Les couleurs

Les peintres cherchent à rendre les couleurs aussi riches et vibrantes que possible en les appliquant par couches juxtaposées. Ils peignent à l'extérieur, face aux couleurs vives des paysages, s'attachant à l'impression que produisent les éléments, le vent, la lumière, le brouillard, la neige…

La peinture impressionniste inventa un nouveau mode de représentation artistique qui allait marquer le commencement de la peinture moderne non figurative.

2a Lisez le texte "Les clés de l'impressionnisme". Travaillez à deux. Pour chaque aspect de la peinture impressionniste, trouvez un exemple parmi les quatre tableaux illustrés. Justifiez votre choix. Ensuite, partagez vos idées avec la classe.

Exemple: 1 Une vision personnelle – Les coquelicots à Argenteuil *représente la femme de Monet...*

2b Traduisez les phrases suivantes en français. Utilisez le passé composé.

a The Impressionist painters rejected historical and mythological subjects, choosing scenes from nature and from contemporary city life.

b The artists preferred to paint out of doors and worked fast, using rich, vibrant colours.

c They painted fast, trying to capture an atmosphere, a fleeting impression.

Compétences

Writing about literature and the arts

- The present tense is normally used to discuss characters, events or atmosphere in literature, films or art.
- The present tense is often used in French where English uses the past, to give greater immediacy.

A Study the reading texts about Impressionism and identify the tenses used.

B What is the main tense used in the interview with Claude Monet's biographer (activity 3a)?

3a Ecoutez l'interview avec le biographe de Claude Monet et choisissez les cinq phrases vraies.

a Le nom du mouvement impressionniste vient d'un tableau par Edouard Manet.

b Claude Monet a exposé ses tableaux en groupe avec d'autres artistes impressionnistes.

c Ses toiles étaient très bien reçues par la presse.

d Les toiles des artistes impressionnistes se ressemblent.

e Les sujets préférés de Monet étaient l'eau, le ciel et la lumière.

f Dans le tableau *Le déjeuner* on voit plusieurs de ses amis artistes.

g La domesticité l'ennuyait comme thème.

h Il a vécu plus de quarante ans à Giverny en Normandie.

i Monet ne portait pas grand intérêt aux sujets urbains.

j Zola appréciait beaucoup l'œuvre de Monet.

3b Réécoutez et corrigez les phrases fausses.

3c Réécoutez et notez encore un détail pour cinq phrases au moins.

4 Travaillez en groupe et préparez une présentation PowerPoint sur Monet.

- Racontez sa vie.
- Décrivez son œuvre et ses principales influences.
- Présentez quelques-uns de ses tableaux.
- Résumez son importance à son époque et après.

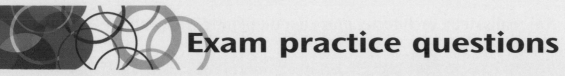
A l'oral

Vous devrez discuter de l'artiste* que vous avez choisi pendant votre examen à l'oral. Pour vous préparer, soyez prêt(e) à répondre aux questions suivantes.

* c'est-à-dire le réalisateur, l'architecte, le musicien ou le peintre

- Qu'est-ce que vous avez appris sur la vie de l'artiste que vous avez choisi(e)?
- Comment est-ce que ses expériences ont influencé son œuvre?
- Quelles techniques a-t-il/elle employées et comment les jugez-vous?
- Parlez d'une de ses œuvres. Quels en sont les thèmes principaux? Comment sont-ils présentés par l'artiste?
- Est-ce que l'artiste était populaire de son vivant? Pourquoi/Pourquoi pas?
- Qu'est-ce que vous avez appris en étudiant cet artiste?
- A qui recommanderiez-vous cet artiste? Pourquoi?

See page 114 for help with revising for the oral exam.

A l'écrit

Ecrivez un minimum de 250 mots sur un des sujets suivants.

- Quelles étaient les principales techniques de l'artiste que vous avez étudié(e)? Jusqu'à quel point était-ce un pionnier/une pionnière?
- Quelle était l'importance de l'artiste que vous avez choisi(e) à son époque? Est-ce qu'il/elle est plus ou moins important(e) aujourd'hui?
- Comment est-ce que la vie de l'artiste que vous avez choisi(e) a influencé son œuvre?
- Quels sont les messages principaux de l'artiste que vous avez étudié(e)? Comment les a-t-il/elle exprimés?
- Analysez les aspects positifs et négatifs de l'œuvre que vous avez étudiée. Jugez-vous que cette œuvre soit un succès?

See pages 110–113 for ideas on how to write a really good cultural topics essay.

Vocabulaire

un chef-d'œuvre	*masterpiece*
un critique / la critique	*critic / criticism*
une rupture fondatrice avec...	*a clean break with...*
un style novateur	*an innovative style*
une technique novatrice	*an innovative technique*
avant-gardiste	*cutting edge, very modern*
réaliste/contemporain	*realistic/contemporary*
avoir un esprit indépendant	*to have an independent spirit*
braver les pressions sociales	*to defy social pressures*
choquer/provoquer	*to shock/provoke*
émouvoir	*to move*
éviter les stéréotypes	*to avoid stereotypes*
exprimer (sa créativité)	*to express (one's creativity)*
faire allusion à...	*to make a reference to...*
s'inspirer de	*to be inspired by*
laisser une empreinte indélébile sur...	*to leave an indelible mark on...*
privilégier (un thème)	*to favour (a theme)*
rendre l'atmosphère de...	*to create an atmosphere of...*
témoigner un vif intérêt pour...	*to show a lively interest in...*

traiter des thèmes comme...	*to treat themes such as...*
cela fait penser à...	*this makes one think of...*
les beaux-arts (mpl)	*fine arts*
l'atelier (m)	*artist's studio*
un cinéaste	*a film maker*
une exposition / exposer	*an exhibition / to exhibit*
un film culte	*a cult film*
un metteur en scène/ réalisateur	*a director*
diriger / la direction	*to conduct (music) / conducting*
enregistrer / l'enregistrement (m)	*to record / recording*
se limiter à	*to limit oneself to*
réaliser un film	*to make a film*
souligner l'importance de	*to emphasise the importance of*
tourner / le tournage	*to film / filming*
du côté technique	*from a technical point of view*
X incarne le rôle de...	*X plays the role of...*

Cultural topics study skills

This section will help you choose which two cultural topics you would like to study and show you how to research them and to perform well in the exam.

Cultural topic (each relates to France or a French-speaking region or country)	Sample material
Page 87 A region	La Basse-Normandie
Page 91 A period of 20th century history	La France sous l'Occupation
Page 95 An author	Albert Camus
Page 99 A dramatist or poet	Molière
Page 103 A film director, architect, musician or painter	François Truffaut/Claude Monet

1 Researching a topic

Researching your topic

A Below is a list of the skills you will need when researching your topic (1–5). For each one, choose two sentences from a–j which describe ways of developing them.

1 Developing your knowledge and understanding

2 Deciding which are the most important facts

3 Making notes in French

4 Learning the facts you need for the examination

5 Developing and expressing your own opinions on the topic

a Disregard the trivial and concentrate on facts you can use for your arguments. Facts about an author's life, for example, are only useful if they tell you something about his work.

b Don't accept the opinions you read as true – decide whether you agree or not and look for evidence to back up your point of view.

c Bullet-point notes are more helpful than copying long sentences or paragraphs from source texts.

d Consult magazine and newspaper articles and books – all in French, of course!

e Learn key facts and key phrases rather than whole sentences

f When reading a text, try to identify the two or three main issues.

g Collect a range of phrases to help you express whether you agree with something or not.

h Test yourself using cards with key facts on one side and English prompts on the other.

i Organise your notes under sub-headings. Have separate sections for each bullet point from the specification.

j Use a French search engine to find texts.

Finding information

You must be really familiar with all the bullet points for your topic which are listed in the AQA specification. A page of key facts for each bullet point would be a good starting point.

If you pick Brittany as a region to study and want to collect information on its economy, it would be useful to type any of these key words into a search engine, alongside *la Bretagne*:

tourisme – pêche – nucléaire – industrie – chômage – emploi

A Imagine your topic is Paris and you want to compile notes on its geography. Write a list of suitable words to type into a search engine.

Once you start researching, you can use each article you read to point you towards other interesting aspects of the topic.

B You find the following information when researching the biography of the writer Jean-Paul Sartre. It contains useful starting points for research on the things which influenced his writing and thinking. Make a list of them, using key words which you could type into a search engine alongside his name.

Jean-Paul Sartre obtient son agrégation de philosophie en 1929. En 1938, il publie *La Nausée*, roman qui est reçu favorablement par la critique. En 1939, Sartre est mobilisé et, en juin 1940, il est fait prisonnier. Libéré un peu plus tard, Sartre se tourne vers le théâtre pour exprimer son engagement: il publie *Les Mouches* et, en 1943, *L'Etre et le Néant*. A la Libération, il fonde la revue *Les Temps modernes* et quitte l'enseignement. Sa théorie de l'existentialisme connait un véritable succès. Il considère qu'un intellectuel doit être un homme d'action et que l'engagement est nécessaire. C'est pourquoi, à partir de 1950, il se rapproche du Parti communiste et, pendant la guerre d'Algérie, soutient les indépendantistes du Front de Libération Nationale (FLN). En 1964, il refuse le prix Nobel de littérature. Sartre participe à la révolte étudiante en mai 1968. Il meurt en avril 1980 à Paris.

from http://études-litteraires.com/sartre/php

2 Planning a good essay

When planning your essay, always bear in mind what the examiner is looking for. Two of the most important things are:

- a clear understanding of the task
- an essay which is well planned and logical.

Understanding the task

Some questions ask you to use your knowledge of one aspect of your topic, such as the development of industry in the region you have studied. You will always be asked to do more than just list the facts and the question will require you to 'analyse', 'compare' or 'evaluate'.

A Study the AQA bullet points for the topic you are thinking of choosing and write a possible question which requires you to know some facts, but also to make a judgement about them.

Other questions require you to draw your knowledge of different aspects of a topic together. To write an essay on whether you judge a period of history to have been mainly positive or negative you will have to choose the most relevant aspects.

B Write two different possible questions for the topic which interests you which would allow you to select material from a range of different bullet points.

Making a logical plan

It's important to organise your ideas into a clearly-structured argument before you start writing.

- Every essay will follow the pattern: introduction → main body → conclusion.

Concentrate first on planning the main body of the essay. You need to think of three or four main ideas which will each form a paragraph.

A Which of the ideas below might well be relevant to the essay title *"Analysez les forces et les faiblesses des idées du dramaturge que vous avez étudié"*?

1 des détails biographiques

2 les aspects humoristiques d'une de ses pièces

3 pourquoi vous ne trouvez pas que le portrait du personnage principal soit réaliste

4 l'histoire racontée dans la pièce

5 l'importance des thèmes de la pièce

6 une liste des pièces écrites par ce dramaturge

B Choose an essay title for your topic and jot down three or four ideas which could be the basis of relevant paragraphs.

Introductions and conclusions

The introduction to your essay should do three main things:

1 state which author/region/period of history you have studied

2 refer to the precise question you are answering (but not answer it!)

3 outline how you intend to approach the subject in the essay

Equally important is a good conclusion to round off your essay.

A Read the two possible introductions for this essay title: *"Analysez les avantages et les inconvénients de vivre dans la région que vous avez étudiée."* Which of these introductions most successfully does the three things listed above? Justify your choice to a partner.

a La Basse-Normandie offre toute une gamme d'avantages à ses habitants, vu son beau paysage, son patrimoine fascinant et ses liens routiers et ferroviaires avec le reste de la France. Je vais examiner tous ces aspects de plus près, ainsi que quelques inconvénients liés à son caractère rural et j'espère en expliquer les causes et les conséquences.

b Dans la région que j'ai étudiée, il y a énormément d'avantages pour les habitants qui jouissent d'un beau paysage, d'une histoire et d'un patrimoine intéressants et d'un niveau de vie assez élevé. Mais il ne faut pas oublier les inconvénients, surtout la situation assez isolée de certains villages et les problèmes concernant l'emploi des jeunes.

B Choose an essay title on your topic and write an introduction for it. Then swap with a partner and comment on each other's work.

C Think of a suitable words to fill each gap in the following paragraph.

A good conclusion should round off your essay well, referring to the [a] you have already used without [b] it. It will not offer completely new [c]. It will address the [d], perhaps answering it definitely, perhaps offering more than one [e]. It will offer your own [f], formed after considering all the points you have made in preceding [g].

3 Using facts and evaluation in every paragraph

Writing a good paragraph

Once you have your main paragraph ideas, you will need to think how to develop each one. All the points made in one paragraph should be on the same general theme. A good way to structure them is to follow this pattern:

statement → examples → evaluation.

The mix of relevant facts and evaluation – that's your chance to weigh up what the facts show and what you think about them – is vital. You need to show it in every paragraph of your essay.

A **Explain which of these two paragraphs is a more successful combination of these important factors: facts and evaluation.**

Essay title:
"Qu'est-ce que vous appréciez surtout dans l'œuvre de l'artiste que vous avez étudié(e) et pourquoi?"

a L'un des tableaux les plus célèbres de Berthe Morisot s'appelle *Le berceau*. Elle a choisi de peindre sa sœur Edma et sa nièce Blanche. Blanche est toute petite et elle dort dans son berceau. Sa mère veille sur elle. Morisot a peint sa nièce et d'autres bébés plusieurs fois parce que la maternité l'intéressait. Par exemple, dans un autre tableau, *La nourrice*, on voit une jeune femme en pleine campagne avec un enfant. La femme porte une robe blanche et un bonnet de nourrice et elle est assise sur l'herbe avec un enfant d'environ un an. C'est un tableau très joli.

b Je trouve le choix des sujets du peintre Auguste Renoir très attirant. Dans *Le bal au Moulin de la Galette* il a réussi à capturer l'ambiance joyeuse d'une foule qui s'amuse dans le Paris des années 1870. On se sent admis dans le groupe intime au premier plan, mais on est conscient aussi des danseurs au fond, tout comme si on était présent. Avec *Le déjeuner des canotiers* aussi, on est invité à participer à une fête. En regardant la peinture on a envie de prendre un grain de raisin sur la table, de participer à un des dialogues animés ou de jouer avec le petit chien sur la table. Dans ces deux peintures on voit un moment précis, si vivement dépeint qu'on se croit là. C'est fascinant, je trouve.

B **Analyse the techniques used in paragraph b, answering these questions in English.**

a What aspect of the painter's work has the writer chosen to describe in this paragraph?

b What is seen in the painting *Le bal au Moulin de la Galette*?

c What is the effect of the painting on the person looking at it?

d What similar effect is said to be found in *Le déjeuner des canotiers*?

C **Consider the essay title *Analysez les rapports entre un individu et les autres dans le livre que vous avez étudié*. The factual statements a–c below are extracts from an essay of this title with reference to Marcel Pagnol's novel *La gloire de mon père*. Match each statement with the sentence (1–3) which analyses its effect.**

a Joseph se moque de la foi religieuse de son beau-frère Jules.

b Joseph est très fier de son fils quand celui-ci est admis au lycée.

c Joseph loue la maison de vacances parce qu'il s'inquiète de la santé de sa femme.

1 Il comprend que sa femme est faible et veut la protéger s'il peut. Cela est preuve de l'amour qu'il ressent pour elle.

2 Il sait qu'il n'a pas atteint un très haut niveau d'éducation lui-même, mais cela n'empêche pas son admiration pour les succès de Marcel. Son admiration est généreuse.

3 Il peut être très sûr de lui et assez intolérant envers les autres.

D **Choose an essay title for your topic and write one paragraph from the middle of the essay, starting with a statement of the main idea you want to convey in that paragraph and following it with relevant examples and evaluation.**

4 Using a full range of vocabulary and structures

Collecting useful language

Learn some general vocabulary for discussing ideas and opinions. The following is a starting point:

l'œuvre (f)	*the work*
le chef-d'œuvre	*masterpiece*
la façon dont (l'auteur)…	*the way in which (the author)…*
mettre en lumière	*to expose*
évoquer	*to evoke*
créer (une tension)	*to create (tension)*
ressentir les émotions de qn	*to feel someone's emotions*
discuter de	*to discuss*
signifier	*to mean*
rejeter les conventions	*to reject convention*
mettre en question	*to question*
exprimer ses sentiments	*to express one's feelings*

You also need to collect vocabulary relevant to your own topic. Note down phrases you come across in your reading and research. Much of it will be recyclable in future essays!

Consult the topic-specific vocabulary list relevant to your choice: a region (page 90), a period of history (page 94), an author (page 98), a poet or dramatist (page 102) or a film director, architect, musician or painter (page 108).

A1 **List 15 words or phrases which are relevant to your own topic. To get you started, here are a few ideas from sample topics:**

Study of a region: la croissance démographique, les liens ferroviaires, le réseau routier,…

Study of a musician: le compositeur, une œuvre modeste en nombre d'opus, l'influence récurrente de…

A2 **Compare your list with that of anyone else doing the same topic as you and share ideas.**

Make a point of collecting synonyms for over-used words.

B **Think of a synonym for each of these common verbs.**

a dire	**d** devoir	**f** montrer
b penser	**e** finir	**g** donner
c essayer		

✓ Using a variety of different structures

Make a point of including a wide variety of grammatical structures in your essays. You will find some useful suggestions in the 'Stretch and challenge' section on pages 128–134. Here's a checklist of ideas:

- the subjunctive (see page 150)

  Je ne pense pas que ce personnage soit aimable.

- present participles (see page 152)

  En décrivant le paysage avec tant d'émotion, l'écrivain souligne son attachement à la Bretagne.

- negatives (see page 153)

  ne … rien / ne … jamais / ne … plus / ne … que / ne … guère

  Je n'ai aucun doute sur ce point.

  L'auteur ne s'est jamais servi de descriptions superflues.

- relative pronouns (qui, que, où, dont) (see page 142)

  X, dont la personnalité est si complexe,…

  X, qui ne comprend pas pourquoi…

- comparatives and superlatives (see pages 138–139)

  Ce personnage est plus intéressant que… moins admirable que… aussi difficile à comprendre que…

- two-verb constructions (see pages 143–144)

  verb + infinitive: *devoir, pouvoir, vouloir, préférer, aimer, détester, espérer*

  verb + à + infinitive: *avoir du mal à, commencer à, hésiter à, s'attendre à, réussir à, se mettre à*

  verb + de + infinitive: *essayer de, refuser de, finir de, décider de, cesser de, oublier de, avoir besoin de*

- reflexives (see page 144)

  Voici la solution qui s'impose.

- si clauses (see page 148)

  present + future

  Si on réduit les impôts, il faudra aussi diminuer les services.

  imperfect + conditional

  Si on accordait des subventions, les régions isolées pourraient développer leur réseaux de transports.

  pluperfect + conditional perfect

  Si on avait prévu les résultats, on n'aurait jamais accepté cette idée.

A **Read through some research material for your topic and find six expressions with impressive grammatical constructions. Learn them so you can adapt them in your own sentences.**

B **Write six sample sentences from an essay for your topic, using a different construction from the list above in each one.**

5 Writing accurately and checking for accuracy

✓ Improving your accuracy: a checklist

It's important to write as accurately as possible. If you make errors, you will be penalised, but worse still, the examiner might not understand what you meant to say and then you will lose content marks as well as accuracy marks. Here are some useful tips.

– Keep revising grammatical points and doing practice exercises.

– Know your weaknesses! Check your written work, particularly for mistakes you know you often make.

– Check marked work carefully and read the comments. Are there corrections you don't understand? Ask. Are there silly errors which you could have corrected yourself? Make a mental note to look out for those next time.

– Learn model sentences by heart so you can reuse and adapt them and be sure they are correct.

– Always allow a few minutes at the end of an exam to check through your work.

Match them up.

Every underlined word is a mistake. Which description (a–h) fits each one? And what is the correct version?

1 Les habitants de cette région <u>est</u> pour la plupart assez pauvres.

2 La Bourgogne est une région <u>plein</u> de plaisirs pour le gourmand.

3 Je ne trouve pas que <u>c'est</u> réaliste.

4 Jusqu'ici, on ne <u>construit</u> pas assez de nouvelles routes.

5 C'est une région où les <u>vieux</u> traditions sont de première importance.

6 C'est une région <u>qui</u> je trouve tout à fait fascinante.

7 La région que j'ai <u>étudié</u> est la Haute-Savoie.

8 La plupart des gens ne <u>comprendent</u> pas cette idée.

a a verb which should be in the perfect tense

b an incorrect relative pronoun

c a verb which does not agree with its subject

d a verb which should be in the subjunctive

e a verb whose irregular form is incorrect

f an adjective which should have an irregular feminine form

g a past participle which needs a feminine agreement

h an adjective which is missing its agreement

What's wrong?

The errors in these sentences have been underlined. What is the correct version?

a La vie dans cette région est <u>reposant</u> et tranquille.

b A mon avis, <u>c'est</u> pas quelque chose de positif.

c <u>Ce que</u> m'attire dans cette région, c'est le climat.

d Il y a beaucoup de choses <u>a</u> faire, surtout pour les touristes.

e Mais il y a aussi plein <u>d'attraction</u> pour les adultes.

f La chose <u>le plus important</u>, c'est l'économie.

g On peut faire <u>des</u> longues randonnées et visiter les ruines.

h Les belles plages <u>attractent</u> les touristes.

i L'industrie de la construction a toujours <u>joue</u> un rôle important dans cette région.

j Le tourisme continue à <u>joue</u> un rôle primordial.

Find the errors (1)

There is one mistake in every sentence. Find and correct it.

a On vient de fêter l'anniversaire du débarquement des troupes alliés en Normandie.

b Quelles étaient les difficultés de la vie quotidien pendant cette période?

c Si on était un Juif, on n'avait plus le droit d'aller au cinéma.

d La vie de Français a changé rapidement à cette époque.

e La vie a devenu plus difficile pour les membres de la Résistance.

f Il y avait beaucoup d'exemples de sabotage des trains et des batiments occupés par les Nazis.

g Il n'est pas certain que les Résistants ont toujours réussi.

h Tous les habitants d'Oradour-sur-Glane ont torturés ou tués par les Allemands.

Find the errors (2)

There are errors in each of a–e. Find and correct them.

a Pour moi, le Maréchal Pétain était la personne le plus importantes pendant cette période.

b Il a dû signé l'armistice le 22 Juin 1940. La France était divisée en deux: la zone libre et la zone occupé.

c Beaucoup de jeunes Français devaient faire du travaille forcé en Allemagne.

d Il réussi à trouver la paix pour la France en collaboré avec les allemands.

e De Gaulle a fait son première appel de Londre le 18 juin. Il a motivé beaucoup de Français de résister et les a donné un sense d'unité et d'espoir.

6 Preparing for the oral exam

Sample starter questions

Region: Quels aspects de la géographie de cette région vous intéressent?

Period of history: Décrivez les évènements principaux de cette période.

Author: Quels sont les thèmes principaux de son œuvre?

Poet/Dramatist: Décrivez les influences culturelles sur ce poète/dramaturge.

Musician/Painter: Lesquelles de ses techniques admirez-vous?

Giving plenty of detail

It's essential to answer the questions you are asked as fully as possible. The examiner will be frustrated if s/he has to keep pumping you for information!

A Look at this answer to the question on the interesting geographical aspects of a region. Notice how each addition to the answer develops it and makes it more likely to score high marks. How many *aspects géographiques* does the candidate mention?

L'Aquitaine est intéressante parce que c'est la plus grande région en France.
Elle comprend cinq départements, par exemple la Dordogne et la Gironde.
Elle est connue partout dans le monde pour la viticulture dont le succès est dû principalement au climat.
Mais elle est aussi intéressante à cause de son littoral, son massif montagneux – les Pyrénées – et ses belles villes historiques, Bordeaux et Toulouse.

B Plan out a full answer to one of the sample starter questions at the top of this page. Don't write it all out, just jot down bullet points as quick reminders of the main points.

C Choose one of your bullet points from B and make brief notes on aspects of it you would like to mention when discussing it with the examiner. Model your answer on the sample notes on viticulture in Aquitaine which follow.

You need to have some key facts to hand for any aspect you might have to discuss. In the example above, the candidate would need information on all the things s/he chose to mention in his/her initial answer. For example, his/her notes on *la viticulture* might look something like this:

– climat océanique tempéré

– étés ensoleillés, beaux automnes, hivers aux gelées très rares

– diversité de sols favorables à la culture des vignes, par exemple le merlot et le cabernet sauvignon

– haute qualité – 98% des vins bordelais "appellation contrôlée"

Giving your opinion

The examiner will want to know what you think about various aspects of your topic. A good answer is one which is backed up with references to the topic.

A Read the three answers to the question *Admirez-vous cet auteur?* Explain why each one is slightly better than the one(s) before it.

a Oui, je trouve que Faïza Guène est très intéressante et amusante.

b Oui, j'aime bien son sens de l'humour, par exemple quand elle ridiculise les habitudes des adultes qu'elle rencontre.

c Oui, je trouve qu'elle est très amusante, mais qu'elle explique aussi très bien la situation des familles immigrées en France. Par exemple, elle décrit le travail de sa mère dans un "putain d'hôtel pourri où elle tire la chasse d'eau derrière les riches". Cela fait rire, mais explique aussi comment sa mère est exploitée.

Understanding how the oral is marked

A Here is a list of things which will gain you marks when discussing your cultural topics. Match each one with the relevant description of how to maximise your score for that aspect.

a Fluency

b Interaction

c Pronunciation and intonation

d Knowledge of grammar

1 sounding French

2 responding well to what you are asked, volunteering your own ideas and opinions, keeping the conversation going

3 speaking at a natural pace, without undue hesitation or pauses

4 using a good range of structures and vocabulary, not making too many mistakes

Exam practice

The following pages contain three practice tests, each one to be completed after a group of three units. Each group of three units in *élan 2* represents the material you need to cover for one topic from the AQA A2 French exam:

▸ **Environment** (pollution, energy, protecting the planet)

▸ **The multicultural society** (immigration, integration, racism)

▸ **Contemporary social issues** (wealth and poverty, law and order, impact of scientific and technological progress)

The tests are designed to encourage you to revise the topics as you go and not leave all the learning until the last minute!

Each test contains examples of all the things you will have to do in your exam:
– listening comprehension
– reading comprehension
– a translation from French into English
– sentences to translate from English to French
– a debating task

Cultural topics in the exam

Remember too that some parts of the examination are based on your study of two cultural topics:

– an essay of a minimum of 250 words
– discussions lasting five minutes each on the two cultural topics you have chosen

Practice essay and oral questions for each type of cultural topic are provided as follows:

How to revise

Here are some useful things to do as preparation.

● Look over the reading and listening activities you have done in class and learn from your mistakes.

● Keep refining your grammatical knowledge and adding to your vocabulary. Two of the tasks which are new at A2 – translation from and into French – make challenging demands in these areas.

● For the debating task, practise outlining your ideas on aspects of each topic in turn. You could do this with a partner or perhaps record yourself speaking on each theme for one minute. Try to give four or five reasons for the point of view you have chosen and make sure you have points ready to back you up when the examiner questions your views.

How do these tests compare with the exam?

These tests will give you practice of all the skills which will be tested in the parts of your exam which are based on the AQA topics list. They are very similar in format and level to the exam questions you will answer. The number of marks allocated is exactly the same:

25 marks for listening comprehension

25 marks for reading comprehension

10 marks for the translation from French to English

10 marks for the translation sentences from English to French

15 marks for the debating task (5 marks for outlining your point of view and 10 marks for defending it in the debate with the examiner)

If you are doing a full oral practice, you will also be asked to have a conversation on both of your cultural topics. You will spend five minutes on each, making a total of 15 minutes including the debating task. In addition to separate marks for the conversation, there is an overall mark of 15 awarded for knowledge of grammar. This rewards your use of idiom, ability to use complex structures, range of vocabulary and accuracy. So it makes sense to do as well as you can in those areas when practising with these debating cards.

Your teacher will advise you about what your marks in these practice tests mean in terms of a final grade.

What next?

When you have worked through the course and done the practice tests as you go, you will be well prepared to tackle AQA past papers. For those, your teacher can tell you exactly what grade your mark would get you by looking up the grade boundaries on the AQA website.

Bon courage! Et bonne chance!

Reading

1 **Lisez l'article sur la pollution sonore. Choisissez un adjectif dans la case pour remplir chaque blanc. Attention! Il y a trois adjectifs de trop.**

(9 marks)

Le bruit est une des nuisances majeures de la vie [a]. Les nuisances sonores sont [b], et tout particulièrement dans les agglomérations.

La pollution sonore est caractérisée par un niveau de bruit [c] au point d'avoir des conséquences sur la santé humaine et l'environnement: les nuisances [d] peuvent avoir une incidence sur la santé et la qualité de vie, comme des conséquences physiques et/ou [e] pour les hommes et les femmes qui les subissent. Elles peuvent également avoir un impact sur la biodiversité.

Le bruit a des effets nocifs sur la santé humaine: stress, troubles du sommeil, effets sur le système cardio-vasculaire, immunitaire et endocrinien, conséquences sur la santé [f].

Selon une étude réalisée auprès de 4 391 personnes vivant en Ile-de-France, la prise de médicaments contre l'hypertension est 5,6 fois plus [g] chez les hommes de 40 à 69 ans dont le domicile est [h] par des avions. La prise d'anxiolytiques et d'antidépresseurs est multipliée par 10 chez les femmes de 40 à 69 ans habitant dans un endroit très [i]. Pour les femmes de 15 à 39 ans dont le domicile est survolé par des avions, la fréquence d'une hospitalisation est cinq fois plus importante que la normale.

fréquente * élevé * bas * bruyant * polluants * sonores * omniprésentes * quotidienne * tranquille * mentale * survolé * psychologiques

2 **Lisez les extraits d'un forum sur le nucléaire. Pour indiquer la personne qui exprime les opinions suivantes, écrivez: A (Ariane), E (Edith), F (François) ou M (Mustafa).** *(7 marks)*

a Le nucléaire offre une solution positive pour l'environnement.

b On peut faire des bénéfices en utilisant le nucléaire pour produire de l'électricité.

c Si on change nos habitudes, on peut se passer du nucléaire.

d Il faut développer d'autres sources d'énergie.

e Sans le nucléaire, on risque des problèmes climatiques.

f Une source d'énergie peu chère favorise la surconsommation.

g On n'en a pas assez fait pour limiter le problème des gaz à effet de serre.

Pour et contre le nucléaire

×

Le nucléaire permet de lutter contre le réchauffement climatique et réduit l'effet de serre. Si nous ne faisons rien, la planète se réchauffera de plus en plus, provoquant des sécheresses et des inondations. Je pense que le nucléaire est une bonne solution car il  ne produit pas de gaz à effet de serre, à la différence d'autres sources d'énergies comme le pétrole, le gaz ou le charbon.

Ariane

 On ne peut pas dire que le nucléaire soit une solution contre l'effet de serre. La France possède 58 réacteurs nucléaires, et pourtant, nous sommes le pays d'Europe qui émet le plus de gaz à effet de serre. Le problème du réchauffement climatique ne peut être résolu qu'en diminuant notre consommation d'énergie, en construisant des habitations mieux isolées et en développant les énergies renouvelables.

Edith

Grâce au nucléaire, la France est indépendante au niveau de son énergie. La France a fait le choix de développer le nucléaire pour ne pas dépendre des autres. Elle crée ainsi elle-même son électricité et n'a pas besoin d'en acheter aux autres pays. En plus, on en produit  beaucoup, ce qui nous permet d'en revendre à nos voisins.

François

 Le nucléaire nous permet de produire une grande quantité d'électricité, mais je ne suis pas convaincu que cela soit forcément un avantage. Puisque le nucléaire n'est pas cher, on nous invite à consommer sans regarder. Il faut développer une politique de maitrise et d'économie d'énergie. Si on faisait plus attention à nos gestes quotidiens, nous pourrions nous contenter des énergies renouvelables.

Mustafa

Les pionniers en écologie

Lisez notre interview avec Anne-Marie, habitante d'un quartier écologique. Aimeriez-vous, vous aussi, vivre comme elle? Pourquoi?

– **Vous m'avez dit que vous habitez un quartier écologique. Alors, c'est quoi exactement?**

– Notre quartier se trouve en plein cœur de la ville, mais c'est un espace habité où l'on respecte l'environnement. Nous sommes fiers qu'aucun arbre n'ait été abattu pendant la construction et que les habitations aient été réalisées en bois, en pierre ou en briques naturelles. Sur les toits une couverture herbeuse assure une bonne isolation.

– **Vous êtes alimentés en électricité?**

– Oui, quand même! Mais nous économisons le plus possible. Il y a un décompte mensuel qui donne un bilan-chauffage à chaque famille. Personne ne veut redescendre dans la liste et chacun fait de son mieux pour utiliser le moins possible. Nos toilettes à compost permettent d'économiser l'eau, tout en produisant un engrais pour le jardin.

– **C'est une bonne idée! Vous êtes combien ici?**

– 82 personnes, dont 39 adultes et 43 enfants. Nous avons construit cinq groupes d'habitations, reliées par une route non asphaltée tout autour d'une place où l'on trouve la maison communautaire ainsi qu'un étang rempli d'eau douce.

– **Donc il s'agit d'une vraie communauté?**

– Oui et en plus nous nous sommes organisés en coopérative. Toutes les décisions concernant l'avenir de notre coopérative écologique doivent être prises après délibération et vote de tous les membres de la communauté.

– **Et tout cela sans disputes?**

– Pour dire vrai, pas tout à fait! Celui qui se sert trop de son auto se fait critiquer. Et quand, l'année dernière à Noël, le responsable des poubelles a trouvé une grande quantité d'emballages dans les ordures, la discussion a été animée!

– **Vous ne vous prenez pas trop au sérieux?**

– J'espère que non. Pour moi, apprendre l'esprit communautaire et la tolérance est aussi important que de tenir le rôle de pionnier en écologie.

3 Lisez le texte sur la vie dans un quartier écologique. Trouvez un mot ou une expression qui a le même sens que les expressions suivantes. (Les expressions sont dans l'ordre du texte)

(*9 marks*)

a précisément   d garantit   g réflection

b au milieu de   e consommer   h utilise

c fabriquées   f plein de   i vive

Listening

4 🎧 **Le bilan énergétique**

Ecoutez le reportage sur la consommation d'énergie. Pour chaque phrase choisissez l'expression qui convient le mieux pour compléter la phrase. Notez la lettre de l'expression.

(6 marks)

1 On parle ici de la consommation d'énergie en France [**a** *en 2006* **b** *en 2007* **c** *en moyenne*].

2 Par comparaison avec l'année précédente, on a consommé moins d'énergie dans le secteur [**a** *résidentiel* **b** *routier* **c** *industriel*].

3 Un facteur important concernant la consommation des carburants routiers, c'est [**a** *le prix bas* **b** *la dépendance au pétrole* **c** *l'absence d'autres solutions*].

4 Pendant cette période, la production d'énergie hydroélectrique était [**a** *en hausse* **b** *en baisse* **c** *statique*].

5 Le secteur où on a noté la hausse la plus remarquable est le secteur [**a** *thermique* **b** *éolien* **c** *photovoltaïque*].

6 Il y a eu un facteur décisif dans le domaine du photovoltaïque: [**a** *des prix favorables* **b** *des soucis pour l'environnement* **c** *des progrès sur le plan technique*].

5 🎧 **Des campagnes pour l'environnement**
Ecoutez les deux reportages. Toutes les phrases ci-dessous contiennent un détail faux. Notez le détail faux et écrivez le détail juste à côté. Répondez en français. *(12 marks)*

La journée d'action

a On se mobilise pour l'environnement dans des milliers d'écoles françaises.

b On a déjà planté un énorme nombre d'arbres dans des pays africains et asiatiques.

c Les arbres abattus ne repoussent pas et une des causes principales reste le manque de soleil.

La campagne Greenpeace

d L'exploitation des ressources marines est possible sur un tiers de notre planète.

e L'équilibre naturel des écosystèmes marins est protégé par la surexploitation de nos stocks de poissons.

f Greenpeace veut que les pêcheurs du monde entier introduisent des systèmes de gestion de pêche plus responsables.

6 🎧 **L'air dans nos écoles est-il pollué?**
Ecoutez ce reportage sur la pollution de l'air. Pour chaque phrase, notez vrai (V), faux (F) ou information non donnée (ND). *(7 marks)*

a On a fait ces recherches uniquement en France.

b Il semble que l'air dans les établissements scolaires n'est pas très frais.

c La situation s'aggrave d'année en année.

d Rafraichir l'air dans une salle de classe peut améliorer le niveau scolaire atteint par les élèves.

e On voit surtout des progrès dans le domaine des maths et des sciences.

f En général on fait tout ce qu'on peut à cet égard dans les écoles françaises.

g On ne trouve que rarement un système de ventilation mécanique dans les écoles françaises.

Translation

7 **Traduisez en anglais l'extrait suivant sur l'énergie renouvelable.** (*10 marks*)

Enfin des progrès!

Un peu partout dans le monde, on prend progressivement conscience de la rentabilité de ces sources d'énergie renouvelables. Certains scientifiques estiment que le potentiel en énergies renouvelables permettrait de stabiliser, voire de réduire les émissions mondiales des gaz à effet de serre sans couts supplémentaires.

L'utilisation de l'éolien s'accroit de 30% chaque année: 20% des besoins en électricité du Danemark sont déjà couverts par des champs d'éoliennes. L'énergie solaire est aussi en pleine expansion et de récents progrès technologiques ont amené les industriels à prédire qu'elle pourrait alimenter deux milliards de foyers dans vingt ans.

8 **Traduisez en français les phrases suivantes.** (*10 marks*)

a We should demonstrate against the harmful effects of pollution.

b Everyone is obliged to consider their carbon footprint.

c We can help much by leaving our cars in the garage.

d It will no longer be acceptable to fly several times a year.

e We shouldn't forget that eating meat contributes to greenhouse gases.

Oral

9 **Debating task**

- Look at the two opinions in the speech bubbles.
- Choose **one** and think how you can convey and expand on its main ideas.
- Begin the discussion by outlining your point of view (this should take no longer than one minute).
- You must then be prepared to respond to anything the examiner might say and to justify your point of view (this should take about four minutes).
- You may be required to explain something you have said, to respond to an opposing point of view expressed by the examiner, or to defend your expressed opinion(s).
- You may make notes in your preparation time (20 minutes in the actual exam) and refer to them during this part of the test. (*15 marks*)

Sauver la planète: tu joues ton rôle?

> **Opinion 1**
> Je suis prêt à tout faire pour ne plus endommager notre environnement. Je fais attention à ce que j'achète, à ce que je consomme, et à mes habitudes concernant les transports et l'entretien domestique. J'essaie d'être toujours responsable.

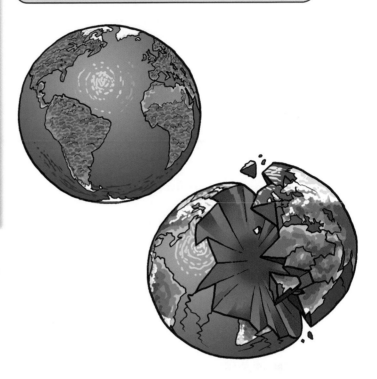

> **Opinion 2**
> On nous parle constamment de petits gestes individuels. Mais à quoi ça sert si moi je suis végétarien ou que je prends un peu plus souvent mon vélo au lieu de prendre le bus? Je ne vois vraiment pas en quoi je peux changer les choses.

 This debating task is a sample. In the exam, students are given two debating cards and can choose which to prepare. There are a further three debating tasks based on the topic of the environment in the *élan Resource and Assessment OxBox CD-Rom*, which can be used to make this choice possible.

The multicultural society

Reading

1 Lisez le reportage sur Hunjan Cai, le père d'un élève chinois. Trouvez un mot ou une expression qui a le même sens que les mots suivants. (Les mots sont dans l'ordre du texte.)

(8 marks)

  a professeurs

  b filmé

  c rapatriement

  d aussi

  e insisté

  f doué

  g mis

  h accompagné

Action de solidarité pour un immigré

La très grande majorité des enseignants du collège Françoise-Dolto, à Paris 20ᵉ, là où a été tourné le film primé à Cannes *Entre les murs*, observait lundi une grève pour demander la régularisation d'un parent d'élève sur lequel pèse un arrêté de reconduite à la frontière, selon le Réseau éducation sans frontières (RESF). L'information a été confirmée par l'administration du collège.

Selon RESF, Hunjan Cai et sa femme, originaires de Chine, sont arrivés en France il y a 4 ans où les a rejoint leur petit garçon, un an plus tard. Les deux parents travaillent dans la confection et vivent également dans le 20ᵉ arrondissement. *"La mobilisation pour leur régularisation"*, a souligné une militante de RESF, Nathalie Boissonnet, est partie autour de leur enfant, *"brillant élève de 5ᵉ qui a même choisi l'option latin!"*.

Hunjan Cai a été interpellé le 3 novembre puis placé en centre de rétention. Remis en liberté par le juge des libertés du tribunal de Meaux, Hunjan Cai devait se présenter lundi en début d'après-midi devant le tribunal administratif de Melun. Une délégation d'enseignants et de parents d'élèves l'y ont escorté.

2 Lisez l'article et choisissez un nom dans la case pour remplir chaque blanc. Attention! Il y a trois noms de trop. *(9 marks)*

Les minorités, percent-elles au cinéma?

Halle Berry jette un pavé dans la marre et brosse un [a] peu flatteur de Hollywood!

Halle Berry est plus qu'une [b] noire, c'est une grande actrice tout court qui a reçu un Oscar en 2001 pour le film *A l'ombre de la haine* et qui a déjà prouvé qu'elle méritait la [c] en or.

Celle qui a été une des James Bond Girl les plus sexy et qui vit en ce moment une romance avec Olivier Martinez a maintenant assez de [d] pour dénoncer les failles du système qui l'a révélée au grand [e].

Halle Berry pose avec Sydney Poitier en une du *Hollywood Reporter*: ce sont des deux premiers noirs à avoir été oscarisés.

Interviewée par le [f] *Wrap*, Halle Berry n'y est pas allée par quatre chemins:

"Il y avait des rôles que je voulais vraiment jouer, et j'ai dû écouter des producteurs me dire 'Nous ne voulons pas une black pour ce [g] parce que si nous sommes noirs ça change toute l'histoire parce que qui seront alors leurs parents? Alors il faut trouver un [h] pour jouer le père. Alors, ça devient un film de blacks, et qui ira le voir?'"

Cette triste [i] explique pourquoi peu de minorités percent au cinéma...

recul * rôle * film * actrice * noir * constatation * portrait * avis * public * prix * site * statuette

Reading

3 **Lisez l'interview avec Neena sur son expérience du racisme. Pour chaque phrase, notez vrai (V), faux (F) or information non donnée (ND).**

(8 marks)

a Pour Neena il est surtout important d'exprimer son opinion.

b Elle a une attitude ambivalente envers le racisme.

c Elle a déjà parlé à plusieurs victimes du racisme.

d Elle croit qu'on la juge à cause de ses origines.

e La valeur de l'objet qu'on lui a volé ne lui semble pas très importante.

f On l'a blessée en volant son mp3.

g Elle reste plutôt positive en ce qui concerne l'avenir.

h Elle veut surtout que les racistes comprennent son point de vue.

Une victime du racisme

– Salut, Neena. Pourquoi avez-vous choisi de participer à notre discussion sur le racisme?

– En tant que victime des racistes, je crois que j'ai aussi mon mot à dire dans tout ça. Je suis contre le racisme et bien évidemment je ne comprends pas ce qui pousse les gens à être racistes. Peut-être que les gens préfèrent s'en prendre aux autres plutôt que d'accepter tout le monde. Mais je peux dire que les victimes en souffrent.

– Que voulez-vous dire?

– Je suis asiatique et beaucoup de personnes en déduisent que je suis faible et que si on me vole je me laisserai faire. On m'a volé il y a quelques mois. Ce n'était pas grand-chose, juste un mp3 qui valait 30 euros. Mais j'en ai beaucoup souffert et aujourd'hui encore je ne suis pas tout à fait guérie.

– Quelles en sont les conséquences?

– Je n'arrive pas à faire face à la réalité. Je fuis la réalité. Je refuse de sortir de chez moi car je n'ai que des pensées négatives.

– Et quel message voulez-vous donner aux racistes?

– J'espère que les racistes vont comprendre les résultats de leur attitude. Beaucoup de gens que je connais sont passés par la dépression à cause du racisme. Et je sais même que si ça continue comme ça, je ne pourrai peut-être pas survivre plus longtemps. Ce que je veux expliquer à ces gens c'est qu'un jour cela peut leur arriver et peut-être que ce jour-là ils comprendront ce qu'on ressent. Voilà tout.

– Merci de votre participation courageuse à notre discussion.

Listening

4 🎙 **Débarquement d'immigrés clandestins**
Ecoutez ce reportage sur l'arrivée d'immigrés clandestins à l'ile de Malte. Lisez la liste et les chiffres dans la case. Choisissez le bon chiffre pour chaque élément de la liste. Attention! Il y a trois chiffres de trop. *(8 marks)*

a le nombre d'immigrés clandestins qui sont partis de chez eux

b la distance de Malte en milles nautiques du lieu où les problèmes ont commencé

c le nombre de femmes qui ont débarqué à Malte

d le nombre d'hommes qui ont débarqué à Malte

e le nombre d'immigrés qui ont débarqué à Malte

f le nombre d'immigrés qui ont débarqué en Libye

g le nombre d'immigrés clandestins débarquant à Malte en 2009

h le nombre d'immigrés clandestins débarquant à Malte en 2008

> 2 675 * 22 * 55 * 27 * 1 475 * 30 * 5 * 44 * 2 775 * 28 * 29

5 🎙 **Les footballeurs d'origine étrangère: refus ou intégration?**
Ecoutez le reportage sur les quotas dans le domaine du football. Ecrivez les lettres des cinq phrases <u>vraies</u>. *(5 marks)*

a Il y a de plus en plus de footballeurs étrangers qui jouent pour les grands clubs.

b On vient de limiter le nombre de footballeurs étrangers dans chaque club.

c Ce sont les clubs français qui ont proposé cette nouvelle loi.

d Selon la nouvelle loi, il serait impossible d'avoir sept joueurs étrangers dans un seul club.

e FIFA trouve que la nouvelle loi est raciste.

f Les meilleurs joueurs jouent tous à l'étranger.

g Certains veulent abolir la sélection nationale dans le foot.

h Certains clubs ne veulent pas tenir compte de la nationalité de leurs joueurs.

i Michel Platini a dénoncé le racisme.

j Michel Platini veut améliorer la situation pour les jeunes footballeurs.

k La nouvelle loi imposera des restrictions surtout aux grands clubs riches.

6 🎙 **Un projet anti-racisme**
Ecoutez l'interview avec une des organisatrices du projet "Lausanne avec couleurs". Toutes les phrases ci-dessous contiennent un détail faux. Notez le détail faux et écrivez le détail juste à côté. Répondez en français. *(12 marks)*

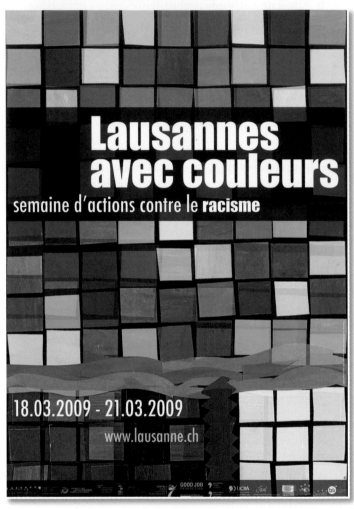

a On va organiser une période de sensibilisation en faveur de l'intégration des étrangers dans la région de Lausanne.

b Le projet a ses racines dans la coalition mondiale des villes contre le racisme.

c On a demandé à sept élèves d'une école primaire de créer un poster pour l'évènement.

d Les vives couleurs de l'affiche représentent les différents aspects de la ville.

e Pendant un mois, il y aura toute une gamme d'activités comme des expositions et des contes pour enfants.

f Il y aura environ 20 manifestations variées dont la plupart prennent les personnes âgées pour cible.

Translation

7 **Traduisez en anglais l'extrait suivant sur l'intégration des immigrés.** (*10 marks*)

L'Europe veut assimiler ses immigrés. Mais comment? Dans chaque Etat, les nouvelles dispositions législatives oscillent entre multiculturalisme et assimilation. Pour les immigrés en France, il sera obligatoire d'apprendre *La Marseillaise*. Hautement symbolique, cette mesure fait partie du contrat d'accueil et d'intégration que doit signer depuis 2006 tout arrivant sur le territoire. La décision a été prise à Vichy en novembre dernier, à l'occasion de la conférence européenne sur l'intégration des immigrés, réunissant les ministres de l'immigration de chaque Etat membre. L'acquisition et la maitrise de la langue du pays d'accueil, la connaissance des valeurs de la société européenne et l'accès à l'emploi ont constitué les trois axes majeurs de la rencontre.

8 **Traduisez en français les phrases suivantes.** (*10 marks*)

a It goes without saying that immigrants must respect the way of life and culture in France.

b Do you really believe that most crimes are committed by immigrants?

c Should we insist that foreigners must learn French before asking for asylum in France?

d We should all be afraid of the rise of the National Front in our society.

e We can take advantage of many riches if we live in a multicultural society.

Oral

9 **Debating task**

- Look at the two opinions in the speech bubbles.
- Choose **one** and think how you can convey and expand on its main ideas.
- Begin the discussion by outlining your point of view (this should take no longer than one minute).
- You must then be prepared to respond to anything the examiner might say and to justify your point of view (this should take about four minutes).
- You may be required to explain something you have said, to respond to an opposing point of view expressed by the examiner, or to defend your expressed opinion(s).
- You may make notes in your preparation time (20 minutes in the actual exam) and refer to them during this part of the test. (*15 marks*)

Le racisme: ça existe encore?

> **Opinion 1**
> Je ne comprends pas pourquoi on parle toujours du racisme. Depuis un certain temps, on fait tout ce qu'on peut pour combattre ce fléau et je crois qu'au XXIe siècle, les attitudes racistes n'existent plus dans les pays européens.

> **Opinion 2**
> Malgré tous les efforts qu'on a faits, on n'a pas encore réussi à éliminer le racisme de notre société. Il y a encore beaucoup à faire, par exemple dans les domaines de l'emploi, du logement et de l'éducation. Il faut continuer la lutte!

 This debating task is a sample. In the exam, students are given two debating cards and can choose which to prepare. There are a further three debating tasks based on the topic of the multicultural society in the ***élan Resource and Assessment OxBox CD-Rom***, which can be used to make this choice possible.

Reading

1 **Lisez le texte, puis répondez aux questions en français.** (*9 marks*)

Quelles sont les causes de la pauvreté?

Certaines personnes s'imaginent que, dans un territoire aussi riche que l'UE, personne ne peut être pauvre ou que, si c'est le cas, des échecs ou des problèmes personnels sont en cause. Cependant, ceci ne reflète en rien la réalité.

Les sociétés les moins inégalitaires d'Europe ont tendance à connaitre des niveaux de pauvreté plus bas. Leurs gouvernements choisissent de donner la priorité à la garantie d'un revenu minimum adéquat et un bon accès aux services. En bref, les décisions relatives à l'éradication de la pauvreté sont des choix politiques, opérés en fonction du type de société que l'on souhaite.

Quels sont donc les facteurs qui augmentent le risque de pauvreté?

- Le chômage ou un emploi de faible qualité, mal rémunéré ou précaire, qui limite l'accès à un revenu décent.
- Un faible niveau d'éducation et de compétences puisqu'ils limitent l'accès des personnes aux emplois décents.
- La taille et le type de famille, par exemple être membre d'une famille nombreuse ou d'une famille monoparentale, augmentent le risque de pauvreté.
- Le sexe – les femmes sont généralement davantage menacées par la pauvreté que les hommes car elles sont moins susceptibles d'avoir un emploi rémunéré, qu'elles touchent généralement des plus petites pensions et qu'elles s'occupent davantage des responsabilités de prise en charge.
- Le handicap et la mauvaise santé puisque ces facteurs restreignent la possibilité d'accéder à l'emploi et augmentent les dépenses quotidiennes.
- L'appartenance à une minorité ethnique et aux groupes d'immigrants ou de migrants sans papiers, ces catégories souffrant davantage de discrimination et de racisme et ayant, par conséquent, une moindre chance d'accéder à l'emploi.

a De quelle idée fausse parle-t-on dans le premier paragraphe? (*1*)

b Quelle décision politique peut aider à éliminer la pauvreté? (*1*)

c Nommez deux facteurs liés à l'emploi qui peuvent mener à la pauvreté. (*2*)

d Certaines situations domestiques sont liées à la pauvreté: donnez-en un exemple. (*1*)

e Citez trois facteurs qui peuvent empêcher quelqu'un de travailler. (*3*)

f Quel autre groupe risque de souffrir d'un niveau élevé de pauvreté? (*1*)

2 **Lisez le texte et les phrases. Ecrivez les lettres des six phrases qui sont en accord avec le texte.**

(*6 marks*)

a Lucien parle des difficultés des personnes aveugles.

b Lucien décrit des documents en braille.

c Il dit qu'il y a toujours eu très peu de communication entre les aveugles et les autres.

d D'après Lucien, un aveugle ne peut pas se servir d'une machine à écrire.

e Lucien inclut les aveugles dans le monde des handicapés.

f Les ordinateurs ont bloqué la communication entre les non-voyants et les autres.

g L'ordinateur rend la communication entre les personnes comme Lucien et le monde des voyants parfois difficile.

h Les ordinateurs se basent sur la communication visuelle.

i La plupart des nouveaux programmes sont trop compliqués.

j Vu les nouvelles inventions, Lucien reste optimiste pour l'avenir des non-voyants.

k Lucien n'est pas convaincu des avantages de la nouvelle technologie pour les personnes aveugles.

L'ordinateur: un plus pour les aveugles?

Lucien, étudiant non-voyant, a écrit cet article pour souligner un problème peu reconnu par la plupart d'entre nous.

Au début, il y avait deux mondes: un monde avec des caractères manuscrits ou imprimés en noir sur du papier blanc, il y avait des journaux, des livres, des photos... Face à ce monde de l'imprimé il y avait du papier recouvert de points que l'on pouvait toucher, des livres aussi mais qui remplissaient des étagères entières, et surtout très peu de journaux... Dans le premier monde on communiquait à l'aide d'un stylo, d'une machine à écrire. Dans le deuxième monde on écrivait avec une tablette ou une machine spécialisée pour écrire ces points. Et comment communiquaient ces deux mondes? Il y avait bien la lecture orale ou sur cassettes permettant à ceux du premier monde de communiquer avec ceux du second. Ces derniers utilisaient aussi la communication orale ou apprenaient parfois à utiliser la machine à écrire ordinaire mais il leur fallait toujours une tierce personne pour leur relire ce qu'ils avaient écrit. Car les habitants du deuxième monde étaient des personnes que ceux du premier monde appelaient des handicapés de la vue ou non-voyants. Tout changea lorsqu'au milieu des années 80 l'ordinateur fit son apparition. Un nouveau pont se construisait pour passer d'un monde à l'autre. Pourtant aujourd'hui, ce pont menace de temps en temps de s'écrouler à cause des progrès techniques de l'informatique. Le premier monde veut faciliter l'accès de ses habitants à l'ordinateur en inventant des petites images sur lesquelles il suffit de cliquer avec ce qu'on appelle une souris. Et que fait la personne aveugle qui ne voit pas ces images? Elle se bat pour être reconnue, pour ne pas qu'on l'oublie quand on invente de nouveaux programmes qui sont censés être plus simples pour l'utilisateur "voyant" mais causent à la personne aveugle bien du tracas.

L'ordinateur est-il donc un plus pour la personne aveugle ou va-t-il, à l'avenir, lui compliquer la vie? Que faire pour empêcher un nouvel isolement des aveugles dû à la suprématie du monde numérique?

www.snv.jussieu.fr

L'ARRIVÉE DE LA SOCIÉTÉ DE SURVEILLANCE

Environ 250 caméras surveillent la gare. Les passagers réagissent, suite à la volonté du gouvernement de renforcer la vidéosurveillance en France.

Gare du Nord, à Paris. Ici, 247 caméras surveillent les allées et venues des passagers. Un avant-goût d'une situation qui pourrait se généraliser dans toute la France? Nicolas Sarkozy, séduit par l'exemple britannique, a préconisé l'installation d'un vaste réseau de caméras dans les transports en commun français. En Grande-Bretagne, 2,5 millions de caméras couvrent l'ensemble du territoire, dont 150 000 implantées à Londres. Un système qui a permis l'arrestation, en moins d'une semaine, des auteurs des attentats manqués des 29 et 30 juin 2006. Gare du Nord, il y a quelques mois, après les affrontements entre les forces de l'ordre et quelques centaines de personnes, ces caméras avaient permis l'arrestation de plusieurs émeutiers.

Au premier sous-sol, c'est le calme plat en ce lundi de vacances. Un groupe de trois militaires fait sa ronde, refusant de répondre aux touristes perdus. Devant une enseigne pillée pendant les émeutes, Mathusham est posé. Style rappeur américain et casquette sur la tête, cet étudiant de 20 ans trouve ces caméras "*utiles*". "*A Paris, il y a trop de voleurs. Après, les gens disent que ces caméras, ça limite les libertés individuelles. Mais elles ne sont pas à leur domicile, elles sont dans des endroits publics.*"

Chahinez, 23 ans, attend son train. La jeune commerçante "*trouve cela pas du tout rassurant*". Expérience personnelle. "*Ils peuvent très bien voir une personne se faire agresser et ils n'interviennent pas. Je le sais, puisque cela m'est arrivé. Ensuite, on a visionné les vidéos, mais cela n'a jamais permis de retrouver mon agresseur*". Même quai, Paule, une retraitée de 69 ans, attend une amie portugaise. Elle se dit "*rassurée par la présence de caméras*", est d'accord avec la volonté du gouvernement de renforcer sa lutte contre le terrorisme. "*Mais attention, je ne dis pas que j'ai peur!*"

Les écrans de télésurveillance de la gare du Nord, le 3 juillet 2007

Sur un autre quai, Enzo, 16 ans, qui habite la Cité Rose à Sarcelles, et son pote Paco, 20 ans, attendent leur train de banlieue. Le plus jeune des deux "*trouve ces caméras utiles.*" Son pote lui rétorque que "*les caméras, ça ne marche pas.*" "*Mais si, attends, ça a servi la dernière fois qu'il y a eu les émeutes gare du Nord*". "*Pour moi, c'est pas 100% sécurité*" conclut Paco.

Interrogé sur le déploiement d'un tel dispositif,* le personnel d'un magasin d'une célèbre enseigne de chaussures, pillé pendant les émeutes, s'est refusé à tout commentaire.

*un dispositif *plan, measures*

3 Lisez le texte. Pour chaque phrase ci-dessous choisissez l'expression qui convient le mieux pour la compléter. Ecrivez la lettre de l'expression. (*10 marks*)

1 Le système de vidéosurveillance à la gare du Nord est ...... en France.

  a unique

  b commun

  c nouveau

2 Le gouvernement français songe à ...... les caméras de surveillance.

  a multiplier

  b remplacer

  c rénover

3 Les caméras de la gare du Nord ont fourni des preuves à la police après ....

  a un attentat terroriste

  b une série de révoltes

  c une attaque sur plusieurs passagers

4 Le journaliste note une atmosphère ....

  a menaçante

  b de vacances

  c paisible

5 Selon Mathusham, les gens qui critiquent les caméras de surveillance se plaignent ....

  a sans raison

  b en vain

  c chez eux

6 Chahinez trouve que les caméras (ne) sont ....

  a pas assez visibles

  b peu utiles

  c pas assez nombreuses

7 Dans le cas de Chahinez, la police a eu du mal à ....

  a regarder les vidéos

  b arriver sur la scène

  c trouver son attaquant

8 Paule trouve ...... plutôt sécurisant(e)s.

  a les caméras

  b les membres du gouvernement

  c les terroristes

9 Pour Enzo, les évènements récents démontrent ...... du système de surveillance.

  a les limites

  b l'inutilité

  c l'efficacité

10 Les employés du magasin ne veulent pas parler ....

  a des caméras de surveillance

  b des émeutes

  c des dégâts dont ils ont souffert

Listening

4  **Une organisation caritative**
Ecoutez l'interview avec une bénévole aux Restos du Cœur. Pour chaque phrase, notez vrai (V), faux (F) ou information non donnée (ND).

(10 marks)

a Carole Bisset s'est rendu compte tout d'un coup de la misérable situation de certains citoyens.

b Une de ses camarades est morte de froid.

c Une agence l'a mise en contact avec les Restos du Cœur.

d Elle ne peut être disponible qu'un seul jour de la semaine.

e Elle fait toute une gamme de tâches pratiques.

f Elle travaille toujours dans le même centre.

g Pour elle, c'est l'aide pratique qui compte le plus.

h Elle souligne l'importance du respect envers les clients.

i Elle y travaille le jour de Noël depuis plusieurs années.

j Elle a l'intention de continuer ce travail à l'avenir.

5 **Le cyberterrorisme**
Ecoutez la conversation sur le cyberterrorisme. Lisez le résumé de la conversation et remplissez les blancs avec un nom choisi dans la case. Attention! Il y a trois noms de trop. *(8 marks)*

Le cyberterrorisme est une sorte de [a] qui se fait par [b]. Il s'agit en général d'un [c] qui veut limiter l'usage internaute des autres. Après une [d] en Estonie il est devenu impossible d'accéder aux sites web du [e] estonien et on soupçonne qu'il y avait des pirates russes à l'origine de cette [f]. Le conflit entre l'Inde et le Pakistan se manifeste parfois par des dégradations de sites web. Ou bien on essaie de diffuser des virus dans le système de son [g], un acte de [h] commis dans l'espoir de tout déranger.

> groupe * web * gouvernement * Internet * ennemi *
> sabotage * administration * criminalité * cyberattaque *
> conflit * émeute

6  **La culture des organismes génétiquement modifiés**
Ecoutez le reportage sur la culture des OGM au Sénégal. Pour chaque phrase ci-dessous choisissez l'expression qui convient le mieux pour la compléter. Ecrivez la lettre de l'expression.

(7 marks)

1 Le président du Sénégal soutient la culture des OGM [**a** *sans hésiter* **b** *avec regret* **c** *dans certains cas*].

2 Il souligne qu'on mange déjà des produits OGM [**a** *au Sénégal* **b** *dans d'autres pays* **c** *partout dans le monde*].

3 Certains comptent sur les produits OGM pour résoudre le problème [**a** *des prix chers* **b** *du mauvais sol* **c** *de la faim*].

4 On a déjà fait des recherches avec [**a** *le coton* **b** *le riz* **c** *les légumes*].

5 Les plantes génétiquement modifiées sont en général moins [**a** *faibles* **b** *ravageuses* **c** *fortes*].

6 Pour le moment, les produits OGM sont plus acceptés [**a** *en Europe* **b** *aux Etats-Unis* **c** *en Afrique*].

7 Il semble [**a** *probable* **b** *hors de question* **c** *peu probable*] que d'autres pays africains suivent l'exemple du Sénégal.

Translation

7 **Traduisez en anglais l'extrait suivant sur l'aide pour les plus démunis.** (*10 marks*)

Que seriez-vous prêt à faire pour aider les plus démunis dans notre société? Payer plus d'impôts ou verser une somme d'argent a une fondation caritative chaque mois? Vous pourriez acheter régulièrement *Macadam Journal* (l'équivalent du *Big Issue*). Si vous n'avez pas beaucoup d'argent, vous avez peut-être du temps libre? Dans ce cas, vous pourriez travailler en bénévole dans un magasin au profit d'une organisation caritative. Ça ne coute rien! Travailler dans un refuge pour les sans-abri vous permettrait de donner un coup de main là où on a besoin d'aide. On vous demandera peut-être de passer le jour de Noël à servir des repas aux SDF.

8 **Traduisez en français les phrases suivantes.** (*10 marks*)

a I don't think that serving a prison sentence is a good way to pay for one's crime.

b It seems to me that you can repay your debt to society in more useful ways.

c In prison, young people meet older criminals who are a bad influence.

d Prisoners lose hope because of the terrible conditions in which they live.

e Prison is expensive. Alternative punishments, such as community work, would be more suitable.

Oral

9 **Debating task**

- Look at the two opinions in the speech bubbles.
- Choose **one** and think how you can convey and expand on its main ideas.
- Begin the discussion by outlining your point of view (this should take no longer than one minute).
- You must then be prepared to respond to anything the examiner might say and to justify your point of view (this should take about four minutes).
- You may be required to explain something you have said, to respond to an opposing point of view expressed by the examiner, or to defend your expressed opinion(s).
- You may make notes in your preparation time (20 minutes in the actual exam) and refer to them during this part of the test. (*15 marks*)

Les recherches sur les cellules souches embryonnaires, sont-elles justifiées?

> Opinion 1
> Il ne faut pas oublier que les recherches sur les cellules souches embryonnaires permettent des progrès thérapeutiques majeurs. Si on est contre cela, on est tout simplement contre l'humanité.

> Opinion 2
> Pour moi cet aspect du soi-disant progrès soulève tout simplement trop de questions éthiques et morales. Il y a certaines choses que nous n'avons pas le droit de faire.

 This debating task is a sample. In the exam, students are given two debating cards and can choose which to prepare. There are a further three debating tasks based on the topic of contemporary social issues in the *élan Resource and Assessment OxBox CD-Rom*, which can be used to make this choice possible.

Stretch and challenge

▶ Modal verbs: *devoir, pouvoir, savoir, vouloir, falloir (il faut), valoir (il vaut mieux)*

Tip

Using these verbs in different tenses will improve the complexity of your written French.

Rappel

● Modal verbs are followed by an infinitive.
● *Il faut…* ("it is necessary to…") and *il vaut mieux…* ("it is better to…") are impersonal verbs.

A   Modal verbs in the present tense

On sait que la pollution de l'air dans nos villes peut provoquer des cancers et des maladies cardio-vasculaires, mais personne ne veut prendre les mesures qu'il faut pour combattre ce problème. Nous ne devons plus encourager l'usage de la voiture individuelle en ville; il vaut mieux priviligier les transports en commun…

1   **Translate the text above into English.**

2   **Complete the following sentences with a suitable modal or impersonal verb in the present tense.**

  a On ...... faire plus d'efforts pour réduire la pollution.

  b On ...... s'acheter une petite voiture, mais il ...... utiliser les transports publics.

  c La municipalité ...... créer des pistes cyclables pour encourager ceux qui ...... se déplacer à vélo.

3   **Translate these sentences into French.**

  a We must help people who want to leave their cars at home.

  b Car exhaust fumes can be harmful to public health.

  c We cannot choose the air we breathe.

B   Modal verbs in the conditional and conditional perfect tenses

Moi, je dirais que chacun voudrait protéger la planète, mais le problème, c'est qu'il faudrait changer nos habitudes. Je sais qu'on devrait prendre le train plutôt que l'avion, mais c'est pas facile. L'été dernier, j'aurais bien voulu partir en vacances en train, mais cela m'aurait coûté beaucoup plus cher.

Je ne saurais pas donner une réponse catégorique à cette question. On pourrait installer des panneaux solaires sur le toit, construire des parcs d'éoliennes, favoriser les biocarburants. Mais pourquoi voudrions-nous développer de nouvelles sources d'énergie? Il vaudrait mieux réduire notre consommation.

On pourrait dire que le réchauffement climatique est la responsabilité des scientifiques et des politiciens. Pendant les années 90, le gouvernement aurait pu arrêter la construction des nouvelles autoroutes. Plus récemment, il aurait dû limiter la croissance du trafic aérien.

4   **Translate the three texts above into English, paying particular attention to the verb tenses.**

5   **Rewrite each of the sentences below to include a modal verb in the conditional or conditional perfect.**

  Exemple: On trie les déchets.
  On **aurait dû trier** les déchets.
  (We should have sorted the rubbish.)

  a On consomme moins d'énergie.

  b Nous nous intéressons plus à l'environnement.

  c Je refuse d'utiliser des sacs en plastique.

  d Les supermarchés réduisent les emballages.

  e Les centrales nucléaires ont un impact nocif sur l'environnement.

6   **Translate these sentences into French**

  a I would never have wanted to drive a fast car.

  b We could have avoided the current energy crisis.

  c Biofuels ought to reduce atmospheric pollution, but they could cause other problems.

C   Modal verbs in all tenses

7   **Translate these sentences into French, paying particular attention to tenses.**

  a I would not have been able to walk to school even if I had wanted to.

  b In the future we will all have to reduce our energy consumption; we will not be able to waste the world's natural resources any longer.

  c A hundred years ago, no one knew that pollution could have serious consequences for the environment.

  d All car drivers have known for several years that it is better to use public transport.

Stretch and challenge

> Verb constructions: *en* + present participle, *après avoir/être* + past participle, *avant de* + infinitive

Tip

Using a variety of verb constructions will broaden your range of expression.

Rappel

- *En* + present participle means "by …ing".
- *Après avoir/être* ("after …ing") is followed by a past participle.
- *Avant de* ("before …ing") is followed by an infinitive.

All three constructions must refer to the subject of the sentence.

A *En* + present participle

Tous les jours, nous pouvons tous contribuer à la protection de notre environnement en réalisant des gestes simples:

- Evitez le gaspillage des ressources naturelles en privilégiant les produits avec des emballages recyclables et en triant vos déchets.
- Economisez l'énergie en évitant de laisser les appareils en veille et en éteignant systématiquement les lumières des pièces quand vous en sortez.
- Lors de l'achat de votre prochain véhicule, choisissez-le en pensant à l'environnement. En effet, plus une voiture est volumineuse, plus elle consomme de carburant.
- Optez pour l'énergie solaire en installant des panneaux solaires sur le toit de votre habitation. Ceux-ci capteront la lumière du soleil et la convertiront en énergie.
- Sachez qu'en réduisant votre consommation de viande, vous contribuerez à la réduction des émissions de gaz à effet de serre provenant de l'élevage et à une meilleure répartition des productions de céréales.

1 **Translate the text above into English, paying particular attention to present participles and to verb tenses.**

2 **Complete the following sentences using *en* + the present participle of a verb from the box.**

a Chacun peut économiser l'eau …… une douche plutôt qu'un bain.

b On pourrait réduire les déchets …… un sac en tissu pour transporter ses courses et …… les sacs en plastique.

c Nous pourrions protéger l'environnement …… du compost avec les résidus organiques.

d Nous devrions lutter contre la pollution atmosphérique …… à pied ou à vélo pour les courts trajets.

> faire s'acheter se déplacer prendre refuser

B *Avant de*…

3 **Match the two halves of the following sentences and translate them into English.**

1 On aurait dû penser aux conséquences écologiques…

2 Chacun pourrait trier ses déchets…

3 On doit tenir compte de l'impact des parcs éoliens sur l'environnement…

4 Nous devrions tous calculer notre empreinte carbone…

a … avant d'en construire trop.

b … avant de les mettre à la poubelle.

c … avant de construire autant d'autoroutes.

d … avant de partir en vacances.

C *Après avoir/être*…

4 **Complete the following sentences with the past infinitive of an appropriate verb from the box. Take care over past participle agreements.**

a Beaucoup de jeunes ont décidé de participer à un projet écologique après …… un article sur Internet.

b Après …… naufrage sur la côte bretonne, un pétrolier avait déchargé du mazout dans la mer.

c Après …… sur la plage, les sauveteurs se sont mis au travail.

d Après …… des gants et des bottes, ils ont commencé à ramasser les oiseaux.

> arriver lire mettre faire

D All three constructions

5 **Translate the following sentences into French.**

a Many students would have liked to work as volunteers for a year before going to university.

b After seeing the pictures of the rainforests, everyone realised that they had to act to protect them.

c In an ideal world, we would all save energy by travelling less and recycling more.

d Before going away on holiday, you should ask yourself if it is really necessary to fly.

e By choosing recycled products, every consumer can avoid wasting natural resources.

▸ Verbs followed by *à* and *de*

Tip

Using more complex verb constructions can add variety to your language.

Rappel

● Many verbs are followed by *à* or *de* and an infinitive.

MÉMOIRE SÉLECTIVE

Fini la repentance, la France coloniale est de retour. Trois projets de musées, consacrés à la présence française en Algérie, ont été lancés dans le sud-est de l'Hexagone, mettant de nouveau en question l'attitude des Français envers l'entreprise coloniale.

A Perpignan, le Centre de la France en Algérie se prépare à ouvrir ses portes. Installé dans le couvent Sainte-Claire, transformé en prison au XVIIIème siècle, le Centre s'est déjà mis à recueillir les documents et les objets accumulés par l'antenne perpignanaise du Cercle algérianiste.[1] "Depuis que le projet est lancé, nous recevons des dons de pièces par des familles pieds-noirs de toute la France", se réjouit Jean-Marc Pujol. Lui-même rapatrié d'Algérie, il se hâte d'expliquer qu'il s'agit ici tout simplement de construire un centre pour conserver la mémoire des pieds-noirs.

Quand même, depuis deux ans, un collectif d'organisations, entre autres les Verts, Harkis et droits de l'homme, tente de bloquer ce projet. "Nous ne sommes pas opposés à un musée sur la France en Algérie, précise Anne Gaudron, de la Ligue des droits de l'homme. Ce que nous voulons, c'est que tous les aspects y soient présentés. Et pas uniquement celui des nostalgiques de l'Algérie française."

Jacky Mallea fait partie des opposants au projet. Né à Guelma, dans une vieille famille pied-noir, il a quitté l'Algérie à l'âge de 20 ans: "A l'époque de la colonisation, on voyait des gars se faire bastonner[2] uniquement parce qu'ils avaient fait tomber quatre oranges. Parmi les dockers du port d'Alger, l'Arabe gagnait deux fois moins que l'Européen. Et puis en 1945, quand, après s'être engagés pour sauver la France des nazis, les Algériens sont descendus dans la rue pour rappeler à la France sa promesse de plus d'égalité, l'armée française a tiré dans la foule: 10 000 morts à Sétif, 3 000 à Guelma, ma ville, et des centaines à Kerrata. Tout cela va-t-il figurer dans le musée? J'en doute fort!"

[1] le Cercle algérianiste = une importante association de pieds-noirs présente dans quarante villes de France

[2] se faire bastonner = être battu

1   **Read the article and identify the three statements below which are not true according to it.**

a Les trois musées devraient permettre aux Français de faire face à leur passé colonial.

b On a décidé d'installer le musée de Perpignan dans une ancienne prison.

c La communauté de pieds-noirs a refusé de participer au projet.

d Jean-Marc Pujol n'hésite pas à défendre le projet du musée.

e La Ligue des droits de l'homme a essayé d'arrêter le projet du musée.

f On craint que les expositions oublient de traiter les aspects positifs de l'ère coloniale.

g Jacky Mallea n'hésite pas à exprimer son opposition au musée.

h Il raconte que les ouvriers algériens s'étaient habitués à être exploités par les Français.

i On a découragé les Algériens de s'engager dans l'armée française pendant la deuxième guerre mondiale.

j Selon Jacky Mallea, on aurait dû empêcher les Algériens de manifester en 1945.

2   **Study sentences a–j again and note the verbs followed by *à* or *de* and an infinitive.**

3   **Identify in the article the five verbs followed by *à* or *de* and an infinitive.**

4   **Translate the second paragraph into English.**

5   **Suggest ways to resolve the controversy discussed in the article by completing the sentences below. Use the ideas from the article, but do not lift phrases directly from the text or from the sentences.**

a Le musée devrait aider les Français à…

b Les pieds-noirs devraient cesser de…

c Le directeur du musée devrait s'efforcer de…

d Il faut encourager les Français à…

e Il ne faut pas empêcher les pieds-noirs de…

f Le but d'un tel musée consiste à…

Stretch and challenge

The subjunctive

Tip

Using verbs followed by the subjunctive can improve the quality of your language.

Rappel

● Many verbs of wishing, fearing, ordering, allowing, etc. are followed by the subjunctive in French.

A Verbs of doubting and verbs expressing uncertainty

A La police craint que la "preuve ADN" ne soit pas infaillible.

B Certains veulent que chaque nouvel immigré subisse des tests ADN.

C Il est peu probable qu'on permette aux scientifiques de créer des cellules embryonnaires.

D Il vaut mieux que le consommateur ne choisisse pas les aliments génétiquement modifiés.

E Il faut que tout le monde comprenne les bénéfices que peuvent nous apporter les progrès en matière de génétique.

F Il se peut que les Amis de la Terre aient raison.

1 Study sentences A–F above and note the verbs followed by the subjunctive.

2 Translate the sentences into English.

3 Complete the following sentences using a suitable verb in the subjunctive.

  a Beaucoup de jeunes ont peur que…

  b Le gouvernement attend que…

  c Les scientifiques veulent que…

  d Il n'est pas certain que…

  e Les médecins auraient préféré que…

An introduction to the subjunctive is offered on Feuille de Travail 5.4.

B Verbs expressing fears, doubts and emotions

A Nous craignons que les progrès scientifiques aient des conséquences inattendues.

B Je trouve choquant que le sida ait causé plus de deux millions de décès dans le monde en une seule année.

C Je regrette qu'aucun politicien ne réponde aux nombreuses questions éthiques soulevées par le clonage.

D On s'étonne que cela soit possible.

E Beaucoup de Français ont peur que les manipulations génétiques n'aillent trop loin.

F Je ne pense pas que ce soit une solution.

4 Study sentences A–F above and note the verbs followed by the subjunctive.

5 Translate the sentences into English.

6 For each of the following phrases write a sentence expressing an emotion. Start with one of the verbs used in the sentences above, or another verb followed by the subjunctive. Try to include modal verbs in at least two of your answers.

  a guérir les maladies héréditaires

  b mettre fin à la faim dans le monde

  c trop intervenir dans la nature

  d faire des progrès remarquables

  e soulever trop de problèmes

C All types of subjunctive clauses

7 Translate these sentences into French.

  a It would be better for the government to reflect and read all the official reports before making a decision.

  b We are all sorry that researchers have not yet succeeded in finding a cure for Aids.

  c Many European consumers fear that genetically modified foods could damage their health, but I don't think this is the case.

  d Our society has to make up its mind whether it wants everyone to undergo DNA tests.

131

Stretch and challenge

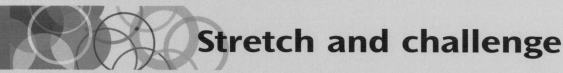

▶ **The conditional**

Tip

Using the conditional allows you to broaden the scope of your essays by speculating on what might happen or might have happened, and by reporting and suggesting opinions.

Rappel

There is a clear rule for the sequence of tenses in conditional sentences:

- *si* + imperfect, conditional in main clause.
- *si* + pluperfect, conditional perfect in main clause.

The conditional is also often used in reported speech.

A Speculating on influences and alternative possibilities

Si François Truffaut n'avait pas vu les films de Hitchcock, il ne serait peut-être pas devenu cinéaste.

Si Berthe Morisot vivait aujourd'hui, elle aurait moins de difficultés à se faire accepter comme femme peintre.

1 **Translate the sentences above into English.**

2 **Write conditional sentences starting with *Si...*, using the phrases in brackets below and deciding each time which sequence of tenses is most appropriate.**

a Claude Monet [*ne pas s'installer à Giverny en 1883*] ne pas avoir la possibilité de peindre les nymphéas.

b François Truffaut [*réaliser des films aujourd'hui*] traiter des sujets différents.

B Speculating on characters and events

Le lecteur se demande ce qui serait arrivé s'ils avaient décidé de rentrer plus tôt.

Si Rieux n'avait pas voulu lutter contre la peste, il aurait pu quitter Oran avant que la ville ne soit fermée.

3 **Translate the sentences above into English.**

4 **Make up endings for these sentences, using the correct form of the conditional:**

a Si le héros du roman était plus courageux...

b Si Juliette n'avait pas fait la connaissance de Roméo...

5 **Translate these sentences into French:**

a If he had not gone to Paris, he would never have met her.

b She would not be ashamed of her past life if she could admit her mistakes openly.

C Reporting someone's words

Projets d'avenir

Dans une interview en 2007, Yasmina Reza a révélé qu'elle suivrait Nicolas Sarkozy dans sa campagne présidentielle et qu'elle publierait ensuite un livre à son sujet. Elle a déclaré pourtant qu'elle n'écrirait jamais son autobiographie personnelle et qu'elle serait effrayée par l'idée que n'importe qui puisse publier sa biographie sans qu'elle le permette.

6 **Translate the text above into English, paying particular attention to the conditional verbs.**

7 **Rewrite these sentences in reported speech:**

a François Truffaut a déclaré: "Je ne partirai pas en retraite. Je continuerai à tourner des films jusqu'à ma mort."

b A l'époque, les critiques les plus influents ont dit: "Les peintres impressionnistes n'auront jamais de succès."

D Suggesting possible interpretations

Moi, je décrirais ce personnage comme un réaliste plutôt qu'un monstre.

On pourrait dire que le roman traite un sujet peu original.

8 **Translate the sentences above into English.**

E All types of conditional sentences

9 **Translate the following sentences into French.**

a Claude Monet would be amazed to know that his paintings are still popular today.

b The director explained that he would not be able to film and would have to abandon the project if the financial problems were not resolved.

c Personally, I would describe Camus as a philosopher rather than a writer, but I know that many readers would say the opposite.

 More practice on the present and past tense of the conditional is offered on Feuille de Travail EG10.

▶ Adjectives and adverbs

Tip

Using more ambitious adjectives and adverbs can make your language more interesting and forceful.

Rappel

- Adjectives always agree with the noun they describe.
- Adverbs in French normally end in *-ment*.
- An adverb and an adjective can be used together, e.g. *extrêmement complexe*.

A   Adjectives

Les cellules françaises bondées

Où cela s'arrêtera-t-il? Vendredi, plusieurs sources syndicales ont affirmé que le nombre de détenus dans les prisons françaises devrait dépasser les 64 000 en juillet. Si ce chiffre n'a pas été confirmé officiellement, il est tout à fait vraisemblable, puisqu'au 1er juin les quelque 200 prisons françaises renfermaient 63 838 détenus. L'absence de grâces du 14 juillet a dû sensiblement faire augmenter ce bilan. Au total, environ deux tiers des établissements pénitentiaires sont en surpopulation.

1   List the phrases containing adjectives in the text.

2   Translate the text into English.

3   Choose an adjective from the box to describe each noun and add appropriate agreements.

   a la tendance **c** les crimes   **e** une réponse

   b le service   **d** les établissements

   mineur actuel approprié communautaire privé

4   Translate the following sentences into French.

   a The current trend is to send all those who commit a crime to prison.

   b The president has just officially confirmed the creation of private prisons.

   c Community service can be an appropriate way of punishing minor crimes.

   d Building new prisons is not an appropriate response to overcrowded cells.

B   Adverbs

A   Bien que le problème apparaisse de plus en plus compliqué, personne ne doute que les crimes violents doivent être sévèrement punis.

B   Malheureusement, on ne prévoit actuellement aucune baisse significative du crime et de la violence.

C   En comparant notre situation actuelle à celle d'il y a dix ans, on ne peut pas nier que les réformes aient été un franc succès, principalement grâce à l'inspiration de grandes figures visionnaires.

D   Le ministre de la Justice a réagi d'une façon surprenante, répondant d'un ton fâché que les conséquences d'une telle mesure seraient extrêmement graves.

5   Study sentences A–D above and identify the adverbs.

6   Find the phrases which translate the English adverbs "surprisingly" and "angrily".

7   Some French adjectives do not have an equivalent adverb, and require a phrase using a noun and an adjective. Suggest an adverb in English to translate each of the following phrases:

   a d'une façon charmante   **b** d'un air content

   c d'une manière intelligente

8   Translate sentences A–D into English.

C   Adjectives and adverbs together

9   Translate the following sentences into French

   a The police were deeply shocked by a recent survey showing that most citizens were constantly afraid of being the victim of violent crime.

   b Nobody can deny that the current situation threatens the stability of our society in an unexpected way.

   c It is becoming absolutely essential to find a solution to the apparently perpetual problem of prison overcrowding before it is too late.

   d We know that young offenders must be helped to integrate properly into society, but unfortunately unemployment is still part of everyday life in all industrialised countries.

Stretch and challenge

▶ The passive voice

Rappel

- The passive is made up of an appropriate tense of *être* and the past participle.
- The English passive may also be translated by a reflexive verb in French or by an active verb with *on*.

Un milliard de migrants d'ici 2050 en conséquence du réchauffement climatique

Selon un rapport publié par une organisation humanitaire, au moins un milliard de personnes vont migrer d'ici à 2050, en conséquence du réchauffement climatique.

On estime que 163 millions de personnes ont déjà été forcées de quitter leurs foyers à cause de conflits, de catastrophes naturelles et de grands projets de développement, tels que des mines ou des barrages. A l'avenir, **on craint** que ces facteurs ne soient exacerbés par le réchauffement climatique.

Citant des données non encore publiées, le rapport souligne que d'ici 2080, jusqu'à trois milliards de personnes manqueront d'eau et plus de 500 millions pourraient être touchées par la faim. Il se peut que plusieurs millions de personnes subissent les effets de la hausse du niveau des océans. **On prévient** donc que les migrations se feront de plus en plus fréquemment, ce qui mènera inévitablement à de nouveaux conflits dans les régions du monde les plus pauvres, où les ressources sont les plus rares.

Sur le plan politique, le rapport rappelle qu'à l'heure actuelle, les déplacements à l'intérieur d'un pays ne sont pas considérés comme des migrations par le droit international. Il met en exergue trois pays qui seront particulièrement concernés par ces déplacements internes: la Colombie, le Mali et la Birmanie, et revendique une action urgente de la communauté internationale pour assurer la stabilité de ces pays.

Jusqu'à présent, la crise migratoire reste largement ignorée, ce qui ne sera plus le cas à l'avenir. **Il faut s'attendre à ce que** l'Europe et les autres pays riches soient obligés d'accueillir un nombre croissant d'immigrés et de réfugiés, et par conséquent, tous les pays du monde seront touchés par les migrations.

1. **Read the article and answer the questions in French, using a verb in the passive.**

   a Quel est souvent l'effet des projets de développement sur la population locale?

   b Pourquoi est-ce qu'on ne connaissait pas encore ces statistiques choquantes?

   c Quelles régions du monde seront surtout touchées par les conflits, et pourquoi?

   d Pourquoi les déplacements à l'intérieur d'un pays posent-ils un problème?

   e Quelle sera la conséquence de la crise migratoire pour les pays riches?

2. **Suggest an English passive translation for the verbs in bold in the article.**

3. **Translate the second and third paragraphs into English ("On estime que… les plus rares").**

4. **Find examples of these different passive forms in the article:**

   a perfect tense　　b future tense　　c subjunctive

   d passive infinitive after a modal verb

   e passive using a different auxiliary, to translate the English "is still ignored"

5. **Find in the article:**

   a 2 present participles, including one used as an adjective

   b 3 verbs followed by the subjunctive

   c 4 phrases including adverbs

6. **Translate these sentences into French:**

   a It is estimated that we will all be affected by the consequences of global warming.

   b At the present time most scientists think that natural catastrophes are mainly caused by climate change.

   c Several strategies have already been proposed which could be put into place by 2020.

   d It is feared that forced migration could lead to instability and civil war in certain countries.

   e If global consumption of natural resources could be reduced, an energy crisis could be avoided in the future.

   f If the dam had not been built, the villages would not have been flooded and the inhabitants would not have been forced to leave their homes.

Grammar

1 Nouns and determiners

1.1 Gender: masculine & feminine

All French nouns are either masculine or feminine.
Most nouns referring to people have two forms.
To make a masculine noun feminine:

- add an *-e*: *un employé/une employée*
- double the final consonant and add *-e*: *un Italien/une Italienne*
- change *-eur* to *-euse* and *-teur* to *-trice* (with some exceptions).

Some nouns can be of either gender: *un élève/une élève, un prof/une prof.*
Some nouns are masculine even when they refer to a woman: *un professeur, un médecin.*

Nouns that end as follows are usually masculine:

-é	-eau	-acle	-age
-ège	-ème	-isme	-asme
+ nouns ending in a consonant			

Nouns that end as follows are usually feminine:

-ée	-ère	-euse	-ade	-itude
-ace	-ance/anse	-ence/ense	-ie	-ise
-oire	-ité	-té	-tié	
-tion	-sion	-aison	-ison	
+ nouns ending in a silent -e following two consonants				

1.2 Singular & plural

Most French nouns add *-s* to make them plural.
le copain → *les copains*
Some nouns do not follow this regular pattern:

- nouns ending in *-al* usually change to *-aux*: *un animal* → *des animaux*
- nouns already ending in *-s*, *-x* or *-z* usually stay the same:
  le bras → *les bras*   *le prix* → *les prix*
  le quiz → *les quiz*
- nouns ending in *-eau* or *-eu* add *-x*:
  un château → *des châteaux*
  un jeu → *des jeux*
- a few nouns change completely:
  un œil → *des yeux*   *monsieur* → *messieurs*

Compound nouns (made up of more than one element): check in a dictionary and learn them individually.
un grand-parent → *les grands-parents*
un après-midi → *les après-midis*

1.3 Determiners: definite & indefinite articles

The most common determiners are the definite article ('the') and the indefinite article ('a'/'an', 'some', 'any').
le chômage   *la* famille   *les* jeunes
un ami   *une* école   *des* étudiants

	singular		plural
	masculine	feminine	m./f.
the	le/l'	la/l'	les
a/an	un	une	des

- Use *l'* instead of *le/la* for nouns that start with a vowel or a silent *h*: *l'hôtel* (m.) *l'armoire* (f.) (but *le hockey*: check words beginning with *h* in a dictionary).
- The indefinite article isn't used in front of names of jobs: *Je voudrais être journaliste.* I'd like to be a journalist.
- The definite article is used more often in French than in English, e.g.
  - when making generalisations:
    *Le sport est bon pour **la** santé.*
    Sport is good for your health.

135

– when stating likes and dislikes:
*Il aime **le** rap mais il déteste **la** musique raï.*
He likes rap but hates rai.

– with names of countries, regions and languages:
la *France*   **la** *Bretagne*   **le** *français*

– with parts of the body:
*J'ai **les** cheveux courts.*   I've got short hair.
*Il s'est blessé à **la** main.*   He hurt his hand.

1.4   *de* + noun (partitive)

de + le → **du**   *de + la* → **de la**

de + l' → **de l'**   *de + les* → **des**

Remember:
Use *du, de la, de l'* or *des* before a noun when you want to say 'some', 'any' or 'of the'.

*Il a **des** frères et sœurs?*   Has he got (any) brothers and sisters?

*le déclin **du** mariage*   the decline of marriage

◆ Use *de* to show who or what something belongs to (see 5.2 for more on this):
*la maison **de mon père***   **my father's** house
*la capitale **de l'Espagne***   **Spain's** capital city

◆ Use *de* on its own (not *du, de la, des*) in a negative phrase (see 12.2 for more on this):
*Je n' ai pas **de** frères.*   I haven't got any brothers.

1.5   *ce, cet, cette, ces* + noun (demonstrative adjectives)

Ce, cet, cette, and *ces* are the determiners you use to say 'this', 'that', 'these' or 'those'. Being adjectives, they change according to gender and number.

	singular	plural
masculine	ce/cet*	ces
feminine	cette	ces

* *cet* is used before masculine singular words that begin with a vowel or a silent *h*, e.g. *cet étage, cet hôtel*.

◆ To distinguish more clearly between 'this' and 'that', or 'these' and 'those', add *-ci* or *-là* after the noun:
*J'aime **ce** sweat-**ci** mais je n'aime pas **cette** chemise-**là**.*
I like **this** sweatshirt but I don't like **that** shirt.
(See 6.11 for demonstrative pronouns: *celui-ci/là, celle-ci/là,* etc.)

1.6   *mon, ma, mes* (possessive adjectives)

These determiners indicate who the thing, person or object belongs to. In French, the word for 'my', 'your', 'his', 'her', etc. changes according to whether the noun which follows is masculine, feminine, singular or plural.

	singular		plural
	masculine	feminine	m./f.
my	mon	ma*	mes
your (informal)	ton	ta*	tes
his/her	son	sa*	ses
our	notre	notre	nos
your (formal)	votre	votre	vos
their	leur	leur	leurs

* Before a feminine noun that begins with a vowel or silent *h*, use **mon, ton, son**, e.g. *mon amie, ton imagination, son histoire.*

*J'habite avec **ma** mère.*   I live with **my mother**.
*Vous avez **votre** livre?*   Do you have **your book**?
See 6.10 for possessive pronouns: *le mien, la mienne,* etc.

1.7   Other determiners (indefinite adjectives)

◆ *chaque*   each
   ***Chaque** élève a un entretien.*
   Each student has an interview.

◆ *autre(s)*   other
   *J'ai vu Sophie l'**autre** jour.* I saw Sophie the other day.

◆ *même(s)*   same
   *J'ai le **même** CD.* I have the same CD.

◆ *n'importe quel(le)(s)* any
   *On trouve ça dans **n'importe quelle** encyclopédie.*
   You can find it in any encyclopedia.

◆ *quelque(s)*   some, a few
   *Il travaille avec **quelques** collègues.*
   He's working with some colleagues.

◆ *plusieurs*   several
   *Il a passé **plusieurs** mois en France.*
   He spent several months in France.

◆ *tout, toute, tous, toutes*   all
   *Il a lu **tous** les livres de Pagnol.*
   He's read all the Pagnol books.

2 Adjectives

2.1 Form of adjectives

Many French adjectives are formed from:
– nouns: *la tradition – traditionnel(le)*
– present participles: *vivre – vivant – vivant(e)*
– past participles: *classer – classé – classé(e)*

In French, adjectives have different endings depending on whether the words they describe are masculine or feminine, singular or plural:

	masculine	feminine
singular	–	-e
plural	-s*	-es

*no change in pronunciation
J'ai un ami espagnol. J'ai une amie espagnole.
J'ai des amis espagnols. J'ai des amies espagnoles.

◆ Adjectives which already end in *-e* don't change in the feminine (but they do add *-s* in the plural):
    un frère timide   une sœur timide
    des enfants timides

◆ Adjectives ending in a single consonant double it before adding *-e*:

	masculine	feminine
-el	naturel	naturelle
-il	gentil	gentille
-as	gras	grasse
-et	muet	muette
-en	ancien	ancienne

◆ Adjectives ending in these letters have other masculine/feminine patterns:
    -er changes to *-ère: premier/première*
    -x changes to *-se: capricieux/capricieuse,*
    généreux/généreuse, heureux/heureuse
    (exceptions: *faux/fausse, doux/douce*)
    -eur changes to *-euse: menteur/menteuse*
        (exceptions which just add *-e: meilleur, extérieur,*
        intérieur, supérieur, inférieur)
    -f changes to *-ve: créatif/créative*
    -c changes to *-che* or *-que: blanc/blanche,*
        public/publique

◆ Adjectives normally add an *-s* in the plural, though it is not pronounced.

    Adjectives ending in *-x* don't add an *-s* in the plural:
    un copain généreux, des copains généreux.

Adjectives ending *-al* or *-eau* change to *-aux* in the plural: *un tarif normal/des tarifs normaux, beau/beaux, nouveau/nouveaux*

◆ A few adjectives stay the same whether they are masculine or feminine, singular or plural: *sympa, super, marron, orange* and compound colour adjectives: *un cousin sympa, une cousine sympa, des cousins sympa, un T-shirt rouge foncé avec une jupe bleu clair.*

◆ Negative adjectives: some adjectives have a negative equivalent, using a prefix:
    (in-) croyable = incroyable
    (im-) possible = impossible
    (ir-) réel = irréel   (mé-) content = mécontent
    (mal-) honnête = malhonnête

◆ Some adjectives have their own pattern:

m. singular	f. singular	m. plural	f. plural
beau*	belle	beaux	belles
nouveau*	nouvelle	nouveaux	nouvelles
long	longue	longs	longues
bon	bonne	bons	bonnes
fou*	folle	fous	folles
frais	fraiche	frais	fraiches
gros	grosse	gros	grosses
vieux*	vieille	vieux	vieilles

* These become *bel, nouvel, fol, vieil* before a masculine noun that starts with a vowel or silent *h*: *le nouvel an.*

2.2 Position of adjectives

In French, most adjectives go **after** the noun:
    *les yeux **bleus**, une partenaire **extravertie**.*
Some adjectives come **before** the noun:
    *un **nouveau** jean, la **jeune** fille, de **bonnes** idées.*

grand*	petit	jeune	vieux	nouveau	ancien*
bon	mauvais	excellent	beau	joli	
gros	vrai	cher*	propre*	brave*	

* These adjectives can also be placed after the noun, in which case their meaning is different:

un homme grand/un grand homme
a tall man/a great man

son ancienne maison/une maison ancienne
her previous house/an old house

mon cher ami/un repas cher
a dear friend/an expensive meal

ma propre chambre/une chambre propre
my own bedroom/a clean bedroom

un brave homme/un homme brave
a decent man/a brave man

Some adjectives, especially those with an abstract meaning, can sometimes be placed before the noun to give them more emphasis:
une croyance profonde/une profonde croyance
a deep belief

When there are several adjectives with one noun, each adjective goes in its normal place: *un **petit** chien **noir**; un **joli petit** chien **noir**.*

If there are two adjectives after the noun, they are linked with *et*: *un joli petit chien **noir et marron**.*

When there are two nouns, one feminine and one masculine, being qualified by one adjective, the adjective takes on the masculine plural form:
une robe et un manteau noirs   a black dress and coat

See 1.5 for demonstrative adjectives (*ce/cette/ces*).
See 1.6 for possessive adjectives (*mon/mon/mes*, etc.).

3   Adverbs

Adverbs are words which you use to describe a verb, an adjective or another adverb.

They can be divided into four groups that describe:
– **how** something happens (adverbs of manner)
– **where** something happens (adverbs of place)
– **when** something happens (adverbs of time)
– **to what extent** (adverbs of intensity)

3.1   Formation of adverbs

In English, most adverbs are made from an adjective + -ly (e.g. soft/softly). To form French adverbs you usually start from the adjective:

◆ Add - *ment* to the masculine singular form of the adjective if it ends in a vowel:
timide → timidement   vrai → vraiment
◆ Add - *ment* to the feminine singular form of the adjective if it ends in a consonant:
*normal → normale → **normalement** (normally)
heureux → heureuse → **heureusement** (happily)*
◆ A few exceptions:
– notice the extra accent in the adverb:
*énorme → **énormément**
précis → précise → **précisément***

– -*ent*/-*ant* → -*emment*/*amment*:
prudent → prudemment; brillant → brillamment
◆ Some common irregular adverbs:
très (very)   *assez* (rather, fairly)   *trop* (too)
beaucoup (a lot)   *vite* (quickly)   *bien* (well)
mal (badly)   *gentiment* (kindly)   *même* (even)
tout (all/quite/completely)   *peu* (little, not much)
un peu (a little)   *encore* (again)   *pas encore* (not yet)

3.2   Position of adverbs

Adverbs usually **follow** the verb:
*Elle aime **beaucoup** le cinéma.*   She likes cinema a lot.
Adverbs often come **before** an adjective or another adverb:
*C'est un **très** beau film.*   It's a really good film.
*Je l'aime **vraiment** beaucoup.*   I really love it.

In a compound tense, adverbs come between the auxiliary and the past participle:
*J'ai **poliment** demandé le chemin.*   I asked the way politely.
*Il a **mal** dormi.*   He slept badly.

But many adverbs of time and place follow the past participle:
*J'ai vu Annie **hier**.*   I saw Annie yesterday.
*Tu es parti **loin**?*   Did you go far?

4   Comparisons

4.1   The comparative

To compare two things, use *plus, moins* or *aussi*:
plus + adjective/adverb + *que*   more ... than
moins + adjective/adverb + *que*   less ... than
aussi + adjective/adverb + *que*   as ... as

◆ With an adjective:
*Julien est **plus** sportif **que** Florence.*
Julien is sportier than Florence.

Bon (good) and *mauvais* (bad) are exceptions:
bon → meilleur   mauvais → pire
*Les légumes sont **meilleurs** pour la santé **que** le chocolat.*
Vegetables are better for your health than chocolate.

*Le chocolat est **pire que** les légumes.*
Chocolate is worse than vegetables.
◆ With an adverb:
*Il parle **plus** lentement **que** le prof.*
He speaks more slowly than the teacher.

Bien (well) is an exception: *bien → mieux*
*Il joue bien mais je joue **mieux que** lui.*
He plays well but I play better than him.

4.2 The superlative

To say 'the most' or 'the least', use *le*, *la* or *les* in front of *plus* or *moins* + adjective/adverb.

- With an adjective:
  *C'est la destination de vacances **la plus populaire** chez les Français.*
  It's the most popular holiday destination for French people.

  Exceptions:
  bon → le/la meilleur(e)   *mauvais → le/la pire*
  *Elle a **le meilleur** mode de vie.*
  She has the best lifestyle.

  *Fumer des cigarettes, c'est **le pire.***
  Smoking is the worst.

- With an adverb (always use *le*, not *la* or *les*):
  *Mon frère conduit **le moins** prudemment.*
  My brother drives the least carefully.

  Exception: *le mieux* (the best):
  *Qui fait **le mieux** la cuisine?*   Who cooks **the best**?

4.3 plus de, moins de, autant de + noun

Use *plus de*, *moins de*, *autant de* to talk about 'more of'/'less of'/'fewer of'/'as much of' something.
*J'ai **plus d'**expérience que toi.*
I have more experience than you.

*Il a **moins d'**argent que moi.*
He has less money than me.

*Il a **autant de** patience que son père.*
He has as much patience as his father.

- Add *le/la/les* to *plus de/moins de* to talk about 'the most'/'the least'/'the fewest' of something.
  *C'est moi qui ai **le plus d'**expérience.*
  I'm the one who has the most experience.

  *C'est elle qui a **le moins de** temps.*
  She's the one with the least time.

5   Prepositions and linking words

5.1 à (at, to, in, on)

- Talking about time:
  *Il arrive **à** quatre heures.* He's coming **at** four o'clock.
- Talking about a place:
  *Il est allé **à** Strasbourg.* He went **to** Strasbourg.
- Other uses:
  à 10 kilomètres   10 kilometres **away**
  à 10 minutes   10 minutes **away**

  à pied/à vélo   **on** foot/**by** bicycle
  à Noël   **at** Christmas
- Remember:
  à + le → au   *à + la → à la*
  à + l' → à l'   *à + les → aux*
Use *à l'* before a vowel or a silent *h*: *à l'église, à l'hôpital.*

5.2 de (from, of)

*Il vient **de** Paris.*	He comes **from** Paris.
*Il téléphone **de** son travail.*	He's phoning **from** work.
*le livre **de** ma mère*	my mother**'s** book
***de** 8h à 17h*	**from** 8 a.m. till 5 p.m.

- Remember:
  de + le → du   *de + la → de la*
  de + l' → de l'   *de + les → des*

5.3 en (in, to)

- **Talking about countries:**
  Most countries are feminine. To say 'in' or 'to' these countries, use *en*:
  *Vous allez **en** France?*   Are you going **to** France
  *Ils vivent **en** Ecosse.*   They live **in** Scotland.

  For masculine countries, use *au* instead (or *aux* if the country is plural):
  *Cardiff est **au** pays de Galles.*   Cardiff is **in** Wales.
  *Il est né **aux** Antilles.*   He was born **in the** West Indies.

- **Talking about time:**
  en juin, en été, en 2008, en une heure
- **Talking about transport:**
  ***en** bateau*   **by** boat
- **Other uses:**

***en** anglais*	in English
***en** coton*	made of cotton
***en** bleu*	in blue
***en** vacances*	on holiday
***en** désordre*	in a mess
***en** forme*	fit/in good form
***en** bonne santé*	in good health

See 6.6 for *en* as a pronoun.

5.4 Position

Some prepositions tell you the position of something:
devant (in front of), *derrière* (behind, at the back of), *entre* (between), *sur* (on, on top of), *sous* (under).

Grammar

5.5 Linking words (conjunctions)

Some common linking words are:

◆ *alors*   then/so

   *Il n'est pas venu, **alors** je suis partie.*
   He didn't come, **so** I left.

◆ *donc*   therefore, so

   *Il y a moins d'emplois **donc** plus de chômage.*
   There are fewer jobs **so** more unemployment.

◆ *et*   and

◆ *mais*   but

◆ *ou (bien)*   or

◆ *parce que*   because

   *La chambre était super **parce qu'**il y avait une vue.*
   The room was great **because** there was a view.

◆ *pourtant*   yet, although

   *J'aime dessiner et **pourtant** je suis nulle!*
   I like drawing and **yet** I'm useless at it!

◆ *puis*   then/next

   *Lisez le texte **puis** répondez aux questions.*
   Read the text **then** answer the questions.

◆ *quand*   when

   *Elle était contente **quand** elle a eu ses résultats.*
   She was happy **when** she got her results.

Other conjunctions:
car (then, so), *cependant* (however), *sinon* (if not), *comme* (as), *puisque* (since, as), *dès que* (as soon as), *depuis que* (since), *pendant que* (while).

◆ Some conjunctions must be followed by a verb in the subjunctive (see 9.3):

   bien que (although), *afin que* (so that), *pour que* (so that), *à moins que* (unless) + negative, *pourvu que* (provided that).

   *Elle a réussi **bien qu'elle n'ait** aucun diplôme.*
   She has succeeded although she has no
    qualifications.

   *Il n'aura pas le bac **à moins qu'il ne se mette** à travailler.*
   He won't pass the bac unless he starts working now.

6 Pronouns

A pronoun is a small word which is used instead of a noun, a phrase or an idea. It helps to avoid repetition.

6.1 Subject pronouns

The subject of a verb tells you who or what is doing the action of the verb. It can be a noun or a pronoun. The French subject pronouns are:

I =	*je*	
	j'	in front of a vowel or a silent *h*, e.g. *j'aime/j'habite*
you =	*tu*	to a child, a friend or a relative
	vous	to an adult you are not related to, or more than one person
he =	*il*	for a boy or man
she =	*elle*	for a girl or woman
it =	*il*	if the thing it refers to is masculine
	elle	if the thing it refers to is feminine
we =	*nous*	*On* is used more than *nous* in conversation.
	on	Use *on* when speaking or writing to friends. Use *nous* in more formal French.
they =	*ils*	for masculine plural
	ils	for a mixed group (masculine + feminine)
	elles	for feminine plural
	on	for people in general

◆ *On* can mean 'you', 'we', 'they' or 'one'. It is followed by the same form of the verb as *il/elle*. In the perfect tense with *être*, the past participle is often plural.

6.2 Direct object pronouns

A direct object pronoun replaces a noun that is the object of a verb. It has the action of the verb done to it 'directly'. The French direct object pronouns are:

*me**	me	*nous*	us
*te**	you	*vous*	you
*le**	him, it (m.)	*les*	them
*la**	her, it (f.)		

**m*', *t*' and *l*' before words that start with a vowel or a silent *h*
Je vois souvent ***Ahmed.*** → *Je **le** vois souvent.*
I often see Ahmed. → I often see **him.**

6.3 Indirect object pronouns

An indirect object pronoun replaces a noun (usually a person) that is the object of the verb, but linked to the verb by a preposition, usually *à* (or in English, 'to').

The French indirect object pronouns are:

me/m'	to me	*nous*	to us
te/t'	to you	*vous*	to you
lui	to him, to it (m.)	*leur*	to them
lui	to her, to it (f.)		

Je parle souvent à Ahmed. → *Je **lui** parle souvent.*
I often speak to Ahmed. → I often speak **to him**.

You will need these pronouns after verbs such as:
dire à, donner à, parler à, demander à, répondre à.

Some verbs take an indirect object in French but not in English, e.g. *téléphoner à quelqu'un* (to phone someone).
*Je **te** donnerai un peu d'argent de poche.*
I'll give **you** some pocket money.

*J'ai vu Alain et je **lui** ai demandé de venir me voir.*
I saw Alain and asked **him** to come and see me.

*Les profs sont sympa. On **leur** parle souvent.*
The teachers are nice. We often talk **to them**.

6.4 Reflexive pronouns

These are used to form reflexive verbs (see 7.2) and are:

je	*me/m'*	myself
tu	*te/t'*	yourself
il/elle/on	*se/s'*	himself/herself/itself
nous	*nous*	ourselves
vous	*vous*	yourselves
ils/elles	*se/s'*	themselves

6.5 *y*

Y is used instead of *à* (or *en*) + the name of a place.
*Elle va **à la boucherie**. Elle **y** va.*
She goes **to the butcher's**. She goes **there**.

Y is generally used instead of *lui/leur* (see 6.3) when referring to objects, actions, ideas and concepts as opposed to people and animals:
Tu as assisté au concert? Oui, j'y ai assisté.
Did you attend the concert? Yes, I attended it.

Tu penseras à téléphoner? Oui, j'y penserai.
Will you remember to phone? Yes, I will.

6.6 *en*

En replaces *du/de la/des* + a noun. It can mean 'some'/'any', 'of it'/'them'.

*Tu as **des devoirs** à faire? Oui, j'**en** ai. J'**en** ai trop.*
Do you have **any homework** to do? Yes, I have **some**. I have too much [**of it**].

*Je voudrais des **pommes**. Désolé, il n'y **en** a plus.*
I'd like **some apples**. Sorry, there aren't **any** left.

En is also used instead of *de* + noun, after a verb such as *discuter de, se souvenir de*:
*Notez vos idées. Discutez-**en**.*
Note down your ideas. Talk about **them**.

See 10 for *en* + present participle.

6.7 Position of object pronoun

Object pronouns normally come immediately before the verb:

*Je **les** aime bien.*	I like **them**.
*Je **lui** dis tout.*	I tell **him/her** everything.
*J'**y** vais à pied.*	I go **there** on foot.
*J'**en** voudrais un peu.*	I'd like **some**.

In a compound tense, the pronoun goes before the *avoir* or *être* part of the verb:

*Je ne **l'**ai pas écouté.*	I didn't listen **to him**.
*Je **leur** ai donné mon adresse.*	I gave **them** my address.
*Il **y** est déjà allé.*	He's already been **there**.
*J'**en** ai lu trois.*	I've read three [**of them**].

When there are two verbs together (a verb + an infinitive), the pronoun comes before the infinitive:

*Je vais **en** prendre un.*	I'll take one [**of them**].
*Je ne peux pas **y** aller.*	I can't go **there**.

When there are several object pronouns in the same sentence, they follow this order:

1	2	3	4	5
me				
te	*le*			
se	*la*	*lui*	*y*	*en*
nous	*les*	*leur*		
vous				

*Je **te le** donne.*	I give **it to you**.
*Je **lui en** ai parlé.*	I've talked **to him/her about it**.

◆ With negative imperatives, the pronoun comes before the verb:

*Ne **les** appelle pas!* Don't ring **them**!

With positive imperatives, it comes after the verb and a hyphen is added:

*Appelle-**les**!* Ring **them**!

With positive imperatives, *me* and *te* become *moi* and *toi*:

*Ne **me** parle pas de travail, parle-**moi** plutôt de vacances!*

Don't talk **to me** about work, talk **to me** about holidays!

With positive imperatives, columns 1 and 2 of the position grid are reversed:

*Donne-**le-moi**!* Give it to me!

See 9.1 for imperatives.

6.8 Emphatic pronouns

moi	me, I	nous	us, we
toi	you	vous	you
lui	him, he	eux	them (m.), they
elle	her, she	elles	them (f.), they

Use an emphatic pronoun:

◆ to emphasise a subject pronoun:
***Moi**, je trouve que c'est normal. Et **toi**?*
I think it's justified. What about **you**?

◆ after prepositions like *devant*, *avec* and *chez*:
*Il est devant **moi**.* He's in front of me.
*Je vais chez **lui**.* I'm going to his place.

◆ after *c'est* and *ce sont*:
*C'est **lui** qui me l'a dit.* It was him who told me.

◆ as a one-word answer to a question:
*Qui joue du piano? **Moi**!* Who plays the piano? Me.

◆ in a comparison:
*Il est plus timide que **moi**.* He's shyer than me.

◆ to express possession:
*C'est **à toi** ou **à moi**?* Is it yours or mine?

6.9 Relative pronouns

Relative pronouns are used to link two parts of a sentence and avoid repetition.

qui	who, which, that
que	who, whom, which, that
où	where, when
dont	whose, of whom, of which

◆ Use *qui* when the noun to be replaced is the subject of the verb:
*J'ai **un frère**. **Mon frère** s'appelle Ahmed.* →
*J'ai un frère **qui** s'appelle Ahmed.*
I have a brother who's called Ahmed.

◆ Use *que* when the noun to be replaced is the object of the verb:
*J'ai **un frère**. J'aime beaucoup **mon frère**.* →
*J'ai un frère **que** j'aime beaucoup.*
I have a brother whom I love very much.

◆ Use *où* to mean 'where' or 'when':
*C'est là **où** j'habite.* That's where I live.
*C'était le jour **où** je suis arrivé.*
It was the day when I arrived.

◆ Use *dont* to mean 'of whom' or 'whose':
*C'est le prof **dont** je t'ai parlé.*
It's the teacher I talked to you about.

◆ Use *ce qui*, *ce que* and *ce dont* when there is no specific noun for the relative pronoun to refer to. It generally means 'what'. Use *ce qui* when 'what' refers to the subject of the verb; use *ce que* when it refers to the object of the verb. Use *ce dont* when the verb used is followed by *de*.
***Ce qui** se passe dans les banlieues m'inquiète.*
What is happening in the suburbs worries me.
*Je voudrais te remercier pour tout **ce que** tu as fait.*
I'd like to thank you for all you did.
*Prends mon dictionnaire. C'est **ce dont** tu as besoin pour faire cet exercice.*
Take my dictionary. It's what you need to do this exercise.

◆ After a preposition, use *lequel*, *laquelle*, *lesquels*, *lesquelles*, a pronoun made up of the definite article + *quel* meaning 'which' (except when referring to people, when you generally use *qui*).
*C'est une maladie contre **laquelle** on ne peut rien.*
It's a disease against which we can't do anything.
*On les a privés des droits pour **lesquels** ils s'étaient battus.*
They have been deprived of the rights for which they fought.

But:
*J'ai gardé contact avec les gens chez **qui** j'ai été au pair.*
I've kept in touch with the people I was au pair with.

Note also:
à + lequel = auquel
*Ce sont des problèmes **auxquels** nous n'avions pas pensé.*
These are problems which we hadn't thought of.
de + lequel = duquel
*C'est le film à la fin **duquel** il a pleuré.*
It is the film at the end of which he cried.

6.10 Possessive pronouns

Possessive pronouns in English are 'mine', 'yours', 'his', 'hers', 'ours', 'theirs'.

In French, the pronoun changes according to who owns the object and also according to whether the object is masculine, feminine, singular or plural.

	singular		plural	
	masculine	feminine	masculine	feminine
mine	*le mien*	*la mienne*	*les miens*	*les miennes*
yours	*le tien*	*la tienne*	*les tiens*	*les tiennes*
his/hers	*le sien*	*la sienne*	*les siens*	*les siennes*
ours	*le nôtre*	*la nôtre*	*les nôtres*	*les nôtres*
yours	*le vôtre*	*la vôtre*	*les vôtres*	*les vôtres*
theirs	*le leur*	*la leur*	*les leurs*	*les leurs*

J'aime bien tes parents. **Les miens** *m'énervent.*
I like your parents. **Mine** get on my nerves.

6.11 Demonstrative pronouns

Demonstrative pronouns in English are used to say 'the one(s) which...', 'the one(s) belonging to...', or 'this one/that one', etc. In French, they include several different words: *celui, ce, cela, ça*.

◆ *Celui* changes to agree with the noun it replaces:

	singular	plural
masculine	*celui*	*ceux*
feminine	*celle*	*celles*

J'aime bien <u>mon pull</u> *mais je préfère* **celui** *de Paul.*
I like my pullover but I prefer Paul's.

Je m'occupe <u>des jeunes enfants</u>, **ceux** *qui ont moins de cinq ans.*
I look after the small children, those who are not yet five.

After *celui*, you can add *-ci* or *-là* for greater emphasis or to contrast two items:
Je voudrais des sandales. **Celles-ci** *ou* **celles-là**?
I'd like some sandals. These [ones] or those [ones]?

See 1.5 for demonstrative adjectives: *ce, cet, cette, ces* + noun with *-ci, -là*.

◆ *Ce/C'* is mostly used with the verb *être*.
Ce sont mes amis. — They are my friends.
C'est bon. — It's nice.

◆ *Cela* (meaning 'that/it') is often shortened to *ça* or *c'*.
Le ski? J'adore **ça**! — Skiing? I love it.
C'/Cela *est facile à comprendre.*
That/It is easy to understand.

6.12 Indefinite pronouns

Commonly used indefinite pronouns are:
quelque chose (something), *quelqu'un* (someone), *tout/tous* (all), *autre(s)* (other), *chacun(e)* (each).

Other indefinite pronouns:
quelques-uns (some, a few), *plusieurs* (several), *certains* (some), *n'importe qui* (anyone), *n'importe quoi* (anything), *pas grand-chose* (not a lot).
Tu veux faire **quelque chose**?
Do you want to do something?
J'ai parlé à **quelqu'un**. — I spoke to somebody.
C'est **tout**? — Is that all?
J'ai lu un livre de Camus. — *Je voudrais en lire un* **autre**.
I've read a book by Camus. — I'd like to read another.

7 Verbs: the infinitive, reflexive verbs, impersonal verbs

7.1 The infinitive

The infinitive is the basic, unconjugated form of a verb, e.g. *parler*, to speak.

Infinitives in French end with *-er, -ir, -re* or *-oir/-oire*, e.g. *écouter, choisir, prendre, pouvoir, boire*. The infinitive of a reflexive verb (see 7.2) includes *se* or *s'* at the beginning, e.g. *s'ennuyer*.

Infinitives are used in several ways:

1 as nouns
Travailler, quelle horreur! — Working, how horrible!

2 in instructions
Mettre à four chaud. — Place in a hot oven.

3 after another verb
Sometimes there are two verbs next to each other in a sentence. In French, the form of the first verb depends on who is doing the action, and the second verb is in the infinitive.

Verbs that are often followed by an infinitive are:
devoir, pouvoir, savoir, vouloir, falloir (il faut), adorer, aimer, détester, espérer, faillir, oser, préférer, aller, entendre, faire, laisser, sembler, voir

On **doit** <u>faire</u> *un exposé demain.*
We must/have to do a presentation tomorrow.

*Je **vais** <u>voir</u> un dentiste tous les six mois.*
I go and see a dentist every six months.

*Il **faut** <u>passer</u> un examen.* You have to take an exam.

4 *faire* + a dependent infinitive
J'ai fait <u>réparer</u> ma voiture.
I had my car repaired.

5 verb + *à* + infinitive
aider à, apprendre à, arriver à, s'attendre à, commencer à, continuer à, se décider à, s'entrainer à, s'habituer à, hésiter à, inviter à, se mettre à, penser à, réussir à

*Il **commence** à <u>pleuvoir</u>.* It's starting to rain.

6 verb + *de* + infinitive
accepter de, s'arrêter de, avoir envie/peur de, choisir de, conseiller de, décider de, demander de, dire de, empêcher de, envisager de, essayer de, éviter de, finir de, oublier de, permettre de, promettre de, proposer de, refuser de, risquer de, suggérer de, venir de

Il m'a conseillé de <u>continuer</u> mes études et j'ai donc décidé d'<u>aller</u> à l'université.
He advised me to carry on with my studies so I've decided to go on to university.

7 *pour/sans/avant de* + infinitive
Use the infinitive after *pour* (to/in order to), *sans* (without), *avant de* (before):

*Je vais en France **pour** <u>apprendre</u> le français.*
I'm going to France to learn French.

8 *en train de* + infinitive
To say that something is happening at the time of speaking or writing, use *en train de* and an infinitive:

*Il est **en train de** <u>manger</u>.* He's eating at the moment.

◆ **The past infinitive**
A past infinitive is used after *après* to say 'after doing'/'having done' something. It is made up of *avoir* or *être* and a past participle (see 8.3).

*Après **avoir mangé**, il est parti.*
Having eaten/After eating, he left.

*Après **être rentrées**, mes sœurs ont bu un café.*
After they came back, my sisters drank a coffee.

7.2 Reflexive verbs

Reflexive verbs need an extra pronoun between the subject and the verb.

subject	pronoun	verb	
je	*me*	*lève*	I get myself up/I get up
je	*m'*	*habille*	I dress myself/I get dressed

The reflexive pronoun changes according to the subject it goes with (see 6.4):

s'amuser				
je	+ me/m' + amuse	*nous*	+ nous + amusons
tu	+ te/t' + amuses	*vous*	+ vous + amusez
il/elle/on	+ se/s' + amuse	*ils/elles*	+ se/s' + amusent

◆ **Negative form of reflexive verbs**
In negative sentences, the negative expression goes around the pronoun as well as the verb.
*On **ne** s'ennuie **pas** ici.* You don't get bored here.

◆ **In questions**, the reflexive pronoun stays in the normal place in front of the verb:
*Tu te couches à quelle heure?/A quelle heure est-ce que tu **te** couches?/A quelle heure **te** couches-tu?*
At what time do you go to bed?

◆ **Imperative form of reflexive verbs**
In a positive imperative, *te* changes to *toi* and the pronoun goes **after** the verb:
*Couche-**toi**!* Go to bed.
In a negative imperative, the pronoun does not change and remains **before** the verb:
*Ne **te** couche pas!* Don't go to bed.

◆ **Perfect tense of reflexive verbs**
Reflexive verbs always make their perfect tense with *être* (so the past participle must agree with the subject of the verb). The pronoun stays in front of the verb:
Je me suis réveillé(e) à six heures.
I woke up at six o'clock.

7.3 Impersonal verbs

The impersonal verbs are those that are only used in the third person singular (the *il* form).
The most common ones are:
il y a, il reste, il manque, il faut, il vaut mieux, il s'agit de, il parait que, il suffit de
weather phrases – *il pleut, il neige, il fait beau*, etc.

Il reste trois questions à faire.
There are three questions left to do.
Il s'agit de la période coloniale française.
It's about the French colonial period.
Il suffit de bien réfléchir. You just have to think carefully.
Il vaut mieux partir tôt. It's best to leave early.

8 Verb tenses

The tense of a verb tells you when the action takes place
– in the past, present or future.

As well as the verb tense, certain words or phrases can
indicate whether an action is past, present or future.

Past:

hier	yesterday
le weekend passé/dernier	last weekend
la semaine dernière	last week
l'année dernière	last year
il y a deux ans	two years ago

Present:

en ce moment	at the moment
maintenant	now
aujourd'hui	today

Future:

dans un instant	in a moment
dans cinq minutes	in five minutes
bientôt	soon
demain	tomorrow
la semaine prochaine	next week

8.1 The present tense

Use the present tense to refer to an action or a fact:

1 which is taking place now
  *Je **vais** au cinéma.*   I am going to the cinema.

2 which takes place regularly
  *Je **vais** au cinéma le lundi.*
  I go to the cinema on Mondays.

3 which started in the past and carries on in
  the present (in English, 'has/have been -ing')
  *J'**habite** tout près du cinéma depuis trois ans.*
  I've been living near the cinema for three years.

4 which will happen in the near future
  *Je **vais** au cinéma demain.*
  I'm going to the cinema tomorrow.

5 which relates to historical events, bringing
  them to life
  *Louis et Auguste Lumière **inventent** le
    cinématographe en 1895.*
  Louis and Auguste Lumière invented cinema
    in 1895.

6 which refers to something timeless or "universal"
  *La Lune **tourne** autour de la Terre.*
  The moon goes around the Earth.

In the present tense, most French verbs follow the same
pattern, i.e. they have regular endings.
For verbs that end in *-er*, like *aimer*:

j'	aime	nous	aimons
tu	aimes	vous	aimez
il/elle/on	aime	ils/elles	aiment

Main exception: *aller*

For verbs that end in *-ir*, like *choisir*:

je	choisis	nous	choisissons
tu	choisis	vous	choisissez
il/elle/on	choisit	ils/elles	choisissent

Other regular *-ir* verbs: *finir, remplir*

For verbs that end in *-re*, like *vendre*:

je	vends	nous	vendons
tu	vends	vous	vendez
il/elle/on	vend	ils/elles	vendent

Other regular *-re* verbs: *attendre, descendre, répondre*

◆ **Irregular verbs in the present tense**
  Look at the tables on pages 156–159 for common,
  irregular verbs.

Some verbs are almost regular, but have small
spelling changes.

1 Verbs ending in *-cer* (like *commencer*) add a cedilla to
  the c when it comes before an *a* or an *o* (to keep the
  sound soft): *nous commençons.*

2 Verbs ending in *-ger* (like *manger*) add an e after the
  g before an *a* or an *o* (to keep the sound soft): *nous
  mangeons.*

3 Verbs ending in *-eler* (like *s'appeler*) or *-eter* (like *jeter*)
  double the *l* or *t*, except for the *nous* and *vous* forms:
  je m'appelle, nous nous appelons, tu jettes, vous jetez.

4 Verbs ending in *-e* + consonant + *er* (like *acheter*)
  change the final e of the stem to è, except for the *nous*
  and *vous* forms: *j'achète, nous achetons.*

5 Verbs ending in *-é* + consonant + *er* (like *espérer*)
  change the final e of the stem to è, except for the *nous*
  and *vous* forms: *j'espère, nous espérons.*

6 Verbs ending in *-ayer, -oyer, -uyer* (like *payer, envoyer,
  s'ennuyer*) change the *y* to *i*, except for the *nous* and
  vous forms: *je paie, nous payons, tu envoies, vous
  envoyez.*

Grammar

◆ *en train de* + **infinitive**

Use this instead of the present tense to emphasise that something is happening at the time of talking or writing:

C'est quoi, ce bruit? – Ils sont en train de refaire la chaussée. What's that noise? – They're (in the process of) resurfacing the road.

◆ *depuis* + **present tense**

Depuis can usually be translated as 'since' or 'for'. Use it to talk about what has been and still is going on. In English, the verb stresses the past, but in French the verb stresses the present.

J'habite au Canada depuis 1999.

I have been living in Canada since 1999 (and I still do).

Ma sœur est infirmière depuis deux ans.

My sister has been a nurse for two years (and still is).

8.2 The perfect tense

A verb in the perfect tense describes a completed action which happened in the past. It is used in conversations, letters and informal narratives.

There is more than one way to translate the perfect tense in English:

J'ai mangé *une pomme.*

I ate an apple./**I have eaten** an apple.

Ils sont venus *me voir.*

They came to see me./**They have come** to see me.

The perfect tense is made up of two parts: the present tense of *avoir* or *être* + the past participle of the main verb. See 8.3, 8.4, 8.5 and 6.6 for details.

See 12.6 for the perfect tense with negative forms.

8.3 The past participle

The past participle is used in the perfect tense and some other compound tenses (see 8.10, 8.14 and 9.3).

The regular pattern to obtain a past participle is to take the infinitive of the verb and change the ending:

◆ infinitives ending -er: take off the -er and add -é
  mang~~er~~ → mangé   *parl~~er~~ → parlé*
◆ infinitives ending -ir: take off the -ir and add -i
  chois~~ir~~ → choisi   *sort~~ir~~ → sorti*
◆ infinitives ending -re: take off the -re and add -u
  vend~~re~~ → vendu   *descend~~re~~ → descendu*

There are exceptions to these rules and you will need to learn them by heart. See pages 156–159 for some common irregular past participles.

8.4 *avoir* + past participle

Most verbs take *avoir* + past participle in the perfect tense.

j'	*ai*	*chanté*	(I sang/have sung, etc.)
tu	*as*	*chanté*	
il/elle/on	*a*	*chanté*	
nous	*avons*	*chanté*	
vous	*avez*	*chanté*	
ils/elles	*ont*	*chanté*	

(See 8.6 for agreement of the past participle with *avoir*.)

8.5 *être* + past participle

Some verbs make their perfect tense with *être* rather than *avoir*. They are mostly verbs that indicate movement. Many can be learnt in pairs:

arriver/partir	to arrive/to leave
entrer/sortir	to go in/to go out
aller/venir	to go/to come
monter/descendre	to go up/to go down
devenir/rester	to become/to stay
naître/mourir	to be born/to die
revenir/retourner	to come back/to go back
rentrer	to go/to come back home
tomber	to fall

All reflexive verbs make their perfect tense with *être* (see 7.2).

je	*suis*	*sorti(e)*	(I went out/have gone out, etc.)
tu	*es*	*sorti(e)*	
il	*est*	*sorti*	
elle	*est*	*sortie*	
on	*est*	*sorti(e)(s)*	
nous	*sommes*	*sorti(e)s*	
vous	*êtes*	*sorti(e)(s)*	
ils	*sont*	*sortis*	
elles	*sont*	*sorties*	

8.6 Agreement of the past participle

◆ **With *être***

The ending of the past participle changes when it comes after *être* in the perfect tense. It agrees with whomever or whatever is doing the action: masculine or feminine, singular or plural.

*Paul: "Je suis **allé** en France."*
*Anne: "Je suis **allée** en France."*
*Prof: "Paul et Anne, vous êtes **allés** en France?"*
*Paul + Anne: "Oui, nous sommes **allés** en France.*
* On est **allés** en France."*
*Prof: "Anne et Lucie, vous êtes **allées** en France?"*
*Anne + Lucie: "Oui, nous sommes **allées** en France.*
* On est **allées** en France."*

◆ **With *avoir***

The past participle normally doesn't change when it comes after *avoir* in the perfect tense.

One case when it does change is when a direct object comes <u>before</u> the verb. You need to add an *-e* for a feminine and an *-s* for a plural.

Marc a acheté <u>une veste</u>.
The direct object (*une veste*) comes after the verb *a acheté*, so there is no agreement of the past participle.

*Où est <u>la veste</u> que Marc a acheté**e**? Je ne <u>l</u>'ai pas vu**e**.*
The direct object (*la veste*) comes <u>before</u> the verb *a achetée*, and the direct object pronoun *l'* comes <u>before</u> the verb *ai vue*, so the past participle agrees with it each time (*achetée, vue*). (Note that this agreement doesn't apply to indirect objects.)

8.7 The imperfect tense

The imperfect tense is used:

1 to describe what something or someone was like in the past:
   *La maison où **j'habitais était** grande et moderne.*
   The house I used to live in was large and modern.

2 to describe continuous actions or interrupted actions in the past:
   *Il **était** assis et il **écoutait** la radio.*
   He was sitting down and he was listening to the radio.

3 to describe something that happened regularly in the past:
   *Je **commençais** à huit heures tous les matins.*
   I used to start at eight o'clock every morning.

4 with *depuis*, when the action lasted for some time but is now over.
   *On **habitait** à Paris depuis un mois quand mon frère est né.* We had been living in Paris for a month when my brother was born.

5 after *si* in suggestions and in conditional sentences:
   *Si on **allait** à la piscine?*
   How about going to the swimming pool?

   *Si tu **travaillais** plus, tu aurais de meilleurs résultats.*
   If you worked harder, you'd get better results.

6 in reported speech (to report the present tense):
   Pierre: *"Je n'aime pas l'informatique".*
   *Hier, Pierre **a dit qu'il n'aimait pas** l'informatique.*
   Yesterday, Pierre said he didn't like computer studies.

To form the imperfect tense, start with the verb stem: take the *nous* form of the present tense and remove the *-ons*.

regarder → nous regard~~ons~~ → regard-
aller → nous all~~ons~~ → all-
faire → nous fais~~ons~~ → fais-
voir → nous voy~~ons~~ → voy-
The only exception:
être → (nous sommes) → ét-

Then add the correct ending according to who is doing the action. They are the same for all the verbs.

	(ending)	*faire*	*commencer*	*être*
je	**-ais**	*faisais*	*commençais*	*étais*
tu	**-ais**	*faisais*	*commençais*	*étais*
il/elle/on	**-ait**	*faisait*	*commençait*	*était*
nous	**-ions**	*faisions*	*commencions*	*étions*
vous	**-iez**	*faisiez*	*commenciez*	*étiez*
ils/elles	**-aient**	*faisaient*	*commençaient*	*étaient*

Verbs like *manger* that add an extra *e* in the *nous* form of the present tense, and verbs like *prononcer* that change the *c* to a *ç*, keep those changes in the imperfect before *a*. This keeps the soft sound of the *g* or *c*. So, *je mangeais* (I was eating), *je commençais* (I was starting).

8.8 Perfect or imperfect?

It can be quite difficult deciding whether to use the perfect or imperfect tense.

◆ Use the perfect if you are talking about a completed action which happened/has happened in the past,
   Je suis allée à Paris en avion. I went to Paris by plane.

   J'ai mangé une pomme (et je n'ai plus faim).
   I ate/I've eaten an apple.

Grammar

◆ Use the imperfect if you are **describing** how something was or **giving your opinion** in the past, or if you are talking about what **used to** happen or what happened **regularly** in the past, stressing the duration:

La leçon était un peu dure mais super!
The lesson was a bit hard but great!

Elle se levait à sept heures tous les jours.
She got up/used to get up at 7 a.m. every day.

Les touristes arrivaient par petits groupes tout au long de la journée.
Tourists were arriving in small groups all day long.

See the fourth section of 8.7 for *depuis* + imperfect.

See the fourth section of 8.7 for *depuis* + imperfect.

8.9 *venir de* + infinitive

◆ To say that you 'have just done' something, use the present tense of *venir* + *de* + an infinitive.
*Je **viens de** prendre une douche.*
I have just had a shower.

*Nous **venons de** laisser un message.*
We have just left a message.

◆ To say that you 'had just done' something, use *venir* in the imperfect tense, followed by *de* + infinitive.
*Il **venait de** sortir quand son patron a téléphoné.*
He had just gone out when his boss rang.

8.10 The pluperfect tense

The pluperfect is used to refer to an event or action that **had taken place** before some other event in the past.
*Je suis arrivée trop tard, mes copains **étaient** déjà **partis**.*
I arrived too late, my friends had already left.

*Le prof m'a dit qu'il m'**avait donné** une bonne note.*
The teacher told me that he had given me a good mark.

*Ils s'**étaient** bien **préparés** pour l'entretien.*
They had prepared well for the interview.

The pluperfect is a compound tense, like the perfect tense, and is also made up of *avoir* or *être* – but in the imperfect tense – and a past participle.
(See 8.3 for past participles and 8.6 for agreements.)

with *avoir*	with *être*
j'avais chanté (I had sung, etc.)	*j'étais allé(e)* (I had gone, etc.)
tu avais chanté	*tu étais allé(e)*
il/elle/on avait chanté	*il/elle/on était allé(e)(s)*
nous avions chanté	*nous étions allé(e)s*
vous aviez chanté	*vous étiez allé(e)(s)*
ils/elles avaient chanté	*ils/elles étaient allé(e)s*

8.11 The past historic

The past historic is used in historical and literary texts, newspapers and magazines, where the perfect tense would be used in everyday language. The *il/elle* and *ils/elles* forms are used most often.
*Louis XIV **régna** de 1643 à 1715. Il **fut** roi de France pendant 72 ans.*
Louis XIV reigned from 1643 to 1715. He was king of France for 72 years.

*Ils **se levèrent** et **partirent** ensemble.*
They got up and left together.

*Ils **vécurent** heureux et **eurent** beaucoup d'enfants.*
They lived happily and had many children. ("They lived happily ever after".)

The past historic is formed from a stem (the infinitive of a verb minus the *-er/-ir/-re* ending) and the following endings:

	-er verbs	**-re/-ir verbs**
je	*-ai*	*-is*
tu	*-as*	*-is*
il/elle/on	*-a*	*-it*
nous	*-âmes*	*-îmes*
vous	*-âtes*	*-îtes*
ils/elles	*-èrent*	*-irent*

Many common verbs are irregular:
avoir *j'eus, tu eus, il eut, nous eûmes, vous eûtes, ils eurent*
être *je fus, tu fus, il fut, nous fûmes, vous fûtes, ils furent*
venir *je vins, tu vins, il vint, nous vînmes, vous vîntes, ils vinrent*

8.12 The future tense

Use the future tense:
1 to describe plans for the future:
*Bientôt, il **ira** habiter en France.*
Soon, he'll go and live in France.

2 to say what you think the future will be:
*Dans moins de 10 ans, tout le monde **aura** accès à Internet.*
In less than 10 years' time, everyone will have access to the Internet.

3 to say what will happen if…:
*Si j'ai mon bac, **j'irai** à l'université.*
If I pass the bac, I'll go to university.

4 to give an order:

*Vous **ferez** une rédaction sur le thème de la pollution.*
You'll write an essay on pollution.

5 to describe what will happen when... or as
soon as...:

In French, you use a future tense (not a present tense
as in English) after *quand* or *dès que*:

*Quand ils **arriveront**, on se **mettra** tout de suite
à table.*
When they arrive, we'll eat straightaway.

*Dites-lui de me contacter dès qu'il **aura** ses résultats.*
Tell him to contact me as soon as he has his results.

To form the future tense, add these endings to the
infinitive of regular verbs (if the infinitive ends in -*e*, take
that off first):

	(ending)	*regarder*	*répondre*
je	**-ai**	*regarderai* (I will look, etc.)	*répondrai* (I will answer, etc.)
tu	**-as**	*regarderas*	*répondras*
il/elle/on	**-a**	*regardera*	*répondra*
nous	**-ons**	*regarderons*	*répondrons*
vous	**-ez**	*regarderez*	*répondrez*
ils/elles	**-ont**	*regarderont*	*répondront*

Common irregular verbs:

aller	*j'irai*	*il faut*	*il faudra*
avoir	*j'aurai*	*pouvoir*	*je pourrai*
devoir	*je devrai*	*savoir*	*je saurai*
envoyer	*j'enverrai*	*venir*	*je viendrai*
être	*je serai*	*voir*	*je verrai*
faire	*je ferai*	*vouloir*	*je voudrai*

Some verbs have small spelling changes:

– verbs ending in -*eler* double the -*l*:
appeler   j'appellerai, nous appellerons

– verbs ending in -*e* + consonant + *er* change the first *e*
to *è*:
acheter   j'achèterai, nous achèterons

– verbs in -*ayer*, -*oyer*, -*uyer* change the *y* to *i*:
payer   je paierai, nous paierons
nettoyer   je nettoierai, nous nettoierons
essuyer   j'essuierai, nous essuierons

8.13   Other ways to talk about the future

◆ ***aller** + **infinitive**: **le futur proche***
Use the present tense of *aller* followed by an infinitive
to talk about something that is sure to happen in the
near future.

*Il **va travailler** ce weekend.*
He's going to work this weekend.

◆ ***je voudrais/j'aimerais/je pense/j'envisage de**
+ **infinitive***
To talk about future plans which are not certain, i.e.
wishes, ambitions or dreams:
Je voudrais rentrer dans l'armée de l'air.
I would like to join the airforce.
Je pense acheter un vélo cet été.
I'm planning to buy a bicycle this summer.

◆ **The present tense**
Use the present tense to refer to an event in the
very near future or to something which is more
than probable.
Tu sors ce soir? – Oui, je retrouve Annie.
Are you going out tonight? – Yes, I'm meeting Annie.

Je vais à l'université de Leeds l'année prochaine.
I'm going to Leeds University next year.

8.14   The future perfect

This is used to refer to something that will have taken
place before something else in the future. It is made up
of *avoir* or *être* in the future tense and a past participle.

*Est-ce qu'il **aura fini** de travailler quand la fête
commencera?* Will he have finished working when the
party starts?
*Je **serai partie** quand il arrivera.*
I'll have left by the time he arrives.

9   Verbs: the imperative, the conditional, the subjunctive

9.1   The imperative

The imperative is used to:

1 give orders:
***Viens** ici!*   Come here!

2 give instructions:
***Mélangez** les œufs et la farine.*
Mix the eggs and the flour.

3 give advice and make suggestions:
***Va** au cinéma si tu t'ennuies.*
Go to the cinema if you're bored.

***Essayez** de manger quelque chose.*
Try eating something.

***Allons** voir Catherine.*
Let's go and see Catherine.

Grammar

To form the imperative simply leave out the subject pronouns *tu* or *vous* (or *nous*, but this is used less often) in the present tense of the verbs. For *-er* verbs, leave out the final *-s* in the *tu* form.

Tu éteins la télé.	**Eteins** *la télé.*	Switch the TV off.
Tu restes ici.	**Reste** *ici.*	Stay here.
Vous venez avec moi.	**Venez** *avec moi.*	Come with me.
Nous y allons tous.	**Allons**-*y tous!*	Let's all go!

Most verbs are regular, except a few:

avoir	*aie, ayez (ayons)*
être	*sois, soyez (soyons)*
savoir	*sache, sachez (sachons)*
vouloir	*veuillez*

Sachez que c'est interdit.
I'll have you know that it's forbidden.
Veuillez attacher vos ceintures.
Please fasten your seat belts.

To tell someone **not** to do something, put *ne ... pas* round the command:

Ne regarde pas!	Don't look!
Ne touchez pas!	Don't touch!

For reflexive verbs in the imperative, see 7.2.

9.2 The conditional

The present conditional is used:

1 to express a wish or make a suggestion:
   *Je **voudrais** travailler dans un bureau.*
   I'd like to work in an office.

   *Elle **devrait** faire des études à l'étranger.*
   She should go and study abroad.

2 to make a polite request:
   ***Pourriez**-vous me dire où est la mairie?*
   Could you tell me where the town hall is?

3 to refer to an action which depends on another event or situation:
   *J'**irais** chercher les enfants si j'avais une voiture.*
   I'd go and pick up the children if I had a car.

To form the conditional use the same stem as for the future tense (the infinitive of the verb, dropping the *-e* in *-re* verbs) and add endings which are the same as for the imperfect tense (see 8.7).

	(ending)	*finir*	*prendre*
je	*-ais*	*finirais* (I would finish, etc.)	*prendrais* (I would take, etc.)
tu	*-ais*	*finirais*	*prendrais*
il/elle/on	*-ait*	*finirait*	*prendrait*
nous	*-ions*	*finirions*	*prendrions*
vous	*-iez*	*finiriez*	*prendriez*
ils/elles	*-aient*	*finiraient*	*prendraient*

See the verb tables on pages 156–159 for common irregular verbs in the conditional.

◆ **The past conditional**
   This is used to say something would have happened given certain circumstances (but actually didn't happen). It is formed from the conditional of *avoir* or *être* and a past participle.
   *Nous **aurions gagné** le match si...*
   We would have won the match if...

   *Il **serait venu** s'il avait pu.*
   He would have come if he had been able to.

◆ The past conditional of *devoir* and *pouvoir* are useful forms to say that something 'should' or 'could' have been done:
   *J'**aurais dû** y aller.* I should have gone.

   *Vous **auriez pu** participer.* You could have taken part.

9.3 The subjunctive

The subjunctive is used to express what you think, what you feel, what you wish, and how you consider events and actions (uncertain, possible, probable, impossible, etc.).
The verbs usually appear in a subordinate clause (the second part of a sentence) introduced by *que*. There are several tenses of the subjunctive, but the present and perfect sujunctive are the most commonly used.

It is used:

1 after many verbs expressing an emotion or an opinion:

   – likes and preferences: *aimer (mieux) que, préférer que*
   *Je n'aime pas que tu **mentes**.* I don't like you to lie.
   *Je préfère qu'il **parte** demain.* I'd rather he left tomorrow.
   *J'aime mieux qu'il **parte** demain.* I'd rather he left tomorrow.

– doubt or fear: *douter que, avoir peur que, ne pas être sûr que*, ne pas penser que**

  * These verbs don't need a subjunctive if used in a positive statement, without the *ne ... pas*, e.g. *je pense qu'il **vient** ce soir.*

– wish, will, necessity: *vouloir que, ordonner que, exiger que, souhaiter que*

  *Je voudrais que tu **partes** avec moi.*
  I'd like you to go away with me.

  *Le docteur ordonne que vous **restiez** au lit.*
  The doctor orders you to stay in bed.

– regret and happiness: *regretter que, être content que*
  *Ils regrettent que tu ne **sois** pas là.*
  They're sorry you are not here.

  *Moi, je suis contente qu'elle **soit** loin.*
  I'm happy that she's far away.

2 after impersonal expressions such as *il faut que, il est possible que, il est important que, il vaut mieux que, il semble que, il est essentiel que*:

  *Il faut que tu **ailles** à la poste.*
  You must go to the post office.

  *Il vaut mieux que vous **restiez** à la maison.*
  You'd better stay at home.

  *Il semble qu'elle ne **soit** pas d'accord.*
  It seems that she doesn't agree.

  *Il est important que nous **arrivions** à l'heure.*
  It's important that we arrive on time.

3 after certain conjunctions expressing...

– time: *avant que* (before), *jusqu'à ce que* (until)
  *Je veux partir avant qu'il **rentre**.*
  I want to leave before he comes back.

– concession: *bien que* (although), *quoique* (although)
  *Il est resté très simple bien qu'il **soit** très riche.*
  He's remained simple although he's very rich.

– aim: *afin que* (so that), *pour que* (so that)
  *Je fais ça pour que tu **ailles** mieux.*
  I'm doing this so that you get better.

– condition: *à condition que* (on condition that), *pourvu que* (provided that), *à moins que* (unless)
  *J'irai à la cérémonie à condition que tu **viennes** avec moi.*
  I'll go to the ceremony provided you come with me.

4 after a relative pronoun (*qui* or *que*) when it follows a superlative or a negative:

  *C'est le plus joli bébé que je **connaisse**.*
  He's the prettiest baby I know.

*Je n'ai rien qui **puisse** t'aider.*
I don't have anything that could help you.

5 after *Que* at the beginning of a sentence:
  *Qu'elle **revienne** ou non, je m'en moque.*
  Whether she comes back or not, I don't care.

6 after *qui que, quel que, quoi que, où que*:
  *Qui que ce **soit**, je ne suis pas là!*
  Whoever it is, I am not in!

  *Quel que **soit** le prix, je l'achète.*
  Whatever the price is, I am buying it.

  *Où que tu **ailles**, je te suivrai.*
  Wherever you go, I'll follow.

  *Quoi que je **fasse**, ils me critiquent.*
  Whatever I do, they criticise me.

To form the present subjunctive, take the *ils* form of the present tense, leave off the final *-ent* and add these endings:

	(ending)	aimer	finir
je	**e**	*que j'aime*	*que je finisse*
tu	**es**	*que tu aimes*	*que tu finisses*
il/elle/on	**e**	*qu'il aime*	*qu'il finisse*
nous	**ions**	*que nous aimions*	*que nous finissions*
vous	**iez**	*que vous aimiez*	*que vous finissiez*
ils/elles	**ent**	*qu'ils aiment*	*qu'ils finissent*

See the verb tables on pages 156–159.

◆ **The perfect subjunctive**
  This is a compound tense formed from the **present subjunctive** of *avoir* or *être* and a past participle. It refers to something which has (perhaps) happened.
  *Il est possible qu'elle **soit** déjà **partie**.*
  It's possible she's already left.

  *Je ne suis pas certain qu'elle **ait pu** tout finir hier soir.*
  I'm not certain she managed to finish it all last night.

◆ **The imperfect subjunctive**
  This is rarely used, but you need to be able to recognise it in formal written French, like the past historic (see 8.11).

To form it, start with the *il/elle* form of the past historic, remove the *-t* from *-ir* and *-re* verbs, and add these endings:
-sse, -sses, -t, -ssions, -ssiez, -ssent

avoir	*que j'eus, qu'il eût*
être	*que je fus, qu'elles fussent*
faire	*que je fis, qu'ils fissent*
finir	*que je finisse, que tu finisses*

◆ **The pluperfect subjunctive**
This is used only in literary French. It is formed from the imperfect subjunctive of *avoir* or *être* and a past participle.
*Il douta qu'elle **fût allée** voir son père seule.*
He doubted that she would have gone to visit her father alone.

10 The present participle

You recognise a present participle by the -*ant* ending which corresponds to '-ing' in English.

Use it:

1 to indicate that two actions are simultaneous ('while/ on doing' something), with *en*:

*Je lis mon journal **en mangeant**.*
I read my paper while eating.

2 to say how something is done ('by doing' something), with *en*:

*Il s'est blessé **en skiant**.*
He injured himself skiing.

3 to explain the reason for or the cause of something:

***Etant** d'origine algérienne, je parle un peu l'arabe.*
Being of Algerian origin, I speak a little Arabic.

***Ayant** vécu à Paris, je connais la ville.*
Having lived in Paris, I know the city.

4 as an alternative to a relative pronoun (*qui/que*) in a sentence:

*Il s'occupe d'enfants **souffrant** de troubles mentaux. (= qui souffrent de...)*
He looks after children with mental problems.

To form the present participle, take the *nous* form of the present tense, remove the -*ons* and add the ending -*ant*. Used as a verb, it is invariable.

regarder → nous regardons → regard → regardant
(looking)

Three exceptions:

avoir	**ayant**	(having)
être	**étant**	(being)
savoir	**sachant**	(knowing)

11 The passive voice

When the subject of the sentence has the action of the verb **done to it** instead of **doing** the action, the sentence is said to be in the passive voice.

The passive is used:

1 when the person doing the action is unknown or not named:

*Mon chien **a été écrasé**.*   My dog's been run over.

2 when you want to focus on the person/thing receiving the action rather than on whoever is doing the action:

*La violence **est** souvent **présentée** comme acceptable (par les médias).*
Violence is often presented as being acceptable (by the media).

3 to highlight the drama of an event, especially in newspaper accounts:

*Les deux jeunes **ont été arrêtés** par un détective parisien.*
The two youths were arrested by a Paris detective.

To form a passive, use *être* and a past participle agreeing with the subject of the verb.

<u>*Notre association*</u> **aide** *les enfants en difficulté.*
↑ subject   ↑ verb

<u>*Les enfants en difficulté*</u> **sont aidés** *par l'association.*
↑ subject   ↑ verb in the passive

The passive can be used in several tenses:

present: *Les enfants **sont aidés** par l'association.* (are helped/were helped)

future: *Les enfants **seront aidés** par l'association.* (will be helped)

perfect: *Les enfants **ont été aidés** par l'association.* (have been helped/were helped)

imperfect: *Les enfants **étaient aidés** par l'association.* (were helped)

pluperfect: *Les enfants **avaient été aidés** par l'association.* (had been helped)

To avoid the passive, especially when translating from English:

– use *on*:

Speed limits are not respected.
Les limitations de vitesse ne sont pas respectées. →
***On ne respecte pas** les limitations de vitesse.*

– use an 'active' sentence:

The house was burgled by two men. →
La maison a été cambriolée par deux hommes. →
*Deux hommes **ont cambriolé** la maison.*

– use a reflexive verb:

The passive is not often used in French. →
Le passif n'est pas beaucoup utilisé en français. →
*Le passif **ne s'utilise pas** beaucoup en français.*

NB: Some verbs cannot be used in the passive: reflexive verbs, and verbs used without a direct object, e.g. *aller, décider de, demander de.*

I was asked to take part in a debate on racism. →
On m'a demandé de participer à un débat sur le racisme.

12 Negatives

12.1 *ne ... pas*

This negative form is used where you would say 'not' in English. In French, you need two words: *ne* and *pas*, which go on either side of the verb.
ne → *n'* in front of a vowel or a silent *h*.

*Je **ne** suis **pas** français.* I'm not French.

*Ils **n'**habitent **pas** à Londres.* They don't live in London.

12.2 *ne ... jamais, ne ... rien, ne ... personne, ne ... plus*

These negative forms also go on either side of the verb:

ne/n' ... jamais	never
ne/n' ... rien	nothing, not anything
ne/n' ... personne	nobody, not anybody
ne/n' ... plus	no longer, no more, not any more

*Il **ne** parle **jamais** en français.*
He **never** speaks in French.

*Elle **ne** mange **rien**.*
She doesn't eat **anything**.

*Je **ne** connais **personne** ici.*
I don't know **anybody** here.

*Nous **n'**y allons **plus**.*
We don't go there **any more**.

◆ When you use *ne* + a negative with a noun, replace *un/une/des* with *de* or *d'*:

*Il n'y a pas **de** pizza/**de** gâteau/**de** chips.*
There isn't/There aren't any pizza/cake/crisps.

◆ The second part of a negative form can be used without the *ne* in a short phrase with no verb:

*Tu as déjà travaillé? Non, **jamais**.*
Have you ever worked? No, **never**.

*Qu'est-ce que vous voulez? **Rien**.*
What do you want? **Nothing**.

*Qui est dans la salle de classe? **Personne**.*
Who is in the classroom? **Nobody**.

12.3 *ne ... aucun*

This means 'no ...' or 'not a single ... '. *Aucun* is an adjective and agrees with the noun that follows it.

	masculine	feminine
singular	*aucun*	*aucune*
plural	*aucuns*	*aucunes*

*Il **n'**a **aucun** ami.*
He has **no** friends./He has**n't** got **a single** friend.

*Je **n'**ai **aucune** idée.*
I have **no** idea.

12.4 *ne... ni... ni...*

This means 'neither... nor...'; *ne* goes before the verb and *ni* goes (twice) before the words they relate to:
*Il **n'**a **ni** mère **ni** père.*
He has **neither** mother **nor** father.

12.5 *ne... que*

One way to say 'only' is to put *ne... que* (*qu'* in front of a vowel or silent *h*) around the verb.
*Je **n'**aime **qu'**un sport.*
I **only** like one sport.

*On **ne** travaillera **que** le samedi matin.*
We will **only** work on the Saturday morning.

12.6 Negatives + the perfect tense

In the perfect tense, *ne* or *n'* goes before the part of *avoir* or *être*, and:

◆ *pas/plus/jamais/rien* go <u>before</u> the past participle:
*Je **n'**ai **pas** fait la lessive.*
I haven't done the washing.

*On **n'**a **rien** mangé.*
We haven't eaten anything.

◆ *personne/que/ni... ni.../aucun* go <u>after</u> the past participle:

*Nous **n**'avons vu **personne**.*
We didn't see anybody.

*Elle **n**'a attendu **que** cinq minutes.*
She only waited five minutes.

12.7 Negative + verb + infinitive

Ne/n' goes before the first verb and *pas* before the second verb (in the infinitive):
*Je **n**'aime **pas** aller au cinéma.*
I don't like going to the cinema.

See 7.2 for reflexive verbs in the negative.
See 9.1 for negative imperatives.

13   Asking questions

There are four ways to ask a question:

1   by raising your voice in a questioning manner at the end of an affirmative sentence:

Tu vas au cinéma?
Are you going to the cinema?

2   by starting with *est-ce que...*:
***Est-ce que** tu vas au cinéma?*
Are you going to the cinéma?

3   by inverting the verb and subject:

Vas-tu au cinéma?
Are you going to the cinema?

Va-t-il* venir avec nous?
Is he going to come with us?

* Sometimes a *-t-* is added between two vowels to make pronunciation easier:
*A-**t**-il parlé au prof?*
Has he spoken to the teacher?
*Que pense-**t**-elle?*
What does she think?

4   by using question words:

◆ who   **qui**
Qui t'a dit ça?
Who told you that?

Avec qui y vas-tu?
Who are you going with?

◆ what   **que (qu')/quoi**
Que désirez-vous?
What would you like?

Qu'as-tu acheté?
What did you buy?

Qu'est-ce qu'il t'a dit?
What did he tell you?

C'est quoi?
What is it?

◆ which   **quel/quelle/quels/quelles**
(agreeing with gender and number)

Quel âge as-tu?
How old are you?

Quels exercices faut-il faire?
Which exercises do we have to do?

◆ which one(s)   **lequel/laquelle/
lesquels/ lesquelles**

Je cherche un hôtel. Lequel recommandez-vous?
I'm looking for a hotel. Which do you recommend?

Laquelle de ces demandes d'emploi est la meilleure?
Which of these job applications is the best?

◆ **Others**

how much/how many	***Combien** as-tu payé?*
how	***Comment** as-tu payé?*
where	***Où** as-tu payé?*
why	***Pourquoi** as-tu payé?*
when	***Quand** as-tu payé?*

You can use these
– at the beginning of a sentence, as above
– at the end of a sentence, except *pourquoi*:
   Tu as payé combien/comment/où/quand?
– at the beginning, adding *est-ce que*:
   Combien/Comment/Où/Pourquoi/Quand est-ce que tu as payé?

14 Direct and indirect speech

◆ Use direct speech to report what someone says word for word:

Le prof dit: "Faites l'activité 4." Un élève demande: "Il faut la faire pour quand?"

Léa a dit: "J'ai fait un stage en France".

Remember to use colons and speech marks.
Use verbs like: *dire, demander, ajouter, s'écrier.*

◆ Use indirect speech to explain what someone says without quoting them using speech marks.

Le prof dit de faire l'activité 4. Un élève demande pour quand il faut la faire.

Léa a dit qu'elle avait fait un stage en France.

◆ Some changes are necessary when going from direct speech to indirect speech (use of *que*, use of interrogative words, changes in pronouns and tenses).

Mon père s'est écrié: "J'ai perdu mon portefeuille!"
*Mon père s'est écrié **qu'il avait perdu** <u>son</u> portefeuille.*

Le serveur a demandé: "Vous pouvez me payer?"
*Le serveur a demandé **si on pouvait** <u>le</u> payer.*

Grammar

15 Verb tables

infinitif		présent	passé composé	passé simple	futur simple	conditionnel	subjonctif
-er verbs	je/j'	parle	ai parlé	parlai	parlerai	parlerais	parle
	tu	parles	as parlé	parlas	parleras	parlerais	parles
parler	il/elle/on	parle	a parlé	parla	parlera	parlerait	parle
to speak	nous	parlons	avons parlé	parlâmes	parlerons	parlerions	parlions
	vous	parlez	avez parlé	parlâtes	parlerez	parleriez	parliez
	ils/elles	parlent	ont parlé	parlèrent	parleront	parleraient	parlent
-ir verbs	je/j'	finis	ai fini	finis	finirai	finirais	finisse
	tu	finis	as fini	finis	finiras	finirais	finisses
finir	il/elle/on	finit	a fini	finit	finira	finirait	finisse
to finish	nous	finissons	avons fini	finîmes	finirons	finirions	finissions
	vous	finissez	avez fini	finîtes	finirez	finiriez	finissiez
	ils/elles	finissent	ont fini	finirent	finiront	finiraient	finissent
-re verbs	je/j'	réponds	ai répondu	répondis	répondrai	répondrais	réponde
	tu	réponds	as répondu	répondis	répondras	répondrais	répondes
répondre	il/elle/on	répond	a répondu	répondit	répondra	répondrait	réponde
to answer	nous	répondons	avons répondu	répondîmes	répondrons	répondrions	répondions
	vous	répondez	avez répondu	répondîtes	répondrez	répondriez	répondiez
	ils/elles	répondent	ont répondu	répondirent	répondront	répondraient	répondent
aller	je/j'	vais	suis allé(e)	allai	irai	irais	aille
to go	tu	vas	es allé(e)	allas	iras	irais	ailles
	il/elle/on	va	est allé(e)(s)*	alla	ira	irait	aille
	nous	allons	sommes allé(e)s	allâmes	irons	irions	allions
	vous	allez	êtes allé(e)(s)	allâtes	irez	iriez	alliez
	ils/elles	vont	sont allé(e)s	allèrent	iront	iraient	aillent
avoir	je/j'	ai	ai eu	eus	aurai	aurais	aie
to have	tu	as	as eu	eus	auras	aurais	aies
	il/elle/on	a	a eu	eut	aura	aurait	ait
	nous	avons	avons eu	eûmes	aurons	aurions	ayons
	vous	avez	avez eu	eûtes	aurez	auriez	ayez
	ils/elles	ont	ont eu	eurent	auront	auraient	aient
battre	je/j'	bats	ai battu	battis	battrai	battrais	batte
to beat	tu	bats	as battu	battis	battras	battrais	battes
	il/elle/on	bat	a battu	battit	battra	battrait	batte
	nous	battons	avons battu	battîmes	battrons	battrions	battions
	vous	battez	avez battu	battîtes	battrez	battriez	battiez
	ils/elles	battent	ont battu	battirent	battront	battraient	battent
boire	je/j'	bois	ai bu	bus	boirai	boirais	boive
to drink	tu	bois	as bu	bus	boiras	boirais	boives
	il/elle/on	boit	a bu	but	boira	boirait	boive
	nous	buvons	avons bu	bûmes	boirons	boirions	buvions
	vous	buvez	avez bu	bûtes	boirez	boiriez	buviez
	ils/elles	boivent	ont bu	burent	boiront	boiraient	boivent
comprendre		*see* **prendre**					
to understand	je/j'	comprends	ai compris	compris	comprendrai	comprendrais	comprenne
conduire	je/j'	conduis	ai conduit	conduisis	conduirai	conduirais	conduise
to drive	tu	conduis	as conduit	conduisis	conduiras	conduirais	conduises
	il/elle/on	conduit	a conduit	conduisit	conduira	conduirait	conduise
	nous	conduisons	avons conduit	conduisîmes	conduirons	conduirions	conduisions
	vous	conduisez	avez conduit	conduisîtes	conduirez	conduiriez	conduisiez
	ils/elles	conduisent	ont conduit	conduisirent	conduiront	conduiraient	conduisent

* With verbs which take the auxiliary *être* in the perfect tense, the past participle agrees with *on*, which is used to replace *nous*.

infinitif		présent	passé composé	passé simple	futur simple	conditionnel	subjonctif
connaitre	je/j'	connais	ai connu	connus	connaitrai	connaitrais	connaisse
to know	tu	connais	as connu	connus	connaitras	connaitrais	connaisses
	il/elle/on	connait	a connu	connut	connaitra	connaitrait	connaisse
	nous	connaissons	avons connu	connûmes	connaitrons	connaitrions	connaissions
	vous	connaissez	avez connu	connûtes	connaitrez	connaitriez	connaissiez
	ils/elles	connaissent	ont connu	connurent	connaitront	connaitraient	connaissent
craindre	je/j'	crains	ai craint	craignis	craindrai	craindrais	craigne
to fear	tu	crains	as craint	craignis	craindras	craindrais	craignes
	il/elle/on	craint	a craint	craignit	craindra	craindrait	craigne
	nous	craignons	avons craint	craignîmes	craindrons	craindrions	craignions
	vous	craignez	avez craint	craignîtes	craindrez	craindriez	craigniez
	ils/elles	craignent	ont craint	craignirent	craindront	craindraient	craignent
croire		*see* **voir**					
to believe	je/j'	crois	ai cru	crus	croirai	croirais	croie
devoir	je/j'	dois	ai dû	dus	devrai	devrais	doive
to have to/	tu	dois	as dû	dus	devras	devrais	doives
must	il/elle/on	doit	a dû	dut	devra	devrait	doive
	nous	devons	avons dû	dûmes	devrons	devrions	devions
	vous	devez	avez dû	dûtes	devrez	devriez	deviez
	ils/elles	doivent	ont dû	durent	devront	devraient	doivent
dire	je/j'	dis	ai dit	dis	dirai	dirais	dise
to say	tu	dis	as dit	dis	diras	dirais	dises
	il/elle/on	dit	a dit	dit	dira	dirait	dise
	nous	disons	avons dit	dîmes	dirons	dirions	disions
	vous	dites	avez dit	dîtes	direz	diriez	disiez
	ils/elles	disent	ont dit	dirent	diront	diraient	disent
dormir	je/j'	dors	ai dormi	dormis	dormirai	dormirais	dorme
to sleep	tu	dors	as dormi	dormis	dormiras	dormirais	dormes
	il/elle/on	dort	a dormi	dormit	dormira	dormirait	dorme
	nous	dormons	avons dormi	dormîmes	dormirons	dormirions	dormions
	vous	dormez	avez dormi	dormîtes	dormirez	dormiriez	dormiez
	ils/elles	dorment	ont dormi	dormirent	dormiront	dormiraient	dorment
écrire	je/j'	écris	ai écrit	écrivis	écrirai	écrirais	écrive
to write	tu	écris	as écrit	écrivis	écriras	écrirais	écrives
	il/elle/on	écrit	a écrit	écrivit	écrira	écrirait	écrive
	nous	écrivons	avons écrit	écrivîmes	écrirons	écririons	écrivions
	vous	écrivez	avez écrit	écrivîtes	écrirez	écririez	écriviez
	ils/elles	écrivent	ont écrit	écrivirent	écriront	écriraient	écrivent
être	je/j'	suis	ai été	fus	serai	serais	sois
to be	tu	es	as été	fus	seras	serais	sois
	il/elle/on	est	a été	fut	sera	serait	soit
	nous	sommes	avons été	fûmes	serons	serions	soyons
	vous	êtes	avez été	fûtes	serez	seriez	soyez
	ils/elles	sont	ont été	furent	seront	seraient	soient
faire	je/j'	fais	ai fait	fis	ferai	ferais	fasse
to do/make	tu	fais	as fait	fis	feras	ferais	fasses
	il/elle/on	fait	a fait	fit	fera	ferait	fasse
	nous	faisons	avons fait	fîmes	ferons	ferions	fassions
	vous	faites	avez fait	fîtes	ferez	feriez	fassiez
	ils/elles	font	ont fait	firent	feront	feraient	fassent

Grammar

infinitif		présent	passé composé	passé simple	futur simple	conditionnel	subjonctif
falloir *to be necessary*	il	faut	a fallu	fallut	faudra	faudrait	faille
se lever *to get up*	je	me lève	me suis levé(e)	me levai	me lèverai	me lèverais	me lève
	tu	te lèves	t'es levé(e)	te levas	te lèveras	te lèverais	te lèves
	il/elle/on	se lève	s'est levé(e)(s)*	se leva	se lèvera	se lèverait	se lève
	nous	nous levons	nous sommes levé(e)s	nous levâmes	nous lèverons	nous lèverions	nous levions
	vous	vous levez	vous êtes levé(e)(s)	vous levâtes	vous lèverez	vous lèveriez	vous leviez
	ils/elles	se lèvent	se sont levé(e)s	se levèrent	se lèveront	se lèveraient	se lèvent
lire *to read*	je/j'	lis	ai lu	lus	lirai	lirais	lise
	tu	lis	as lu	lus	liras	lirais	lises
	il/elle/on	lit	a lu	lut	lira	lirait	lise
	nous	lisons	avons lu	lûmes	lirons	lirions	lisions
	vous	lisez	avez lu	lûtes	lirez	liriez	lisiez
	ils/elles	lisent	ont lu	lurent	liront	liraient	lisent
mettre *to put*	je/j'	mets	ai mis	mis	mettrai	mettrais	mette
	tu	mets	as mis	mis	mettras	mettrais	mettes
	il/elle/on	met	a mis	mit	mettra	mettrait	mette
	nous	mettons	avons mis	mîmes	mettrons	mettrions	mettions
	vous	mettez	avez mis	mîtes	mettrez	mettriez	mettiez
	ils/elles	mettent	ont mis	mirent	mettront	mettraient	mettent
mourir *to die*	je	meurs	suis mort(e)	mourus	mourrai	mourrais	meure
	tu	meurs	es mort(e)	mourus	mourras	mourrais	meures
	il/elle/on	meurt	est mort(e)(s)*	mourut	mourra	mourrait	meure
	nous	mourons	sommes mort(e)s	mourûmes	mourrons	mourrions	mourions
	vous	mourez	êtes mort(e)(s)	mourûtes	mourrez	mourriez	mouriez
	ils/elles	meurent	sont mort(e)s	moururent	mourront	mourraient	meurent
naitre *to be born*	je	nais	suis né(e)	naquis	naitrai	naitrais	naisse
	tu	nais	es né(e)	naquis	naitras	naitrais	naisses
	il/elle/on	nait	est né(e)(s)*	naquit	naitra	naitrait	naisse
	nous	naissons	sommes né(e)s	naquîmes	naitrons	naitrions	naissions
	vous	naissez	êtes né(e)(s)	naquîtes	naitrez	naitriez	naissiez
	ils/elles	naissent	sont né(e)s	naquirent	naitront	naitraient	naissent
ouvrir *to open*	je/j'	ouvre	ai ouvert	ouvris	ouvrirai	ouvrirais	ouvre
	tu	ouvres	as ouvert	ouvris	ouvriras	ouvrirais	ouvres
	il/elle/on	ouvre	a ouvert	ouvrit	ouvrira	ouvrirait	ouvre
	nous	ouvrons	avons ouvert	ouvrîmes	ouvrirons	ouvririons	ouvrions
	vous	ouvrez	avez ouvert	ouvrîtes	ouvrirez	ouvririez	ouvriez
	ils/elles	ouvrent	ont ouvert	ouvrirent	ouvriront	ouvriraient	ouvrent
paraitre *to appear*	je/j'	*see* **connaitre** parais	ai paru	parus	paraitrai	paraitrais	paraisse
partir *to leave*	je	*see* **sentir**, *but with* **être** *in compound tenses* pars	suis parti(e)	partis	partirai	partirais	parte
pleuvoir *to rain*	il	pleut	a plu	plut	pleuvra	pleuvrait	pleuve
pouvoir *to be able/ can*	je/j'	peux	ai pu	pus	pourrai	pourrais	puisse
	tu	peux	as pu	pus	pourras	pourrais	puisses
	il/elle/on	peut	a pu	put	pourra	pourrait	puisse
	nous	pouvons	avons pu	pûmes	pourrons	pourrions	puissions
	vous	pouvez	avez pu	pûtes	pourrez	pourriez	puissiez
	ils/elles	peuvent	ont pu	purent	pourront	pourraient	puissent

* With verbs which take the auxiliary *être* in the perfect tense, the past participle agrees with *on*, which is used to replace *nous*.

infinitif		présent	passé composé	passé simple	futur simple	conditionnel	subjonctif
prendre	je/j'	prends	ai pris	pris	prendrai	prendrais	prenne
to take	tu	prends	as pris	pris	prendras	prendrais	prennes
	il/elle/on	prend	a pris	prit	prendra	prendrait	prenne
	nous	prenons	avons pris	prîmes	prendrons	prendrions	prenions
	vous	prenez	avez pris	prîtes	prendrez	prendriez	preniez
	ils/elles	prennent	ont pris	prirent	prendront	prendraient	prennent
recevoir	je/j'	reçois	ai reçu	reçus	recevrai	recevrais	reçoive
to receive	tu	reçois	as reçu	reçus	recevras	recevrais	reçoives
	il/elle/on	reçoit	a reçu	reçut	recevra	recevrait	reçoive
	nous	recevons	avons reçu	reçûmes	recevrons	recevrions	recevions
	vous	recevez	avez reçu	reçûtes	recevrez	recevriez	receviez
	ils/elles	reçoivent	ont reçu	reçurent	recevront	recevraient	reçoivent
rire	je/j'	ris	ai ri	ris	rirai	rirais	rie
to laugh	tu	ris	as ri	ris	riras	rirais	ries
	il/elle/on	rit	a ri	rit	rira	rirait	rie
	nous	rions	avons ri	rîmes	rirons	ririons	riions
	vous	riez	avez ri	rîtes	rirez	ririez	riiez
	ils/elles	rient	ont ri	rirent	riront	riraient	rient
savoir	je/j'	sais	ai su	sus	saurai	saurais	sache
to know	tu	sais	as su	sus	sauras	saurais	saches
	il/elle/on	sait	a su	sut	saura	saurait	sache
	nous	savons	avons su	sûmes	saurons	saurions	sachions
	vous	savez	avez su	sûtes	saurez	sauriez	sachiez
	ils/elles	savent	ont su	surent	sauront	sauraient	sachent
sentir	je/j'	sens	ai senti	sentis	sentirai	sentirais	sente
to feel	tu	sens	as senti	sentis	sentiras	sentirais	sentes
	il/elle/on	sent	a senti	sentit	sentira	sentirait	sente
	nous	sentons	avons senti	sentîmes	sentirons	sentirions	sentions
	vous	sentez	avez senti	sentîtes	sentirez	sentiriez	sentiez
	ils/elles	sentent	ont senti	sentirent	sentiront	sentiraient	sentent
tenir		*see* **venir***, but with* **avoir** *in compound tenses*					
to hold	je/j'	tiens	ai tenu	tins	tiendrai	tiendrais	tienne
venir	je	viens	suis venu(e)	vins	viendrai	viendrais	vienne
to come	tu	viens	es venu(e)	vins	viendras	viendrais	viennes
	il/elle/on	vient	est venu(e)(s)*	vint	viendra	viendrait	vienne
	nous	venons	sommes venu(e)s	vînmes	viendrons	viendrions	venions
	vous	venez	êtes venu(e)(s)	vîntes	viendrez	viendriez	veniez
	ils/elles	viennent	sont venu(e)s	vinrent	viendront	viendraient	viennent
vivre		*see* **écrire**	*past participle:* **vécu**				
to live	je/j'	vis	ai vécu	vécus	vivrai	vivrais	vive
voir	je/j'	vois	ai vu	vis	verrai	verrais	voie
to see	tu	vois	as vu	vis	verras	verrais	voies
	il/elle/on	voit	a vu	vit	verra	verrait	voie
	nous	voyons	avons vu	vîmes	verrons	verrions	voyions
	vous	voyez	avez vu	vîtes	verrez	verriez	voyiez
	ils/elles	voient	ont vu	virent	verront	verraient	voient
vouloir	je/j'	veux	ai voulu	voulus	voudrai	voudrais	veuille
to want	tu	veux	as voulu	voulus	voudras	voudrais	veuilles
	il/elle/on	veut	a voulu	voulut	voudra	voudrait	veuille
	nous	voulons	avons voulu	voulûmes	voudrons	voudrions	voulions
	vous	voulez	avez voulu	voulûtes	voudrez	voudriez	vouliez
	ils/elles	veulent	ont voulu	voulurent	voudront	voudraient	veuillent

OXFORD
UNIVERSITY PRESS

Great Clarendon Street, Oxford OX2 6DP

Oxford University Press is a department of the University of Oxford.

It furthers the University's objective of excellence in research, scholarship, and education by publishing worldwide in

Oxford   New York   Auckland   Cape Town   Dar es Salaam
Hong Kong   Karachi   Kuala Lumpur   Madrid   Melbourne
Mexico City   Nairobi   New Delhi   Shanghai   Taipei   Toronto

With offices in

Argentina   Austria   Brazil   Chile   Czech Republic   France
Greece   Guatemala   Hungary   Italy   Japan   South Korea
Poland   Portugal   Singapore   Switzerland   Thailand
Turkey   Ukraine   Vietnam

Oxford is a registered trade mark of Oxford University Press in the UK and in certain other countries

© Marian Jones, Gill Maynard, Danièle Bourdais, Séverine Chevrier-Clarke 2011

The moral rights of the authors have been asserted

Database right Oxford University Press (maker)

First published 2011

British Library Cataloguing in Publication Data

Data available

ISBN 978 019 912925 6

10 9 8 7 6 5 4 3 2

Printed in Malaysia by Vivar Printing Sdn. Bhd.

Paper used in the production of this book is a natural, recyclable product made from wood grown in sustainable forests. The manufacturing process conforms to the environmental regulations of the country of origin.

Acknowledgements.
The publisher would like to thank the following for permission to reproduce photographs and extracts from copyright material:

p6 ©-ID/EasyDoor; **p7t** Jour de la Nuit; **p7b** Bob Daemmrich/Corbis UK Ltd.; **p10** Paul Springett 04/Alamy; **p15tl** Marco Cristofori/Corbis UK Ltd.; **p15tc** Still Pictures; **p15bc** Glowimages/Getty Images; **p15br** Dmitry Beliakov/Rex Features; **p19** Pierre_GLEIZES/Greenpeace; **p23l** Ingram/Oxford University Press; **p23c** Vstock/Tetra Images/Corbis UK Ltd.; **p23r** Noah Clayton/Getty Images; **p24** Paul Hakimata Photography/Shutterstock **p24b** Sipa Press/Rex Features; **p27** Cobb/Greenpeace; **p31l** AFP/Getty Images; **p31c** Ruediger Fessel/Bongarts/Getty Images; **p31r** Francois G. Durand/WireImage/Getty Images; **p31cl** Oliver Weiken/Epa/Corbis UK Ltd.; **p31cr** Franck Crusiaux/Gamma-Rapho/Getty Images; **p32** Sally and Richard Greenhill/Alamy; **p33** Robert Fried/Alamy; **p34tl** Baymler/Getty Images; **p34cl** Catchlight Visual Services/Alamy; **p34bl** itanistock/Alamy; **p34bc** I. Glory/Alamy; **p34tr** Baymler/Getty Images; **p34cr** Aaron Joel Santos/Alamy; **p34br** itanistock/Alamy; **p35** Reuters/Corbis UK Ltd.; **p36** Ace Stock Limited/Alamy; **p37** Eurominority.eu; **p41tl** Monkey Business Images/Rex Features; **p41tr** Abdelhak Senna/AFP/Getty Images; **p41cr** Nadine Hutton/Bloomberg/Getty Images; **p41cb** Reuters/Eric Gaillard; **p41b** 81a Productions/Corbis UK Ltd.; **p44tl** Ed Kashi/Corbis UK Ltd.; **p44bl** Fabrizio Giovannozzi/Associated Press/Press Association Images; **p44tr** Boaz Rottem/Alamy; **p44br** Jacques Demarthon/AFP/Getty Images; **p52** Julio Cortez/Associated Press/Press Association Images; **p53t** SOS Racisme; **p53b** LICRA (Ligue Internationale Contre la Racisme et l'Antisemitisme; **p56** John Maier/Still Pictures; **p57** Khalil/Frank Spooner Pictures; **p58** Rasmussen/Sipa Press/Rex Features; **p58** Larry Bray/Telegraph Colour Library; **p60** Harmut Schwarzbach/Still Pictures; **p60** Paul Harrison/Still Pictures; **p60** Giovanni Diffidenti/Gamma/Frank Spooner Pictures; **p60** Index/Powerstock Superstock; **p60** Mike Schroder/Still Pictures; **p60** Novastock/Powerstock Superstock; **p60** Jean-Luc & F. Ziegler/Still Pictures; **p60** Jeff Greenberg/Still Pictures; **p67** Directphoto.org/alamy; **p70** Rex Features; **p72** Sipa Press/Rex Features; **p74** Houpline-Sipa Press/Rex Features; **p75** Kuttig People/Alamy; **p77** Powerstock Superstock; **p77** Jim Sugar Photography/Corbis; **p77** Adrian Arbib/Corbis UK Ltd.; **p77** Rex Features **p78tl** Chris King/OUP; **p78tr** Supri Suharjoto/Shutterstock; **p78cl** Benis Arapovic/Shutterstock; **p78cr** oliveromg/Shutterstock; **p78bl** Edyta Pawlowska/Shutterstock; **p78br** Yuri Arcurs/Shutterstock; **p87tr** Pack-Shot/Shutterstock; **p87cl** Christian Musat/Shutterstock; **p87cr** cinemafestival/Shutterstock; **p87bl** Duncan Gilbert/Shutterstock; **p87br** PHB.cz (Richard Semik)/Shutterstock; **p88t** Demid Borodin/Shutterstock; **p88tc** aleks.k/Shutterstock; **p88c** Christopher Elwell/Shutterstock; **p88bc** Sergii Korshun/Shutterstock; **p88b** cofkocof/Shutterstock; **p91tl** Bettmann/Corbis UK Ltd.; **p91cl** akg-images; **p91bl** European Commission Video Library; **p91tr** Michel Euler/Associated Press/Press Association Images; **p91br** US Army/Time Life Pictures/Getty Images; **p92bl** Interfoto/akg-images; **p92**(1) Roger Viollet/Getty Images; **p92**(2) Hemis/Alamy; **p92**(3) akg-images; **p92**(4) Carl Mydans/Time Life Pictures/Getty Images; **p93t** akg-images; **p93b** Stella Films/Nef Filmproduktion/akg-images; **p95tl** © Éditions du Seuil; 1986; n.e.; 2005; **p95bl** Erich Lessing/akg-images; **p95tr** Le Livre de Poche; **p95br**; Le Livre de Poche; **p99t** Paul Doyle/Alamy; **p99c** akg-images; **p99b** Alastair Muir/Rex Features; **p100l** Musée Condé/Erich Lessing/akg-images; **p100c** Le Livre de Poche; **p100r** Le Livre de Poche; **p101l** akg-images; **p101r** Jürgen Katzengruber; **p103tl** EmmePi Europe/Alamy; **p103tl** akg-images; **p103bl** Haut Et Court/Canal+/Album/akg-images; **p103br** Lourens Smak/Alamy; **p104** By Kind permission of Cahiers du Cinema; **p105** By Kind permission of Cahiers du Cinema; **p105** By Kind permission of Cahiers du Cinema; **p106tl** RIA Nowosti/akg-images; **p106c** Morisot; Berthe. Paris; Musee d'Orsay /Photo Scala; Florence **p106bl** Erich Lessing/Musee d'Orsay/akg-images; **p106tr** © National Gallery of Scotland; Edinburgh; Scotland/Bridgeman Art Library; **p111t** Monet; Claude. Musee d'Orsay / Photo Scala; Florence; **p111b** Renoir; Pierre Auguste. Paris; Musee d'Orsay / Photo Scala; Florence; **p117** Still Pictures; **p121** Aki/Alamy; **p122** © strates graphismes Lausanne – Bureau lausannois pour l'intégration des immigrés BLI; Ville de Lausanne; **p123** Antonio Calanni/Associated Press/Press Association Images; **p125** AFP/Getty Images; **p126t** Julien Hekimian/Sygma/Corbis UK Ltd. **P126b** Gideon Mendel/Corbis Images.

Illustrations by: Stefan Chabluk; Andrew Bock and Mark Draisey.

Text permissions: Page 37: Extract from 'La libre circulation des travilleurs dans l'UE à 27', *Euractiv.fr*, 17.9.2009, www.euractiv.fr, used by permission of Euractiv.fr.
Page 99: Éditions GALLIMARD for extract from 'Déjeuner du matin' in *Paroles* by Jacques Prévert, copyright © Éditions GALLIMARD
Page 99: Éditions GALLIMARD for extract from *Huis Clos* by Jean-Paul Sartre, copyright © Éditions GALLIMARD
Page 99: Éditions de La Table Ronde for extract from *Antigone* by Jean Anouilh, copyright © Éditions de La Table Ronde, 1946
Page 109: http://etudes-litteraires.com/sartre.php
Page 124: www.snv.jussieu.fr

Cover image: ©Pyramide du Louvre, architecte I.M.Pei

The authors and publisher would like to thank the following for their help and advice:

Jackie Coe (series publisher); Kathryn Tate (editor of the *élan 2* Student Book) and Geneviève Talon (language consultant).

The authors and publisher would also like to thank everyone involved in the recordings for élan 2:

Audio recordings produced by Colette Thomson for Footstep Productions.

Every effort has been made to contact copyright holders of material reproduced in this book. If notified, the publisher will be pleased to rectify any errors or omissions at the earliest opportunity.

Third party website addresses referred to in this publication are provided by Oxford Universithy Press in good faith and are for information only and Oxford University Press disclaims any responsibility for the material contained therein.